地方应用型大学变革研究：

以浙江科技学院为例

朱建新 著

上海交通大学出版社
SHANGHAI JIAO TONG UNIVERSITY PRESS

内容提要

　　本书以我国地方应用型大学为研究对象，选取浙江科技学院为典型案例，以新制度主义理论为指导，综合运用多种研究方法，在剖析我国应用型大学建设现状和困境的基础上，从人才培养、科研服务、管理体制和国际化办学等四个维度对应用型办学的演变历程进行系统阐释，对应用型办学的影响因素进行深入分析，提出了通过制度创新推动我国地方高校向应用型转型的有效策略。

图书在版编目(CIP)数据

地方应用型大学变革研究：以浙江科技学院为例/朱建新著.
—上海：上海交通大学出版社，2020
ISBN 978－7－313－23060－7

Ⅰ.①地… Ⅱ.①朱… Ⅲ.①地方高校－教育改革－研究－中国
Ⅳ.①G649.21

中国版本图书馆 CIP 数据核字(2020)第 045710 号

地方应用型大学变革研究：以浙江科技学院为例
DIFANG YINGYONGXING DAXUE BIANGE YANJIU：
YI ZHEJIANG KEJI XUEYUAN WEILI

著　　者：朱建新
出版发行：上海交通大学出版社　　　　　　地　　址：上海市番禺路 951 号
邮政编码：200030　　　　　　　　　　　　电　　话：021－64071208
印　　制：当纳利(上海)信息技术有限公司　经　　销：全国新华书店
开　　本：710mm×1000mm　1/16
字　　数：220 千字　　　　　　　　　　　印　　张：13.75
版　　次：2020 年 5 月第 1 版　　　　　　印　　次：2020 年 5 月第 1 次印刷
书　　号：ISBN 978－7－313－23060－7
定　　价：68.00 元

序

1972 年,联合国教科文组织(UNESCO)国际发展委员会在《学会生存——教育世界的今天和明天》这一著名报告中强调,"许多经济、社会和政治的因素结合起来,使得有必要改革中学以后的教育","高等教育的扩充应导致广泛地设置许多能够满足个人与集体日益增长的需要的高等院校",以倡导世界各国将分层、多元作为构建高等教育体系的基本原则之一。为此,该组织在 1997 年修订的《国际比较标准分类法》中将高等教育分为博士研究生教育和大专、本科、研究生教育两个层次,又将大专、本科、研究生教育分为使用技术型教育、应用型教育和研究型教育三种类型。目前,分层、多元的高等教育体系已在世界各国达成广泛共识。卡内基分类方法是美国高等教育领域广泛采用的分类方法,它将美国高等学校划分为十个类型六种范畴。德国双元制高等教育更是闻名世界,它们将高等学校稳固地区分为学术型或综合性大学和应用型大学两种类型。法国将高等学校分为综合性大学、大学校(或称为高等专科学校或高等专业学院)和短期高等技术学校。英国的高等学校则可分为古典大学、近代大学、城市大学、新大学、原多科技术学院及由其升格的大学和高等教育学院六类。多样化的高等学校给各国高等教育都带来了强大的生命力和高水平的质量保障。

进入 21 世纪,中国的高等教育事业实现了飞速发展,取得了举世瞩目的成就,中国大学毛入学率从 1998 年的 9.8% 跃升到了 2018 年的 45.7%,超过中等收入国家水平,在校大学生数量从 361 万人提高到了 3 833 万人,在学规模稳居世界第一,为我国经济社会发展提供了强有力的人力资源保障。而随着我国经济从资源驱动向创新驱动的转变以及高等教育从大众化的发展阶段向普及化发展阶段迈进,社会民众开始意识到经济社会发展对人才的需求是多样化的,人的发展对高等教育的需求也是多样化的，不同的大学应有不同的目标定位，由此呈现出独特的办学文化。2010年，《国家中长期教育发展规划纲要(2010—2020)》就明确提出，要"适应国家和区域经济社会发展需要，建立动态调整机制，不断优化高等教育结构"，要"优化学科专业、类型、层次结构，促进多学科交叉融合；重点扩大应用型、复合型、技能型人才培养规模；加快发展专业学位研究生教育"。2014年，国务院总理李克强在国务院常务会上明确提出，"引导部分地方本科高校向应用技术型高校转型"。此后，国家先后颁布一系列重要文件，为地方高校以应用型为办学定位、加强自身建设、寻找新的发展优势，提供了制度和政策保障。2015年，教育部颁布《关于引导部分地方普通本科高校向应用型转变的指导意见》，其中，应用型大学作为一种高等教育类型而非高等教育层次的政策得以明确，为很多地方高校高举应用型大旗、开展应用型建设实践探索提供了强大的动力。到2017年，全国已有300余所高校先后参与了向应用型大学转型的试点工作，明确将自身定位为应用型大学。在此背景下，探讨和研究我国应用型大学建设和高层次应用型人才培养问题就具有特别重要的意义。

浙江科技学院是一所典型的地方应用型本科高校。学校在成立之时，便以"为地方培养急需的各种专门人才"为目标。1984—1990年，学校被确立为浙江省与联邦德国下萨克森州合作办学高校，目标是根据中国实际情况和需要，吸取下萨克森州应用技术大学(FH)的办学经验，把学校办成具有现代化设备、高水平的、能培养高质量工程技术人员和管理专家的高等学校。1990—1999年，学校又被确立为中国政府与联邦德国政府合作办学高校，目标是将学校"建设成为中华人民共和国具有示范性的高等专科学校"。在省州合作和中德政府合作期间，学校充分借鉴德国应用科技大学(FH)的办学经验，结合国情和学校实际，在全国范围内率先实践并提出了"应用型本科"人才类型的概念，在应用型人才培养、实验室建设、师资队伍建设、内外部管理体制机制和国际化办学等方面进行了系统而深入的改革，形成并逐步完善了本科应用型人才培养模式。2000年，学校升格为普通本科高校，在高等教育大众化的大背景下，发挥中德合作的特色和优势，坚持应用型办学定位，自主探索培养本科层次应用型人才的路径，形成了地方高校应用型办学的典型经验，先后成为教育部中德合作培养高等应用型人才试点院校、教育部首批实施"卓越工程师教育培养计划"高校、"国家级大学生创新创业训练计划"入选学校和"国家'十三五'教育现代化推进工程——产教融合发展工程"建设高校,学校"二十年中德合作培养本科应用型人才的探索与实践成果"被评为国家教学成果二等奖。

综上可见,浙江科技学院近 40 年来不仅始终将应用型办学作为学校的办学定位,将培养应用型人才作为人才培养目标,而且在学习借鉴德国应用科技大学(FH)办学经验和人才培养经验等方面具有传统和优势,具有较为丰硕的地方应用型大学建设经验和成果,是一所典型的地方应用型大学。尽管所处的外部环境已发生改变,现实环境在各地也大不相同,但对于全国数百所正在寻找向应用型大学转型的地方高校而言,浙江科技学院仍具有典型性。通过梳理浙江科技学院应用型办学的变革历程,分析和总结其应用型办学的动力、影响和具体路径,对于当下我国地方高校向应用型转型具有重要的借鉴意义。

本书按"从宏观到微观再到宏观"的思路,以我国地方应用型大学为研究对象,选取浙江科技学院为典型案例,以新制度主义理论为指导,综合运用院校研究方法、微观史学研究方法、问题史学研究方法、文献研究法等,从人才培养、科研服务、管理体制和国际化办学四个维度对浙江科技学院应用型办学的演变历程进行了系统阐释,对浙江科技学院应用型办学的影响因素进行了深入分析,提出了通过制度创新推动我国地方高校向应用型转型的有效策略,希望能对我国应用型大学突破价值、动力、路径、组织、制度和技术等方面的困境作出回答,对当前如火如荼的地方高校向应用型转型实践提供参考和借鉴,对我国高等教育事业的改革、发展和创新有所裨益。

浙江大学教授、博士生导师

联合国教科文组织中国创业教育联盟主席

徐小洲

2019 年 12 月

目　录

第一章
绪　论

　　我国经济发展的转型和应用型大学正成为众多地方高校办学的新定位是本研究实施的重要宏观背景。在进一步明确研究对象、研究样本和研究主要任务后,可以发现,本研究具有丰富地方应用型大学建设研究、丰富我国地方高校变革史研究、回应推进地方高校转型的教育实践需求和明晰我国地方高校加强应用型建设路径等重要价值,从而也为研究的实施提供了合理性;将新制度主义理论这一社会科学领域重要的理论引入研究则进一步增强了研究的合法性;而通过对有关大学变革、国内外应用型大学建设等文献的梳理,又进一步增强了研究的必要性。为此,本研究提出一个明确的研究思路,即从我国地方应用型大学变革的宏观视角入手,以新制度主义有关制度变革理论为基础,以大学变革为逻辑,以当下参与我国应用型大学试点的地方高校为研究对象,以浙江科技学院为研究样本,从多个维度对浙江科技学院的变革历程及其影响因素进行梳理和剖析,并对构建应用型大学变革的框架和内在逻辑进行有益尝试,在此基础上,提出我国地方应用型大学转型和建设的对策建议。在实施过程中,本研究积极运用历史学、文献学、扎根理论等研究方法,确保研究的科学性。

第一节　问题的提出

一、研究背景

(一) 经济社会发展的转型呼唤高等教育培养高素质应用型人才

　　人力资本理论认为,人力资本是当今世界各国促进国民经济增长的主要动力,其理论的主要创建人物西奥多·W.舒尔茨就曾明确提出:"人口的质量和知识投资在很大程度上决定了人类的未来。"①一个国家的教育,尤其是高等教育是国家人力资本形成的主要途径,自然与这个国家的经济发展息息相关,任何一个国家经济发展的变化必然对高等教育产生重要的影响,经济发展方式的转变也必然对高等教育的结构和人才培养提出新的要求。

改革开放以来,我国经济发展取得了举世瞩目的成绩,实现了一个又一个跨越,经济规模和总量得到了迅速增长。30多年来,我国经济增长速度总体保持在年均8%以上的水平,在一些时期甚至连续多年达到10%,规模GDP已从1978年的3 657亿元增长到2015年的65.67万亿元,经济规模在2010年就超越日本,达到全球第二位。经济的快速增长也带来人民财富的增长和国家综合实力的提升。然而,这种基于自然资源和生产要素无节制的大量投入,直接导致了推动我国经济发展"三驾马车"——出口、投资、消费的长期失衡。一直以来,我国经济发展过度依赖投资和出口,而消费则长期处于低位。根据有关数据统计,"十二五"期间,我国每万元GDP能耗是世界平均水平的3.4倍、美国的2.3倍、欧盟的4.5倍、日本的8倍。这种不合理的经济结构状态和粗放型的发展方式不仅消耗了大量的自然资源,严重破坏了生态环境,导致人与自然关系恶化,也使得经济发展以人为本的价值导向被严重扭曲。因此,建立在对资源投入过度依赖和以投资驱动的经济增长方式已不符合现阶段我国的国情,经济转型势在必行。

2012年,党的十八大报告提出,要"全面深化经济体制改革,实施创新驱动发展战略,推动经济结构战略性调整",将创新驱动作为加快转变经济发展方式的主要路径。2015年,党中央发布《关于制定国民经济和社会发展第十三个五年规划的建议》,明确了在"十三五"期间坚持创新、协调、绿色、开放、共享的发展理念,保持经济中高速发展,提高经济发展的平衡性、包容性和可持续性。

经济的转型发展对高等教育结构的不断完善提出了新的要求,高等教育对此也给予了及时回应。早在2010年颁布的《国家中长期教育发展规划纲要2010—2020》就明确提出,要"适应国家和区域经济社会发展需要,建立动态调整

---

① [美]西奥多·W.舒尔茨.人力投资——人口质量经济学[M].贾湛,施炜,等,译.北京:华夏出版社,1990:1.

机制,不断优化高等教育结构",要"优化学科专业、类型、层次结构,促进多学科交叉融合。重点扩大应用型、复合型、技能型人才培养规模。加快发展专业学位研究生教育"。至此,大规模培养与经济社会发展需要的高质量应用型人才、大力加强应用型大学建设首次正式纳入国家教育发展的整体布局之中,并给予重点加强。

(二) 应用型大学成为地方高校办学的新定位

现代组织理论认为,组织作为一个开放的社会技术系统,其发展是组织自身与外部环境交互作用的结果。高校作为当今社会的重要机构,其变革的发生同样来自内源动力和外源动力的共同作用。在我国具体国情下,高校的变革更多通过外源动力因素对内源动力因素的诱发和拉动而持续实现。

加强应用型大学建设、培养高素质应用型人才不仅是经济社会发展转型的需要,也是高等教育内部结构完善的内在要求,有利于解决高等教育人才培养的结构性矛盾。当前,社会上存在大学毕业生就业难与企业招工难的两难现象同时并存的尴尬局面,这其中地方普通本科院校毕业生的问题尤为突出。根据教育部 2012 年就业统计数据显示,就业率最高的是"985"高校毕业生,其次是高职院校毕业生,第三位是"211"大学毕业生,地方普通高校的毕业生就业率排名垫底[①]。在日益激烈的高等教育竞争环境下,低就业率就代表低人才培养质量、低社会声誉和低外部支持以及低发展前景。对此,很多地方高校的管理者都进行了深入的反思,寻找新的战略方向、明确战略定位成为众多地方高校的当务之急。

2013 年,国务院副总理刘延东在全国职业院校技能大赛上提出,要"鼓励推动地方本科高校向职业教育转型,使专业结构和层次结构与人力资源需求相适应,以增强学生就业创业能力和职业转换能力,提高就业率和就业质量"[②]。2014 年,国务院总理李克强在国务院常务会上明确提出,"引导部分地方本科高校向应用技术型高校转型"。地方高校的定位问题不仅引起了政府高层领导者的高度关注,也通过政府政策的推进实现了初步的"破题"。2014 年以后,国家先后颁布《国家新型城镇化规划纲要(2014—2020)》《国务院关于加强现代职业

① 张午祺. 地方本科高校转型:政府思路与政策设计[J]. 职业技术教育,2015(12):11.
② 中国政府网.刘延东出席 2013 年全国职业院校技能大赛闭幕式[EB/OL]. [2013 - 06 - 29]. http://www.gov.cn/ldhd/2013-06/29/content_2436308.htm.

教育的决定》《中共中央国务院关于深化体制机制改革，加强实施创新驱动发展战略的若干意见》《现代职业教育体系建设规划（2014—2020）》等一系列重要文件，为地方高校以应用型为办学定位、加强自身建设、寻找新的发展优势提供了制度和政策保障。2015年，教育部颁布《关于引导部分地方普通本科高校向应用型转变的指导意见》，应用型大学作为一种高等教育类型而非高等教育层次的政策得以明确，为很多地方高校高举应用型大旗、开展应用型建设实践探索提供了强大的动力。地方高校可以在分类设置、分类管理、分类拨款和分类评估的管理体系下健康发展，办出特色。

政府利用政策手段对地方高校转型所形成的外源压力同样诱发了地方高校对于转型的内源动力。2013年6月，全国35所地方高校成立应用技术大学（学院）联盟，这是一个在教育部的指导下，由以应用技术大学类型为办学定位的地方高等学校发起成立的民间的学术性机构和协作组织。联盟的成立标志着我国地方高校开启了抱团探索中国特色应用型大学建设之路。到2014年，参加这一联盟的地方应用型大学已达到180余所。更引人关注的是，截至2016年3月，涵盖全国15个省份的200余所高校先后参与了向应用型大学转型的试点工作，明确将自身定位为应用型大学。

（三）以德国应用科技大学为代表的应用型大学模式正成为我国地方应用型大学建设的新样板

高等教育是人类创造知识、传承文明的重要场所，是培养高级专门人才的重要基地；高等教育的发展既受不同国家、地区的政治、经济、文化和历史发展阶段等制约，更有其发展的普遍规律。高等教育发端于西方，拥有悠久的历史，是一种人类拥有的共同文明。我国高等教育的发展史便是一部不断学习借鉴西方发达国家高等教育、不断形成自身特色的历史。从清末"以日为师"，光绪帝创办京师大学堂，到民国初年"仿德国制"，蔡元培改造北京大学，再到20世纪二三十年代，融合美国和欧洲各国特点确立当时的高等教育办学和管理体制等，无不体现了西方模式对我国高等教育的深远影响。改革开放以后，在"科教兴国"战略目标的指引下，我国高等教育取得了翻天覆地的变化，学习借鉴国外高等教育办学和管理模式依然成为推动我国高等教育发展的重要经验。

德国是一个十分重视教育的国度。德国的高等教育具有较为悠久的历史，在世界高等教育体系中，不仅特色鲜明，且为世界高等教育发展做出了卓越的贡献。早在20世纪初,以教学与科研的统一、学术自由和大学自治为核心的"洪堡思想"不仅使德国确立了当时世界高等教育的中心地位,也对世界其他国家的高等教育产生了重要影响。中国高等教育在一定时期也曾受益于对德国高等教育的学习与借鉴。从历史转向当下,在我国政府大力推进地方高校向应用型大学转型的当前,德国另一种高等教育的类型——应用科技大学又再次成为我国高等教育理论界和实践者关注的热点。

一些学者研究提出,德国应用科技大学的办学模式对我国应用型本科教育的影响是最直接和最深远的,有关德国应用科技大学的研究在近年来也层出不穷。我国的应用型本科教育的源头就是发端于借鉴德国应用科学大学的办学理念乃至人才培养模式,目前我国应用型本科院校与德国应用科学大学也是联系最为密切,合作最为深层次和全面的[①]。2013年,中国应用科技大学联盟在重庆举办首届中德国际教育论坛,论坛的宗旨明确提出:"为了促进中德高校的交流,汲取德国应用技术大学建设经验,加深中德两国高校在应用型人才培养领域的合作。"[②]2015年,李克强总理在陪同德国总理默克尔考察合肥学院时提出:"当前中国正在大力发展现代职业教育,我们愿借鉴德国在职业教育方面的先进经验,努力让'崇尚一技之长''不仅凭学历,更要靠能力'的理念成为社会风尚,为中国实施创新驱动发展战略,推动'大众创业,万众创新',以及'中国制造2025',和德国工业4.0的战略对接,提供高水平的职业教育和专业技术人才支撑,为国内经济社会发展作出更大贡献。"两国总理还决定共同设立中德教育合作示范基地和合作基金。2015年,德国联邦教育与科学部在其制定的《中国战略2015—2020》报告中也明确提出:"今后,要借助德国的专业经验和力量,支持中国参照双元制模式建立职业培训体系并制定实施国家标准。"这让德国应用科技大学成为国内理论界研究的焦点,其作为我国地方应用型大学办学者学习的样板作用不断凸显。

二、研究的主要问题与任务

美国著名教育学家布鲁贝克曾指出,大学是最为保守的社会组织,对变革具

---

① 邵波. 我国高等教育大众化进程中的应用型本科教育[D],南京:南京师范大学,2009:123.
② 中国教育在线. 首届中德国际教育论坛10月21日在重庆合川隆重召开[EB/OL].[2013-10-21]. http://career.eol.cn/kuai_xun_4343/20131021/t20131021_1030058.shtml.

有某种与生俱来的抵触,尽管它是整个社会创新力量的源泉。地方普通本科高校向应用型转型是一项系统工程,涉及政府、高校、社会、学生等方方面面,需要逐步推进,绝非一蹴而就。当下转型虽是政府推动下的一项自上而下的改革,但高校始终是改革的主体,只有充分发挥高校作为改革主体的作用,才能实现转型工程的上下联动。因此,有必要从我国地方高校的宏观视角出发探寻地方普通本科高校转型的动力、路径,回答地方高校为什么要向应用型大学转型,如何能够实现转型,为推进转型,政府、社会需要为高校提供怎样的外部环境,高校需要在人才培养模式、社会服务模式、办学体制机制和内部组织结构等方面实现怎样的"华丽转身"等一系列问题。

作为一所自办学伊始便以培养应用型人才为办学定位的地方高校——浙江科技学院在近 40 年的应用型大学办学历程中,经历了怎样的变革? 重点是作为其办学职能的人才培养模式、社会服务模式经历了怎样的变革? 为实现其职能,浙江科技学院的管理体制又经历了怎样的变革? 而作为浙江科技学院的办学特色——国际化办学模式又经历了怎样的变革,对其应用型大学的办学产生了怎样的影响?

本书以浙江科技学院为案例,以院校研究为方法,以大学变革的视角,从历史和现实两个维度,对浙江科技学院的过去和当下进行"庖丁解牛"式的解剖性分析,可以帮助广大研究者很好地回答前述问题,也可以为政府决策者和高校管理者提供十分珍贵而有意义的理论和实践参考。

简而言之,本书的主要任务:一是建立浙江科技学院变革的分析框架;二是在历史的维度上勾勒浙江科技学院变革的过程和影响因素;三是在现实的维度上寻找我国地方应用型大学面向未来的坐标和指针。

三、研究对象的界定与样本的典型性分析

(一) 研究对象的界定

2014 年,教育部副部长鲁昕在教育部召开的地方本科高校转型发展座谈会上提出,要力争用三年左右时间建成一批地方本科转型示范学校。根据这一部署,各地正按照"试点先行,示范引领"的思路,鼓励和引导一批有条件、有意愿的试点高校率先探索应用型发展模式。目前,各地示范性应用型本科高校的遴选工作已基本结束,全国已有 20 多个省份 200 多所高校正在推进转型试点工作,

如河南确定了黄淮学院等 10 所高校、浙江确定了浙江师范大学等 41 所高校、河北确定了北华航天工业学院等 10 所高校。在这些示范高校中,既有公办高校,也有民办普通本科高校,还有独立学院。这些高校将成为今后一个时期内我国应用型本科高校的主体,成为探索中国特色应用型大学的"先行者"。本书的研究对象将界定于以上这类院校。为了研究的深入,本书选择了浙江科技学院作为研究样本。

(二) 样本的代表性分析

代表性是研究者在研究过程中在方法论层面对研究样本的一种特征性界定,样本与其所挑选出来的总体具有相同或类似的特征,则说明样本具有代表性,通过对样本的分析所得出的描述和解释也同样适用于总体①。而且,样本不需要在每一方面都具有代表性,代表性只需局限于与研究的实质性需要相关的特征②。

浙江科技学院是一所典型的地方普通本科高校,前身为成立于 1980 年的浙江大学附属杭州专科学校,先后经历浙江大学附属杭州高等专科学校、杭州高等专科学校、杭州应用工程技术学院等发展阶段,2001 年 8 月更名为浙江科技学院③。学校在成立之时,便以"为地方培养急需的各种专门人才"为目标。1984—1990 年,学校被确立为浙江省与联邦德国下萨克森州合作办学高校,目标是根据中国实际情况和需要,吸取下萨克森州应用技术大学(FH)的办学经验,把学校办成具有现代化设备、高水平的、能培养高质量工程技术人员和管理专家的高等学校。1990—1999 年,学校又被确立为中国政府与联邦德国政府合作办学高校,目标是将学校"建设成为中华人民共和国具有示范性的高等专科学校"。在省州合作和中德政府合作期间,学校充分借鉴德国下萨克森州应用科技大学的办学经验,结合国情和学校实际,在全国范围内率先实践并提出了应用型本科人才类型的概念,在应用型人才培养、实验室建设、师资队伍建设、内外部管理体制机制和国际化办学等方面进行了系统而深入的改革,形成并逐步完善了本科应用型人才培养模式。2000 年,学校升格为普通本科高校,在高等教育大众化的大背景下,发挥中德合作的特色和优势,坚持应用型办学定位,自主探索

① 陈涛. 个案研究"代表性"的方法论考辨[J]. 江南大学学报:人文社会科学版,2011(3):65.
② 巴比. 社会研究方法[M]. 邱泽奇,译. 北京:华夏出版社,2005:183.
③ 浙江科技学院在学校办学历史上有各种名称,为了研究方便,本文将学校的名称统称为浙江科技学院。

培养本科层次应用型人才的路径，形成了地方高校应用型办学的典型经验，先后成为教育部中德合作培养高等应用型人才试点院校、教育部首批实施"卓越工程师教育培养计划"高校、"国家级大学生创新创业训练计划"入选学校和"国家'十三五'教育现代化推进工程——产教融合发展工程"建设高校。学校被教育部多位领导评价为"学习外国先进经验，结合中国具体实际，办出特色，提高素质，为中国培养高层次应用人才创造了成功的经验"，学校"二十年中德合作培养本科应用型人才的探索与实践成果"被评为国家教学成果二等奖。

　　综上可见，浙江科技学院虽是一所办学历史不长的地方高校，但它不仅始终将应用型办学作为学校的办学定位，将培养应用型人才作为人才培养目标，而且在学习借鉴德国下萨克森州应用科技大学办学经验和人才培养经验等方面具有传统和优势，具有较为丰硕的地方应用型大学建设经验和成果，是一所典型的地方应用型大学。尽管所处的外部环境已发生改变，现实环境在各地也大不相同，但对于全国数百所正在寻找向应用型大学转型的地方高校而言，浙江科技学院具有典型性。通过梳理浙江科技学院应用型办学的变革历程，分析和总结其应用型办学的动力、影响和具体路径，对于当下我国地方高校向应用型转型具有重要的借鉴意义。

四、研究的意义与价值

(一) 丰富了以地方应用型大学建设为专题的院校研究

　　院校研究是近年来在我国高等教育研究领域兴起的一种特有的研究范式，它"通过系统地收集和科学地分析学校运行状态的资料，为学校管理提供决策支持"[①]。这种研究范式自 21 世纪初引入我国起，就以其对高校管理的科学精神和科学方法，逐步改变着传统高校管理的经验主义范式。在这十余年间，面对我国高等教育改革不断推进的宏观背景，广大院校研究人员针对所在高校对实现跨越式发展的强烈需求，科学运用相关理论和方法，收集大量一手资料，进行深入研究，提出战略决策和路径，为学校领导的科学决策提供了强有力的智力支持。

---

① 赵炬明,徐海涛. 一个战略的诞生——在中国应用院校研究方法的一个案例[J]. 高等工程教育研究, 2008(4)：45 - 52.

专题研究是我国院校研究的突破口。当前,在全面深化高等教育改革和地方本科高校向应用型大学转型逐步推进的宏观环境下,以应用型大学的建设为专题,对我国应用型大学建设的外部环境和高校内在的现实基础进行分析,提出建设的有效路径,不仅是院校研究新的历史使命和突破口,也可以极大地丰富院校研究的内涵,更可以有效地满足数以百计的地方高校加强应用型建设的内在需求。

(二) 丰富了对我国地方高等学校变革史的研究

"一切历史都是当代史"。正如哈罗德·珀金所讲:"从某种真实的意义上说,真正的历史学并不是一味按照年代顺序挖掘整理史实材料的一门学科,而是一门解决问题的学科,它向现实(或一度是现实的)世界提出种种问题,并努力探寻问题的答案。"[①]从历史的观点出发,高等学校变革史的研究成果是高等教育理论体系的重要部分和来源,对地方高等学校变革史进行研究,可以丰富高等教育教育理论体系。所谓"论从史出",所有涉及高等教育建设与发展规律的探寻,都离不开对高等学校变革的历史判断和经验总结。

高等学校变革史的研究具有对高等教育实践古为今用或鉴古知今的重要价值。对地方典型高校在应用型建设数十年如一日艰苦探索的研究,是对地方高校变革史研究的全新领域,通过对其研究并从中发掘内在规律,可为高等学校自身的战略发展和当下决策管理提供依据,也可为同类型高等学校的发展提供参考和借鉴。

(三) 及时回应了我国推进地方高校转型的教育实践需求

随着我国高等学校分类设置、分类管理、分类拨款和分类评估体系的建立和完善,应用型大学将作为一种重要类型在我国高等教育体系中长期存在并不断发展;同时,不论从高校数量、学生人数还是其对经济社会发展的贡献率,地方应用型大学也必将成为我国高等教育的一支重要力量。以地方应用型大学为研究对象,既应景了当下高等教育结构改革的研究和实践,又进一步丰富了高等教育变革的研究内涵,使得研究更具针对性。

(四) 提出了我国地方高校加强应用型建设的有效路径

随着地方本科高校向应用型转型各项配套制度的不断完善和一批示范性应

---

① [美]伯顿·克拉克. 高等教育新论——多学科的研究[M]. 王承绪,徐辉,等,译. 杭州:浙江教育出版社,2001:23.

用型高校在各地的建立,越来越多的地方本科高校将向应用型转型。从目前来看,转型工作已取得了初步的成效。下一步摆在各地政府面前的将更多的是如何支持和持续推动地方本科高校建设高质量应用型大学,防止"转型倒退""假转型"或"畸形转型";而摆在各转型高校面前的、更为急迫的则应该是如何发挥办学自主性和办学主观能动性,按照应用型大学建设的基本要求,推进内部改革,努力建设以培养高水平应用型人才、提供高质量应用型科学研究和技术研发为目标,产教深度融合的、特色鲜明的应用型高校。本书的研究,为科学回答这两个问题提供了可能,可为政府和高校提供参考。

第二节　概念界定及理论依据

一、概念界定

(一) 应用型大学

在我国高等教育面临转型这一时代课题的大背景下,建设"高水平应用型大学"业已成为众多地方高校所追求的办学目标。但对于什么是应用型大学,无论是内涵还是外延,目前理论界尚未达成共识。主要观点有:

一是新兴大学观。如北京联合大学柳贡慧等人认为:"应用型大学是适应知识经济社会的发展进程和高等教育大众化、普及化的发展趋势,与经济、生产第一线和地方大众生活紧密联系并为之直接服务,侧重于科技应用方面的知识、技术和素质的培养、训练及科研,在内部设置及其结构上不同于传统大学的新兴大学。"[1]此类观点借鉴了英国新大学的观点。

二是第三种高等教育类型观。潘懋元教授在《略论应用型本科院校的定位》一文中指出:"提出应用型本科院校是为了既区别于传统的学术型大学,也区别于高等职业技术院校,这是社会发展赋予高等教育的当然使命……应用型不是层次的高低,而是类型的不同。"[2]由此可见,应用型大学是相对于学术型大学和高职院校的另一种高校类型,现有的培养应用型高级专门人才的多科性或单科

---

① 柳贡慧. 应用型大学建设发展之实践[J]. 北京联合大学学报:人文社会科学版,2008(2):109-113.
② 潘懋元,车如山. 略论应用型本科院校的定位[J]. 高等教育研究,2009(5):35-38.

性大学或学院可纳入此类大学之中,其主要特点是以培养应用型人才为主、以本科为主、以教学为主、以面向地方为主①。

三是升级版的高职院校观。例如冯虹、刘文忠提出,应用型大学与高职院校实为同一类型的大学,原因在于从现有应用型大学的人才培养类型看,其与高等职业院校存在部分重合②。因此,应用型大学从本质上讲,就是高等职业教育培养理念的延伸。应用型大学类型存在的主要价值在于为高职院校的设置提供出口,有助于其培养层次的提升。

四是传统高等教育培养模式的修正观。胡天佑认为:"应用型本科不是一种新型的本科类型,应用型大学也不是一种新的大学类型,而是在高等教育转型发展的背景下,对传统培养模式的一种修正。"③这种修正,旨在使高校人才培养更符合经济社会发展的急需,培养模式上更加适应经济社会的发展。

笔者认为,培养应用型人才并非地方高校的独特使命,985、211高校和众多具有悠久办学历史的研究型大学都肩负着培养高水平应用型人才的使命。这种使命自其诞生之日起便存在,是与生俱来的,向应用型转型是我国整个高等教育共同面临的时代课题。因此,应用型大学并未有明确的类型边界,但具有基本的共同特点:①办学目标上并非基于追求知识本身,而是为了满足经济社会发展对应用型人才和应用型科研的需求;②办学形式上具有产教融合、产学研深度合作的特征;③办学层次上属普通本科高校。具有此类特征的大学均可称为应用型大学。而同样,地方应用型大学是指除部属高校之外的,具有以上特征的应用型大学。

(二) 大学变革

变革是对旧事物本质的改变。《礼记·大传》有云:"立权度量,考文章,改正朔,易服色,殊徽号,异器械,别衣服,此其所得与民变革者也。"④变革是我国高等教育的显著特点,我国大学的变革伴随着高等教育变革的大浪潮而不断深化和推进,因此要研究大学变革的过程首先必须厘清教育变革的内涵。

国际著名教育变革理论专家 R. G. 哈维洛克(R. G. Havelock)教授对此有

---

① 潘懋元. 什么是应用型本科[J]. 高教探索,2010(1):10-11.

② 冯虹,刘文忠. 对应用型大学的探讨[J]. 北京联合大学学报:自然科学版,2005(6):24-29.

③ 胡天佑. 建设"应用型大学"的逻辑与问题[J]. 中国高教研究,2013(5):26-31.

④ 崔高维. 礼记[M]. 沈阳:辽宁教育出版社,1997:115.

如下概括，认为教育变革"是教育现状所发生的任何有意义的转变，包括有计划的教育变革和自然的教育变革"。加拿大学者迈克尔·富兰在《教育变革新意义》第一章中通过记录这样一段话，隐晦地阐释了他对教育变革的理解："每件事必须在某个时间或另一时间发生变化，否则一个稳定的社会就不会得到发展。"①国内学者对教育变革也有相关论述，如顾明远教授编撰的《教育大辞典》对教育变迁作出了定义：教育变迁即教育革新，是指"根据某些既定目标，为改进教育实践而进行的有意识的尝试，它具有两个基本限定：①革新是一种有意识的变迁，其目标新、旧都有可能；②这里提到的'目标'和'改进'均由革新者设计，故需审视究竟改进的是什么和受益者是谁"②。

综上，可以大致概括出，教育变革是一种对教育现状的有价值的改变。将这一定义引申到大学变革，我们可以将大学变革理解为一种具有一定价值导向的对大学现状的改变；同时，大学变革会对大学各个要素产生影响，体现在各个要素的量变或者质变上。例如，有观点认为大学的变革就是从大学到学科，再从学科到大学交互作用的过程③，抑或"大学变革存在着理念之维、结构之维、制度之维等三个维度"④等。

二、理论依据：新制度主义理论

地方高校向应用型大学转型是高等教育制度变迁的过程，反映了当前我国经济社会、政治、文化等对高等教育的新需求，具有鲜明的动态性和适应性等基本特点。从本质上讲，地方高校向应用型大学转型这一制度变迁是由社会生产力发展水平决定的，但由于社会生产力发展水平并不能直接作用于高等教育制度的变迁，更不能直接推动高校的转型。因此，高等教育制度成了影响和决定地方高校向应用型大学转型的直接因素。为此，我们需要引入一种能对我国高等教育制度变迁做出科学阐释和指引的理论，用于分析我国地方应用型大学建设的动力、影响因素和路径。新制度主义理论便是其中较为合

---

① ［加］迈克尔·富兰.教育变革新意义[M].赵中健，译.北京：教育科学出版社，2005：3.
② 顾明远.教育大辞典（第六卷）[M].上海：上海教育出版社，1992：419.
③ 王建华.大学变革的双重逻辑[J].中国高教研究，2011(08)：39－42.
④ 王志强，黄兆，俏李菲."创新驱动"战略下大学变革的内涵、维度与路径[J].全球教育展望，2015(11)：3－15.

适的理论。

新制度主义理论(new institutional theory)诞生于 20 世纪七八十年代,是西方社会科学领域中用于解释现实问题的重要理论之一,20 世纪 90 年代以来,新制度主义已成为超越单一学科,遍及政治学、经济学、社会学乃至整个社会科学的分析范式,并在各自学科中形成了不同的制度理论体系①,如新制度主义经济学、理性选择制度主义、历史制度主义、社会学制度主义、政治学制度主义、建构制度主义等。与旧制度主义理论不同,新制度主义理论不仅赋予制度新的含义,并将制度变迁视为核心概念,丰富了制度变迁理论,为制度变迁提供了诸种典型解释。

(一) 新制度主义关于制度的概念阐释

制度是制度分析方法的理论基石和逻辑起点。关于制度的表现形式,在新制度主义的理论框架中,对制度的最初理解是将其视为一系列的规则、组织和规范等。新制度主义经济学的代表人物诺斯强调"制度是一系列被制定出来的规则、守法程序和行为的道德伦理规范,它旨在约束追求主体福利或效用最大化利益的个人行为"②,"制度提供了人类相互影响的框架,它们建立了构成一个社会,或更确切地说,构成一种经济秩序的合作与竞争关系"③。

与新制度主义经济学将制度视为一种关系和一种约束不同,新制度主义政治学强调制度是一种组织化的结构性的安排,认为在政治生活中,组织是主导人们政治生活的基本因素。理性选择制度主义强调行为主体的策略性算计,在算计路径中,"制度影响个体的行为是通过对其期望的改变而实现的,即当某一行动者作出某种行动之后,制度会改变他所持的有关行动者可能对此所作反应的期望"④。理性选择制度主义的重要代表人物奥斯特罗姆(Ostrom)将制度做了如下定义:是一种规则组合,它被人们用来决定谁有资格进入某一决策领域,决定信息如何提供,决定在什么情况下应该采取什么行动,决定个体行动如何被聚合为集体决策……所有的制度都存在于由个体组成而共享着某种语言的共同体

① 陈家刚. 全球化时代的新制度主义[J]. 马克思主义与现实,2003(6):15-21.
② [美]道格拉斯·C. 诺思. 经济史中的结构与变迁[M]. 陈郁,罗华平,等,译. 上海:上海三联书店,1994:226.
③ [美]道格拉斯·C. 诺思. 制度、制度变迁与经济绩效[M]. 杭行,译. 上海:上海三联书店,1994:3.
④ [美]彼得·豪尔,罗斯玛丽·泰勒. 政治科学与三个新制度主义流派[M]//新制度主义政治学译文精选. 何俊志,任军锋,朱德米,编译. 天津:天津人民出版社,2007:49.

中,而不是一个作为某种外在环境的物质场所①。

社会学制度主义在最广泛意义上对制度作出界定,认为制度不仅包括正式的规则、规范和程序等,也包括具有观念、符号系统或者具有象征意义的认识和道德模板等。斯科特(Scott)就曾将制度定义为:"制度包括认知、规范和管理的结构和活动,这些提供了一种稳定并使社会行为充满意义。"②历史制度主义则将制度定义为:对行为起构造作用的正式组织、非正式规则及与之相关的程序③。

根据新制度主义关于制度的多元化解释,可以将大学这一组织视为制度,可以将大学的文化,有关大学的观点、话语、认知等视为制度,也可以将大学的管理结构、运行机制等视为制度。

(二) 新制度主义关于制度变迁的初始动力解释

新制度主义理论提供了外生变迁和内生变迁两种解释,前者强调外在于制度的因素是导致制度变化的关键性因素,后者则认为制度的内在因素是产生制度变迁的决定性条件。如社会学制度主义从文化逻辑的出发,认为制度变迁本质上是一种同构性变迁,其代表人物保罗·迪马奇奥(Paul J. DiMaggio)和沃尔特·鲍威尔(Walter W. Powell)还将这种同构性变迁划分为"源于政治影响与合法性问题的强制性同构;源于对不确定作出标准反应的模仿性同构;与职业化相连的规范性同构"④等,强调了制度变迁的外生性因素,其中强制性同构源于组织所面临的正式或非正式的压力,这种压力来自组织所依赖的其他组织或社会环境对组织产生的文化期待。模仿性同构认为,当某一组织感知到本领域中的类似组织更具有合法性或者成功时,便会倾向于主动模范⑤。规范性同构则强调了来自职业化的合法性。

---

① [美]盖伊·彼得斯. 理性选择理论与制度理论[M]//新制度主义政治学译文精选. 何俊志,任军锋,朱德米,编译. 天津:天津人民出版社,2007:86.

② [美]盖伊·彼得斯. 社会学制度主义[M]//新制度主义政治学译文精选. 何俊志,任军锋,朱德米,编译. 天津:天津人民出版社,2007:253.

③ [美]凯瑟琳·西伦,斯温·斯坦默. 比较政治学中的历史制度主义[M]//新制度主义政治学译文精选. 何俊志,任军锋,朱德米,编译. 天津:天津人民出版社,2007(1):142.

④ [美]保罗·J. 迪马奇奥,沃尔特·W. 鲍威尔. 重温铁笼理论:制度的同构性与组织场域中的集体理性[M]//新制度主义政治学译文精选. 何俊志,任军锋,朱德米,编译. 天津:天津人民出版社,2007:262－263.

⑤ [美]保罗·J. 迪马奇奥,沃尔特·W. 鲍威尔. 重温铁笼理论:制度的同构性与组织场域中的集体理性[M]//新制度主义政治学译文精选. 何俊志,任军锋,朱德米,编译. 天津:天津人民出版社,2007:266.

建构制度主义则强调了行动者的观念、话语等对于现有制度的维系或变革的作用,从内生因素的角度对制度变迁的动力进行了分析。例如,施密特(Vivien A. Schmidt)就提出,观念、话语在制度语境中产生和发展,政策领域的协调性话语或政治领域的交往性话语呈现、传递着观念并影响其成败,制度的维系或变革则取决于上述过程,尤其是能动者的前景性话语能力①。

在高等教育领域,有关大学变革的初始动力,在新制度主义的框架下,便可解释为以同构性为主要特点的外生性变迁和因行动者有关大学观念或话语的变化而形成的内生性变迁。

(三) 制度变迁的运行机制

制度变迁的运行机制是制度在具备初始变迁动力之后,保证制度变迁持久性产生的一种制度体系。关于制度变迁的运行机制,新制度主义提出了诱致性变迁和强制性变迁两种解释。前者强调制度变迁是一个持续的学习和调整过程,是一种自我实施的秩序,多发生在非正式制度或部分正式制度的变迁当中。理性选择制度主义认为,制度的诱致性变迁是由既定制度安排无法产生新的获利机会而引起,其中利益最大化行为、可沟通知识或者默会知识的学习、模仿、试验甚至犯错等一系列机制在其中扮演了重要角色②。新制度主义经济学用制度供求、制度均衡与非均衡分析这种制度变迁,认为:"制度均衡状态(安排的变迁将得不到任何好处)在任何时候都是有可能的。可是,成本与收益的变化会使制度产生不均衡,并诱致了安排的再变迁。"③后者则认为制度变迁由权力主体有意识地计划、组织、推行而成,主要发生在正式制度的变迁中。历史制度主义的重要人物保罗·皮尔逊就认为:"行动者可以利用政治权威改变游戏的规则(正式制度和各种公共政策),以此增加他们的权力。"④胡建华等认为,诱致性制度变迁具有改革主体来自基层、程序自下而上、边际革命和增量调整性、改革成本向后推移、改革顺序先易后难、改革顺序渐进性等特点,而强制性制度变迁具有政府是制度变迁主体、程序自上而下、激进性和存量改革性等特点⑤。

① [美]维维恩·施密特.话语制度主义:观念与话语的解释力[J],国外理论动态,2015(7):10-19.
② 张贤明,崔珊珊.制度变迁的发生机理:基于新制度主义的分析[J].理论探讨,2017(3):7.
③ [美]戴维斯·诺思.制度创新的理论,财产权利与制度变迁[M].上海:上海三联书店,1994:296.
④ [美]保罗·皮尔逊.时间中的政治:历史、制度与社会分析[M].黎汉基,黄佩璇,译.南京:江苏人民出版社,2014:42.
⑤ 胡建华,王建华,等.大学制度改革论[M].南京:南京师范大学出版社,2006:96.

参照新制度主义关于制度变迁运行机制的解释，可以发现，大学制度的变迁大致也可以分为诱致性制度变迁和强制性制度变迁。前者强调大学的变革以大学自身制度创新的渐进过程，比较适合于对微观层面大学制度变革的分析；而后者则强调大学的变革是以政府为主要代表的外部力量的作用，适合于对宏观或者中观层面大学变革的分析。

（四）制度变迁的路径

关于制度变迁路径的影响因素，新制度主义提出了多种解释：

一是将制度本身和制度网络作为重要的变量，认为任何制度都处于一个由高密度的制度环境中，制度之间的相互拱卫限制了制度变迁的可能性，同时制度本身也会影响制度的变迁轨迹[1]。制度本身形成对制度变迁的影响被诺斯概括为"路径依赖（path dependence）"，即"一些微小事件的结果以及机会环境能决定结局，并且，结局一旦出现，便会产生一条特定的路径"[2]，而制度网络则被社会学制度主义视为场域，一旦场域形成，制度将走向同质化。

二是将权力作为塑造制度变迁轨迹的重要因素，认为制度是一种权力结构的呈现，"新制度与旧制度不存在必然的历史关联，只要存在一种制度的逻辑需要，且个体是理性的和强大的，制度就会被创造出来"[3]。虽然权力因素并非导致制度变迁的全部，但权力主体的能动性和权力主体之间的关系确实对制度变迁产生影响，因此，需要重视精英人物在制度变迁中的作用。在理性制度主义的观点中，强制性制度变迁本身就是由以精英人物为代表的权力主体发起并主导的，权力主体的理性能力和实施能力等对制度变迁轨迹、速度、深度与广度产生影响，而诱致性制度变迁中，各主体之间的力量对比和平衡也影响着变革方案的形成。

三是将观念引入到制度变迁的变量中。新制度主义各学派都认同观念在制度变迁中的重要作用。诺斯在制度变迁的研究中，越来越重视"信念、认知、心智构念和意向性在人类社会制度变迁中的作用"[4]。理性选择制度主义认为因为行为者的行为受到信念和价值的指引，因此，信念和价值将间接影响行为者对制

---

[1] 张贤明，崔珊珊.制度变迁的发生机理：基于新制度主义的分析[J].理论探讨，2017(3)：8.

[2] ［美］道格拉斯·C.诺思.制度、制度变迁与经济绩效[M].杭行，译.上海：上海三联书店，1994：130.

[3] 卢现祥.西方新制度经济学[M].北京：中国发展出版社，2003：58.

[4] 韦森.再评诺斯的制度变迁理论[J].经济学，2009(2)：743-768.

度变革策略的选择。历史制度主义则强调了新观念的产生对制度变迁的影响。

在大学变革过程中,大学所处的制度网络、大学自身、与大学变革的相关权力主体以及与大学相关的各种观念和话语等也发挥着重要作用,对大学变革的轨迹产生影响。

第三节　研究综述

任何研究都有赖于研究资料。研究资料从获取来源可以分为一手资料和二手资料。一手资料也称原始资料,是研究者经过搜集整理和直接经验所得的文献资料和实物资料以及口述资料等;二手资料是在某研究开展之前研究者自己或他人为其他研究目的所收集的资料。

本书的文献资料来源既有基于自身调研获取的一手资料,也有基于前人和其他学者研究获得的二手资料。其中,一手资料来自研究者对浙江科技学院的现场收集。浙江科技学院坚持应用型办学近 40 年,结合中国国情,借鉴德国应用科技大学培养应用型人才 35 年,具有大量有关中国特色应用型大学建设的一手资料。研究者通过大量的调查,收集到有关浙江科技学院应用型办学的政府文件、学校文件、领导讲话、回忆录、大事记、年鉴、报纸、院志、论文集等 200 余件。二手资料则包括来自研究者通过运用 CNKI(中国知网)系统检索核心期刊收集到的有关应用型大学建设的国内研究文献,也包括运用 EBSCO、JSTOR 等软件系统和互联网系统检索获得的关于国外应用型大学建设的文献资料,以及大量的学术著作,共收集相关文献 300 余篇。

一、关于大学变革的研究

变革是大学永恒的话题,人们对大学变革的研究脚步也从未停止过。在中国知网中以主题词"大学变革""大学变迁""大学改革"等进行检索,可以检索到有效文献 900 余条,时间跨度从 1978 年至今。这些研究涉及的主题有几个方面:

(一)关于大学变革的理论问题

王建华对大学变革的内在逻辑作出了探讨,认为"学科是大学的基础,今天大学变革的目标是在跨学科学科与跨学科大学的制度框架下,使学科成为大学的学科,而不仅是在大学里的学科;使大学成为基于学科的大学,而不只是拥有某些学科的大学"①。叶赋桂对大学如何处理变与不变的两难问题进行了思考,认为"在社会加速变革的今天,大学特别需要平衡各种内外力量及其需求并根据大学自身的内在逻辑来把握和选择变与不变"②。袁振国从大学变革的历史轨迹分析中得到启示,认为"不管大学怎么变化,培养人才始终是大学的基本的和第一的功能,培养人才是大学贡献社会的首要形式,教学是培养人才的主要载体,本科是大学的根基"③,"从精英到普及的真正转型首先是价值观的转变"④,"学术是学科的灵魂,学术与学科最大的区别是,学术关注问题,学科关注体系"⑤,"作为对大学的排名性评估指标,有三个特征是至关重要的:敏感性,代表性和可比性。好的评估应该有益于促进学校发展,而不是学校发展为了满足评估指标"⑥,"培养具有国际视野、有跨文化意识和交流能力的人,成为一流大学的共同追求"⑦。谢安邦、刘莉莉认为"政府干预与市场调节、大学自身发展的内在逻辑与市场逻辑之间不可避免地存在矛盾和冲突,但大学对市场化的选择不是非此即彼的选择,而是通过协调政府、市场和大学自身要求三种力量,表现出对纯粹市场化的超越"⑧。

(二) 关于大学变革的策略与路径

王志强、黄兆信、李菲提出在"创新驱动"战略下,大学的变革"应从理念、结构、制度三个维度入手,重塑大学的理念,构建以大学为知识核心的区域创新系统,营造自由、开放、允许失败的创新环境,建立大学变革的制度体系"⑨。卢威、周海涛提出,在知识生产转型背景下,大学仍应"与市场保持必要张力,守护大学

---

① 王建华. 大学变革的双重逻辑[J]. 中国高教研究,2011(8):39-42.
② 叶斌桂. 变与不变,大学的哈姆雷特之问[J]. 复旦教育论坛,2016(6):5-12.
③ 袁振国. 培养人才始终是大学的第一使命——大学变革的历史轨迹与启示之一[J]. 中国高等教育,2016(13):57-60.
④ 袁振国. 高等教育大众化之后需要怎样的质量观——大学变革的历史轨迹与启示之二[J]. 中国高等教育,2016(15):34-37.
⑤ 袁振国. 学术是学科的灵魂——大学变革的历史轨迹与启示之三[J]. 中国高等教育,2016(18):29-32.
⑥ 袁振国. 大学排名的风险——大学变革的历史轨迹与启示之四[J]. 中国高等教育,2016(20):26-29.
⑦ 袁振国. 核心素养对学科中心的挑战——大学变革的历史轨迹与启示之五[J]. 中国高等教育,2016(22):31-34.
⑧ 谢安邦,刘莉莉. 市场逻辑与大学变革[J]. 现代大学教育,2001(3):8-12.
⑨ 王志强,黄兆信,李菲. "创新驱动"战略下大学变革的内涵、维度与路劲[J]. 全球教育展望,2015(11):3-15.

的学术性、独立性与非功利性取向"①。宋懿琛认为,大学变革的关键是政府权威与市场力量的整合②。马陆亭提出"我国大学组织模式变革,需要以高等学校体系发展状况和资源型社会的特点为基础,兼顾高等学校的层次、类型、使命特色和管理要求"③。唐丽萍、朱莉引入社会企业的相关理论,认为我国公立大学向社会企业转型具备相对优势,但需要兼顾内部自治与外部问责,加强制度建设以推动转型④。

(三) 关于国外大学变革的研究

戴如月、张杰从整体上对转型阶段美国大学的变革进行考察,发现"美国通过一系列立法和政策调整以及大学自身的变革,促使大学实现了主要功能的转型"⑤。郑旭东在分析杜德斯达特任美国密歇根大学期间领导密歇根大学转型的经验后,认为战略规划和变革管理对我国一流大学建设具有借鉴价值⑥。胡冰玉、邬智在考察牛津大学百年变革历程后,发现保守虽是牛津大学的传统和美德,但其"仍实施稳妥的变革策略,形成了独具特色的保守与变革和谐统一的发展道路"⑦。胡建华则对《大学改革实施计划》背景下的日本大学改革的新走向进行了介绍⑧。袁东,郭德红对"博洛尼亚进程"下的德国大学改革进行了分析,发现"德国为提高大学的整体竞争能力,针对大学存在的不足,就大学学制、建设一流大学、大学校长的选择、内部管理等进行相应改革,使大学发展呈现新趋向"⑨。

总体而言,有关大学变革的研究主要呈现出了以下的特点:

(1) 研究成果丰富,较好地支撑了我国大学变革的实践。从论文的成果来看,近年来,我国高等教育界对大学变革开展了卓有成效的研究,既有理论研究,也有大学变革的国际比较研究和基于现实问题的实践性对策研究;既有大学变

① 卢威,周海涛. 知识生产转型时代大学变革的共性趋势与本土反思[J]. 现代教育管理,2014(8):1-5.
② 宋懿琛. 大学变革的关键:政府权威与市场力量的整合[J]. 江苏高教,2011(5):10-13.
③ 马陆亭. 大学变迁与组织模式应对[J]. 教育发展研究,2013(9):53-57.
④ 唐丽萍,朱莉. 我国公立大学改革新视角:向社会企业转型研究[J]. 山东高等教育,2017(1):15-22.
⑤ 戴如月,张杰. 美国经济社会发展转型期的大学变革[J]. 大学:学术版,2014(2):59-64.
⑥ 郑旭东. 公立研究型大学的战略规划与变革管理——杜德斯达特高等教育改革发展的实践[J]. 教育发展研究,2010(7):28-33.
⑦ 胡冰玉,邬智. 保守中的革新:牛津大学变革路径探析[J]. 黑龙江教育,2010(11):46-48.
⑧ 胡建华. 日本大学改革的新走向——《大学改革实施计划》的出台[J]. 江苏高教,2013(3):1-4.
⑨ 袁东,郭德红. 德国大学改革新趋向[J]. 高教发展与评估,2009(6):85-95.

革的历史维度研究,也有面向当下的大学变革研究,各个层面的研究都有涉及,促进了我国高等教育的改革和实践。

（2）跨学科、交叉性研究成果相对较为缺乏。大学自从走出象牙塔走向社会中心,就已从纯粹的学术型组织转变为相对复杂的社会组织。有关大学的变革不应仅从教育的视角入手,更需要从政治、经济、社会、文化、历史、国际等各个视角进行分析。纵观现有大学变革的研究成果,立足于教育本位对大学变革的研究仍占大多数,基于跨学科和交叉性研究的成果还相对单薄。

（3）在研究方法上,实证研究相对薄弱。一直以来,教育学领域在研究方法和研究取向都偏向于理论研究,概括性、总结性、描述性研究较多,以问题为导向、基于原因分析和案例剖析的实证研究相对较少。这一问题在大学变革的研究也同样突出。

二、关于我国应用型大学建设研究

理论指导实践,制度变迁往往是因为人们的思想观念转变形成了制度的裂缝,促使制度变迁的形成。关于地方应用型大学建设,一些学者通过理论探索,帮助人们转变了思想观念,认识到建设应用型大学是地方高校的科学选择和必由之路。早在1995年,詹俊就在国内首次提出了"应用型本科"的概念。他在《杭工院学习德国 FH 办学模式之我见》一文中对当时杭州应用工程技术学院人才培养模式进行梳理与分析后,认为"这种教学模式既不同于通行的普通本科,也不同于传统的专科,称之为应用型本科也许较为确切"①。1998年,龚震伟在《应用型本科应重视创造性培养》一文中提出,"应用型的提出,是对传统本科教育反思后的现实追求。传统本科教育,学生学得多,'术不够',学校教育脱离实际,脱离实践",强调"加强应用性已成为高等教育体制改革中的一大要求"②。尽管作者没有对"应用型本科"这一概念内涵与特征作深入阐释,但这一概念的提出还是引起了学界和政府有关部门的关注。

2000年以后,国内一些学术组织也开展了应用型大学的理论探索。如2001年,部分地方工程类高校在长春举办"应用型本科人才培养模式研讨会",探讨应

---

① 詹俊.杭工院学习德国 FH 办学模式之我见[J].高等教育研究,1995(3)：70-74.
② 龚震伟.应用型本科应重视创造性的培养[J].江南论坛,1998(3)：41.

用性本科人才培养目标的定位、人才模式设计、培养方式与途径、评价标准等①。全国高等学校教学研究中心作为由教育部高教司指导的全国性研究机构,在2002—2005 年三年间,通过承担全国教育科学"十五"规划国家重点课题"21 世纪中国高等学校应用型人才培养体系的创新与实践"课题,先后在南京、哈尔滨和北京多次召开课题论证会和研讨会,邀请全国数十所高校的领导、职能部门负责人和有关专家就我国高校应用型人才培养体系的建立开展深入和广泛的讨论,并取得了一些重要成果。2009 年,中国高教学会下属期刊《中国高教研究》在教育部部长周远清的指示下,开辟专栏,用于应用型本科教育问题的学术交流。

高等教育界的努力为我国地方应用型大学研究奠定了良好的基础。近年来,随着推进我国地方本科院校转型发展命题的提出,相关研究文献在也明显增加。通过 CNKI,以"应用型大学"为关键词在核心期刊中查询,可以查询到相关期刊论文 154 篇,详见表 1-1。

表 1-1　核心期刊中关于"应用型大学"研究文献统计一览表

年份	2015	2014	2013	2012	2011	2010	2009	2008	2007	2006	2005	合计
总篇数	32	19	13	9	13	22	8	18	13	6	1	154
理论研究	2	1	3	0	0	2	3	2	0	1	0	14
人才培养	21	14	5	8	8	13	3	11	12	2	0	97
教师队伍建设	1	0	1	0	0	0	1	4	1	1	0	9
定位	3	0	0	0	0	0	0	0	0	1	0	4
转型策略	2	2	3	0	3	3	1	1	0	0	1	16
学生就业与管理	1	0	0	0	0	2	0	0	0	0	0	3
国际经验借鉴	2	2	0	0	0	2	0	0	0	0	0	6
文化建设	0	0	1	0	0	0	0	0	0	0	0	1
图书管理建设	0	0	0	0	0	1	0	0	0	0	0	1

---

① 江小明. 积极探索加速发展应用型本科教育[J]. 中国大学教学,2010:26-27.

（续表）

年份	2015	2014	2013	2012	2011	2010	2009	2008	2007	2006	2005	合计
社会服务	0	0	0	0	1	0	0	0	0	0	0	1
发展规划	0	0	0	0	1	0	0	0	0	0	0	1
学报	0	0	0	0	0	0	0	0	0	1	0	1

从表1-1中可以发现，当前学术界关于我国应用型大学建设的研究呈现以下几个特点：

（1）从数量上看，整体呈现较为明显的增长趋势。2005年，有关应用型大学的研究仅为1篇；到2007年，迅速增长到13篇；到2010年，增长到了22篇，到2015年，更是达到了32篇。从数量上可以进一步证实，应用型大学建设成为当前我国高等教育研究的一个热点话题。

（2）从类型上看，研究主题呈现多元化趋势。2005年，上海工程技术大学校长汪泓在《中国高等教育》发表题为《瞄准地方需求，创新应用型大学办学模式》一文以来，相关研究已从有关应用型大学办学策略向更为广泛的领域推进，包括人才培养、办学定位、理论研究、社会服务、发展规划、国际经验借鉴、学生就业与管理、教师队伍建设等多个方面。例如，潘懋元对什么是应用型本科提出了富有建设性的见解，认为应用型本科就是以培养应用型人才为主、以培养本科生为主、以教学为主、以面向地方为主[①]；胡天佑从类型学范式出发，对我国应用型大学建设的困境进行分析，认为当下既存在理论逻辑上的困惑，又有实践逻辑上的困境，对于我国应用型大学建设而言，仍然任重道远[②]；李家新通过对卡内基—梅隆大学战略规划的分析，认为加强我国应用型大学建设要将"追求实用"与"坚守理想"相结合、将"契合时代"与"维系特色"相结合、将"开放办学"与"和谐包容"相结合[③]；滕祥东等对应用型大学教师队伍的结构进行了分析，认为应用型大学的教师队伍结构应由"一般性结构元"和"特殊性结构元"二元结构组成，其

---

① 潘懋元. 什么是应用型本科？[J]. 高教探索，2010(01)：10-11.
② 胡天佑. 建设"应用型大学"的逻辑与问题[J]. 中国高教研究，2013(5)：26-31.
③ 李家新. 卡内基—梅隆大学的战略规划及其对建设高水平"应用型大学"的启示[J]. 职业技术教育，2015(4)：30-33.

中特殊性结构元又包括"经历结构""应用能力结构"与"组成结构"三要素①。

(3)从研究重点上看,应用型人才培养是贯彻其中的热点主题。人才培养是应用型大学的核心任务,也是应用型大学建设的重点。从现有文献来看,有关应用型人才培养的研究也一直是应用型大学研究的主要对象;从数量上看,有关应用型人才培养的研究占相关研究的 62.99%,且在每年发表的论文中占比也同样最大。广大研究者对我国应用型人才培养在理论上作了可贵的探索,例如,田野提出,应用型大学应构建以明晰学生、家长、学校、政府四种关系为前提,以整体优化为原则,以社会需求为导向,以学生主体发展为目标建构为学生未来成长"开拓发生途径"的课程体系②。陈庆祝对香港理工大学的人才培养模式进行了考察,认为其适用人才与全人教育结合的培养目标、与大学发展目标一致的专业设置和课程体系、完善的质量保障与监督体系可以为内地应用型大学的人才培养提供有益的启示③。杨兴坤以新知识观为视角,提出需要从价值取向、选用与评价标准等方面对应用型大学教学方法进行改革④。张妙弟、江小明认为,当下应用型大学教学体系改革的趋势在于需要建设一个内容多样、管理灵活的新型教学体系,需要在突出学生特点的基础上,强调课程广博化、实践教学多样化、教学方法与手段多样化、教师类型多样化、实行弹性学制和学籍管理多样化,并建立健全教学质量保障体系⑤。

有关地方高校向应用型转型的影响因素研究成果在近年来也不断出现。钟秉林、王新凤认为,地方普通本科院校转型发展内涵十分丰富,受到观念转变、目标定位、人才培养模式、队伍建设、制度保障等方面内容的影响⑥。周奇、孙鹤娟认为人们对应用型认识的模糊和相关制度的缺失是当前影响我国地方高校转型

① 滕祥东,任伟宁,杨冰.应用型大学教师队伍结构模式的构建与优化[J].黑龙江高教研究,2009(7):88-90.
② 田野.应用型大学课程体系建构取向分析[J].黑龙江高教研究,2007(8):127-128.
③ 陈庆祝,王玉.香港高校的人才培养模式考察及启示——以香港理工大学为例[J].高教探索,2014(1):105-109.
④ 杨兴坤.新知识观视域下的应用型大学教学方法改革[J].教育与职业,2014(35):163-164.
⑤ 张妙弟,江小明.大众化教育背景下应用型大学教学体系的改革与建设[J].中国高教研究,2007(1):60-61.
⑥ 钟秉林,王新凤.我国地方普通本科院校转型发展若干热点问题辨析[J].教育研究,2016(4):4-11.

的重要因素①。黄东升同样以新制度主义的视角对新建本科高校转型发展进行了分析，认为高校作为理性人基于成本的考量、高校内外部现有制度的强化、对成熟模式学习效应的制约以及对转型后效应的预期等既有路径的锁定影响了地方高校的转型②。王硕旺、蔡宗模认为当前地方高校转型的主要障碍来自于三个方面，即高等教育的系统性缺陷、非完全理性的计划管理体制和高等教育理论研究本身的赢弱③。姚荣则认为规模急剧扩张后产生的质量问题、劳动力市场和产业结构转型乃至国家治理现代化促使高等教育结构重组是地方高校转型的主要动力④。苏志刚在认同高等教育结构自我变革和地方高校长期以来遵循的跟随战略出现困境需要破解是地方高校转型的重要动力之外，提出知识创新型组织和新技术的出现也同样是地方高校转型的重要因素⑤。胥刚把高校自身作为分析对象，认为制约地方高校转型的因素主要有三个方面：科层组织的行政化倾向严重、产学研合作机制不健全以及专业群服务地方基础薄弱等⑥。赵新亮、张彦通认为，地方高校转型发展动力既来源于社会对人才结构需求的转变和地方经济发展等外在动力，也有高校自身生存发展、招生就业压力等内部动力⑦。

　　在发掘规律与特点的同时，笔者也发现，当前有关我国应用型大学研究还存在一些不足：

　　（1）理论研究需获得进一步丰富。国内学界关于应用型大学的研究起步较晚，相关研究成果还十分有限，尤其是理论研究更是寥寥可数，仅有的研究也深度较浅，缺乏系统性、深入性的研究，造成国内高校开展应用型大学建设一方面是"呼声一片，浪潮高涨"，另一方面又是"理论研究缺乏""理性指导不足"的尴尬局面。

① 周奇，孙鹤娟. 困惑与超越：地方本科高校向应用型转型发展的路径选择[J]. 东北师范大学学报：哲学社会科学版，2017(3)：167-171.
② 黄东升. 新建本科高校转型发展的路径依赖和破解之道[J]. 教育评论，2017(1)：21-25.
③ 王硕旺，蔡宗模. 应用型大学的缘起、谱系与现实问题[J]. 2016(3)：22-29.
④ 姚荣，中国本科高校转型如何走向制度化——基于组织分析的新制度主义视角[J]. 教育发展研究，2015(3)：1-10.
⑤ 苏志刚. 应用型高校转型与发展：本质、动力与路径[J]. 高等工程教育研究，2016(6)：17.
⑥ 胥刚. 省属地方高校向应用技术类型高校转型的制约因素及克服[J]. 学术探索，2015(4)：144-147.
⑦ 赵新亮，张彦通. 地方本科高校向应用技术大学转型的动力机制与战略[J]. 高校教育管理，2015(2)：38-42.

（2）基于院校研究的应用型大学变革研究需进一步积累。正如潘懋元指出："在中国，应用型的高等学校的建设虽然被提出来，但是要成为会以及全校师生的共识，还相当的难，还需要做相当多的说服工作。我们可以在研讨会上做理论上的说服，但更重要的是要从实证上来说服。"①因此，基于实践的典型高校变革研究对于进一步完善应用型大学的合理性和社会公认度具有重要意义。当前，有关个案研究还存在对人才培养等单项的经验介绍，从大学变革史的视角出发，对典型高校进行纵向和横向二维多视角的分析，从而取得我国应用型大学建设的有效路径，这方面的研究还存在空白，急需积累。

（3）基于国情的发展模式或策略研究较为缺乏。当前，国内有关我国应用型大学建设或采用对国外经验生拉硬拽式的嫁接，或属于传统高校建设的主观臆断，基于我国国情、立足于本土现实和地方高校发展历史的研究还比较缺乏，特别是缺乏对我国地方高校在应用型建设方面本土经验在变革史维度上的分析和探讨。

三、关于国外应用型大学建设研究

诚如阿什比所言，大学是遗传和环境的产物。应用型大学作为高等教育不可或缺的类型之一，在西方主要发达国家呈现了不同的形态，如美国所谓的应用型大学更多地以"赠地学院"出现，因为赠地学院主张"大学须参与所在州的具体社会事务，将全州作为自己的教学场所"，这一思想符合应用型大学的办学定位。而在英国则掀起了新大学建设的浪潮，在新大学这里，"高等教育的地域性不仅表现在当地工商业对高等教育的需求，而且表现在当地学历教育对高等教育的需求"②。在德国，应用科技大学几乎占据了德国高等教育的半壁江山，应用科技大学不仅"与研究型大学具有同等价值""属于另一种类型的高等教育"，而且为德国工业和经济腾飞提供了强大的人才和技术支撑。因此，研究国外应用型大学变革事宜，需对以上三种应用型大学办学的研究作系统梳理和分析。

（一）有关美国赠地学院的研究

首先，国外有关赠地学院的研究。以关键词"Land Grant Colleges"或"Land

① 潘懋元. 什么是应用型本科？［J］. 高教探索，2010(1)：10-11.
② 邓云清. 新大学运动与英国高等教育的近代化［J］. 高等教育研究，2008(1)：85-91.

Grant Universities"在 EBSCO 中查询,可以查询到直接相关的论文、报告 20 余篇,主要集中在以下几个方面:

1. 关于赠地学院的发展策略

有学者认为,赠地学院很大程度上帮助美国在 20 世纪成为科技创新的领导者,面对充满不确定性和全球竞争加剧的 21 世纪,赠地学院需要进一步更新责任和任务,以更好地服务后工业经济时代的需要[1]。凯洛格委员会(The Kellogg Commission)在 1996—2000 年发表了 6 篇有关州立大学和赠地学院的报告,提出在学习型社会,赠地学院需要进一步加强学生与外部组织的关系,提升参与社会公共事务的能力,并从中得到获取和激励[2]。

2. 关于赠地学院的人才培养

有学者通过对两所赠地学院的数据分析后认为,在吸引优秀生源方面,培养质量比学费价格具有更大的影响力[3]。也有学者对美国亚拉巴马州和田纳西州两所农业大学学生在大学教育中所需学习的技能进行了评估[4]。

3. 关于赠地学院与教育公平的研究

有学者对部分赠地学院考察后发现,不公平的研究预算和资源是困扰那些失去土地和乡情的黑人获得公平教育最大的问题[5]。

4. 关于赠地学院变革者的研究

让·丹尼尔·W(Lang Daniel W)以一位大学校长为研究视角,阐释了当时农业学院校长在推进学院向赠地学院变革过程中所扮演的重要角色和面临的

---

[1] Brown, John Seely. From Engagement to Ecotone: Land-Grant Universities in the 21st Century [J]. Change: The Magazine of Higher Learning. 2010,42(6): 8-17.

[2] Byrne, John V. Public Higher Education Reform Five Years after the Kellogg Commission on the Future of State and Land-Grant Universities [J]. National Association of State Universities and Land-Grant Colleges, 2006:24.

[3] Adkisson, Richard V. , Peach, James T. Non-Resident Enrollment and Non-Resident Tuition at Land Grant Colleges and Universities [J]. Education Economics, 2008,16(1): 75-88.

[4] Zekeri, Andrew A, Evaluation of Skills Needed in College Education by Colleges of Agriculture Alumni from 1862 and 1890 Land Grant Universities in Alabama and Tennessee [J]. College Student Journal, 2014,48(2): 322-324.

[5] Harris, Rosalind P. ; Worthen, H. Dreamal, Working through the Challenges: Struggle and Resilience within the Historically Black LandGrant Institutions [J]. Education, 2004,124(3): 9.

困境①。

其次，国内有关赠地学院的研究。以关键词"赠地学院"通过 CNKI 在核心期刊中查询，可以查询到相关文献多篇。与国外研究者不同，国内学者在加强赠地学院对美国高等教育影响研究②的同时，更多地集中在这种独特的高等教育模式对我国的启示，包括对农业发展③、农业高等教育④、高等职业教育发展⑤等方面。例如，郭峰在谈到赠地学院发展模式对我国高等教育发展模式的启示时指出，可以采取赠地学院的办法，通过国家资助、地方办学的形式，由国家财政统一出资拨付省级政府，在有条件的县级农村地区新建一批高校，调整和改变目前高等院校集中在中心城市办学的布局结构，形成新的发展模式⑥。

赠地学院的出现，诞生了高等教育的另一种重要思想——威斯康星思想。威斯康星思想赋予了大学除了人才培养、科学研究之外的第三项职能——社会服务。国内学者对此进行了较为深入的研究。刘海兰通过对加州州立大学所在地区共生性依赖关系作了全面分析，认为加州大学与所在地区之间的相互作用遵循着同构、认知和积淀逻辑，是行动者、环境与制度之间建构的结果，这就使得该大学的人才培养、科学研究与社会服务等三大职能得以很好地实现⑦。张阳、徐碧指出，威斯康星理念全方位地影响着世界高等教育的发展，包括大学的形态、大学的制度、大学的地位、大学中的人及各利益相关者等，当前我国借鉴并实践威斯康星理念必须处理好包容与借鉴、责任与服务等关系⑧。杨艳蕾研究发

---

① Lang，Daniel W. Amos Brown and the American LandGrantCollege Movement［J］. ASHE Annual Meeting Paper，1997：37.
② 相关论文参见：杨光富，张宏菊. 赠地学院对美国高等教育的影响［J］. 河北师范大学学报：教育科学版，2008(10)：8－11；苟渊.《1862 年赠地学院法案》的缘起及其对美国社会的影响［J］. 全球教育展望，2013(6)：119－128.
③ 刘晓光，董维春. 赠地学院在美国农业服务体系发展中的作用及启示［J］. 南京农业大学学报：社会科学版，2012(3)：133－139.
④ 刘景. 美国早期"赠地学院"的成功经验及其对我国农业高等教育的启示［J］. 成人教育，2016(3)：92－94.
⑤ 梁淑红. 美国赠地学院的演进历程及对我国新高职的启示［J］. 教育与职业，2001(7)：24.
⑥ 郭锋. 论赠地学院发展模式对我国高等教育发展的启示［J］. 国家教育行政学院学报，2010(3)：84－90.
⑦ 刘海兰. 校地相互作用及其制度逻辑——以美国加州州立大学为例［J］. 比较教育研究，2015(12)：42－47.
⑧ 张阳，徐碧鸿. 顺应、博弈及流变——百年威斯康星理念解读［J］. 现代教育科学，2010(9)：61－64.

现,进入 21 世纪,在国际社会政治、经济改革的背景下,威斯康星理念获得了新的发展,不仅传统的推广教育模式得到保持和发展,而且着力构建多主体、多学科参与的服务体制,并注重对社会特定人群提供切实的服务,这些对于我国大学开展服务社会活动具有重要的启示①。

（二）关于英国新大学的研究

国外有关英国新大学建设的文献较多。其中,比较典型的有斯图尔特(W. A. CStewart)的《战后英国的高等教育》(Higher Education in Postwar Britain),这是一部较早对英国高等教育进行系统论述的著作。在书中,斯图尔特系统论述了 1945 年以后英国高等教育的发展历史,其中对新大学进行了分阶段研究,引用了大量的权威数据和官方资料,也有很多通过交流和讨论取得的一手资料。

在中文类著作中,影响较大的有邓特著、王承绪先生翻译的《英国教育》,张泰金先生编著的《英国的高等教育历史、现状》,王承绪、徐辉的《战后英国教育研究》,徐辉、郑继伟编著的《英国教育史》等。这些著作对包括新大学在内的英国高等教育发展作了研究分析,为我们了解掌握英国新大学的发展脉络、发展特征等提供了宝贵的资料。近年来,有关英国新大学著作不断增多,如程灵在《二战以来美国对英国高等教育的影响：理念迁移与政策借鉴的宏观考察》一书中以问题为起点,从比较教育的视角,从政府、市场、学术等多角度分析了美国高等教育对英国的影响,认为英国高等教育在调整重组过程中对美国经验进行了局部借鉴,英国新大学的发展既受到了美国的显著影响,但同时又都带有英国的传统和现实特点②。苑大勇在《终身学习视角下英国高等教育扩大参与政策研究》一书中从政策分析的视角,对英国新大学在《罗宾斯报告》《迪尔英报告》颁布后的发展和演进进行了研究③。

（三）关于德国应用科技大学的研究

德国应用科技大学是德国高等教育的一种重要类型。根据对应用科技大学的词源分析,这一概念来源于德文 Fachhochschulen(缩写为 FH)。《朗氏德汉

①　杨艳蕾. 当代"威斯康星理念"的新发展及其启示——以威斯康星大学为例[J]. 外国教育研究,2012(5)：114 - 119.
②　程灵. 二战以来美国对英国高等教育的影响：理念变迁与政策借鉴的宏观考察[M]. 北京：社会科学文献出版社,2015.
③　苑大勇. 终身学习视角下英国高等教育扩大参与政策研究[M]. 北京：高等教育出版社,2013.

双解大词典》将 FH 界定为：这是一种特殊类型的高校，相比综合性大学，这类高校更强调对学生进行以社会需要为导向的实践能力培养。同时，朗氏词典将 FH 的中文译名界定为"专科高等学校（大学）"，其中"（大学）"的注释是强调这类学校的高等教育性质，防止人们将其误解为专科层次的高等职业院校。在促进欧洲高等教育一体化的"博洛尼亚进程"推动下，为进一步消除国际社会的误解，欧洲学者将德文 Fachhochschulen 译作英文"Universities of Applied Sciences"，即应用科学大学，并于 1998 年通过决议正式使用。

由于语言或者获取资料途径不理想等原因，当前有关德国应用科技大学的国外研究文献仍十分缺乏，可以查找到相关文献较为便利的途径为德国联邦教育与研究部网站（http://www.bmbf.de），网站上可以查询到包括德国应用科技大学的发展、经费来源、科研职能以及与社区、政府、经济之间的互动关系等资料。除此之外，通过对中德两国高校学术论坛的考察，也可以查询到部分德国学者和高等教育工作者对德国应用型大学办学定位与实践、教学模式和教学改革、人才培养模式与质量控制以及校企合作等方面的论述，如浙江省教育厅编印的《应用型人才培养的理论与实践——首届中德论坛（杭州）文集》和中德论坛组委会编印的《校企合作下的应用型人才培养——第二届中德论坛（汉诺威）文集》等。但此类文献多为数据分析或报告性文献，学术性、系统性不强。

国内有关德国应用科技大学的研究近年来呈现迅速增长的势态。从 CNKI 查询，2002 年以来有相关论文 32 篇，主要涉及德国应用科技大学的发展史和变革趋向[1]、专业设置和人才培养[2]、办学模式[3]等。如贺艳芳，徐国庆认为，德国应用科技大学大学的兴起是德国社会、经济、政治共同作用的结果，具有鲜明的德国特色，对我国发展应用型本科教育具有重要启示[4]；卢亚莲对德国应用科技大学应用型人才培养模式的基本内容进行了论述[5]；董大奎、刘钢对德国应用科技

① 张福喜.德国应用科技型大学的变革趋势[J].职业技术教育，2015(9)：70-73.
② 陈裕先.德国应用科技大学实践教学模式及其对我国应用型本科教育的启示[J].国家教育行政学院学报，2015(5)：84-89.
③ 张健，陈光磊.德国应用科技大学对我国地方高校转型发展的启示[J].国家教育行政学院学报，2015(1)：87-89.
④ 贺艳芳，徐国庆.德国应用科技大学的兴起、特征及其启示[J].外国教育研究，2016(2)：17-26.
⑤ 卢亚莲.德国应用科技大学(FH)应用型人才培养模式及其启示[J].职教论坛，2014(13)：84-88.

大学的办学模式进行了研究，认为教育面向应用、面向实际是其办学的主要特征①；也有学者对德国应用科技大学的招生制度②、教师队伍建设③、教育国际化④等进行了研究。

第四节　研究思路、方法和框架

一、研究思路

　　应用型大学的变革是一个复杂的漫长过程。地方应用型大学的变革是我国高等教育整体变革的特定内容，研究分析我国地方应用型大学变革需要将其置于的历史大坐标下进行。本文从我国地方应用型大学变革的宏观视角入手，以新制度主义有关制度变革理论为基础、以大学变革为逻辑、以当下参与我国应用型大学试点的地方高校为研究对象、以浙江科技学院为研究样本，从多个维度对浙江科技学院的变革历程及其影响因素进行梳理和剖析，对应用型大学变革的框架和内在逻辑构建进行有益的尝试，为我国地方应用型大学的转型和建设提供借鉴。

　　美国组织理论专家哈罗德·莱维特（Harold Leavitt）在 1965 年曾提出著名的菱形组织系统模型，认为组织变革有四个相互作用和相互依赖的部分组成：任务（组织的目标，例如提供服务、生产产品等）、人员（执行任务的人）、技术（工具、计算机等）、结构（工作流程、制定决策的权力、沟通等）⑤。之后的学者基于这一理论模型构建了多种组织变革的模型。根据浙江科技学院应用型办学变革的实际，借鉴哈罗德·莱维特的菱形组织系统模型，本书构建了三维度四要素模型，对浙江科技学院的变革进行剖析，包括任务变革维度（人才培养和社会服务）、结构变革维度（管理体制机制）、技术变革维度（国际化办学）。

　　在确立浙江科技学院应用型办学分析维度的基础上，本研究引入新制度主

① 董大奎,刘钢.德国应用科技大学办学模式及其启示[J].教育发展研究,2007(7-8A)：41-44.

② 宋晓欣,阎志利.德国应用科技大学招生制度特点及启示[J].中国职业技术教育,2015(33)：73-79.

③ 韩伏彬,董建梅.德国应用科技大学教师队伍的特点及启示[J].当代教育科学,2015(11)：49-51.

④ 刘金存.德国高职教育国际化发展的经验借鉴[J].职业技术教育,2015(9)：74-77.

⑤ [美]W.沃纳·伯克.组织变革——理论与实践[M].北京：中国劳动社会保障出版社,2005：157.

义有关制度变迁的理论和观点,对浙江科技学院变革的三维度四要素进行了考察分析:

一是以任务变革维度的人才培养要素为视角,从制度变迁的动力入手,对浙江科技学院在应用型人才培养的探索进行了分析,探讨其应用型人才培养价值取向得到了怎样的丰富和变革。

二是以任务变革维度的社会服务要素为视角,从制度变迁的自变量入手,对浙江科技学院应用型科研社会服务的基础与模式变革等进行分析,探讨如何通过应用型科研社会服务功能强化来推动应用型办学。

三是以结构变迁维度的管理体制机制要素为视角,从制度变迁的自变量入手,对浙江科技学院的办学模式变革作了深入阐释,探讨内外部制度变革对其应用型办学的影响。

四是以技术变革维度的国际化办学要素为视角,从制度变迁的机制入手,对浙江科技学院的国际化办学模式演进进行分析,探讨国际化办学对应用型办学具有的独特价值和特定功能。

二、研究方法

(一)院校研究方法

院校研究是当下我国高等教育研究最具活力的研究方向之一。在这一研究框架下,很多高等教育的论题可以得到深入且有效的讨论。所谓院校研究,就是在某一所院校开展的,通过提供信息,为学校规划、政策及决策提供支持的研究[①]。这里的信息既包括院校的现实数据,又包括院校的历史与文化。院校研究发端于美国,最初便是对大学校史研究变革而来,因此对于大学变革史的研究是院校研究的重要内容。周光礼提出,院校研究可以是基于院校变革史,通过问题的建构、历史的重新阐释,为院校当下问题的解决提供思路[②]。本书以浙江科技学院这所地方普通高校为研究样本,引入院校研究的方法,对浙江科技学院的变革史进行了深入的多视角分析,较为全面地阐释了地方高校建设应用型大学的动力、影响因素和发展路径。

---

① Saupe J L. The functions of institutional research [J]. Tallahassee, FL: Association for Institutional Research, 1981: 1.
② 周光礼. 大学变革与转型:新的思路与新的分析[J]. 教育学术月刊,2013(4):74-80.

（二）问题史学的研究方法

年鉴学派的创始人、法国人吕西安·费弗尔是最早提出问题史研究范式的历史学者。他认为："提出一个问题，准确地说来是所有史学研究的开端和终结。没有问题，便没有史学。"①问题史学通过强调提出问题—解决问题的逻辑，对大学的变革进行阐释性研究。本书将问题史学的研究方法引入对浙江科技学院这所地方应用型大学的变革之中，较为科学地回答了这所高校在近 40 年来的变革历程中受到哪些内外部因素的推动，其人才培养模式、办学体制机制、内部组织结构和国际化办学模式分别经历了怎样的变革。通过对浙江科技学院变革的典型性研究，可以为其他地方高校向应用型大学转型提供宝贵的借鉴，达到"既见树木，又见森林"的目的。

（三）微观史学的研究方法

微观史学是一种以"'以缩小观察规模进行微观分析和细致研究文献资料'为特征的研究，其基本程式是通过对微观现象的描述，阐释其文化内涵，进而折射政治、经济和社会方面的现状"②的研究方法。这种研究方法重视对一个人物、一个事件、一项制度或者一个组织的考证和叙述，强调将研究视野下移，将研究重心下沉和研究资料的原始性。本研究将微观史学的研究范式引入对浙江科技学院的变革史研究中，使之克服了现在有关应用型大学研究注重抽象、概括和枯燥的宏观研究范式，提供了一个以典型高校为对象进行对应用型大学变革和转型进行深刻观察的机会，克服了"只见森林，不见树木"的弊端。

（四）文献研究法

一是通过各类常用数据库对国内外已有研究成果进行系统收集；二是通过到现场对浙江科技学院大量的原始档案资料，包括人才培养、社会服务、国际化教育以及内外部管理制度等文献进行挖掘、收集、分析和整理；三是通过调查研究和深度访谈，收集相应的口述资料。

（五）扎根理论研究方法

扎根理论是一种典型的质的研究方法，其内在逻辑是从经验资料的基础上建立相关理论，是一种自下而上的方法，需要研究者在系统收集资料的基础上寻

---

① 姚蒙.法国当代史学的主流——从年鉴派到新史学[M].香港：香港三联书店，1988：47-48.

② Giovanni Levi. On Micro-history: New Perspectives on Historical Writing [M]. The Pennsylvania State University Press，2001：99.

找反映社会现象的核心概念,然后通过这些概念之间的联系建构相关的社会理论①。本研究采用了这一研究方法,对浙江科技学院应用型办学的初始动力、影响因素和各因素之间的相互关系进行分析和梳理,建构浙江科技学院应用型办学影响因素模型。

三、研究框架

本书包括绪论和展望在内共九章。基本框架如图 1 所示:

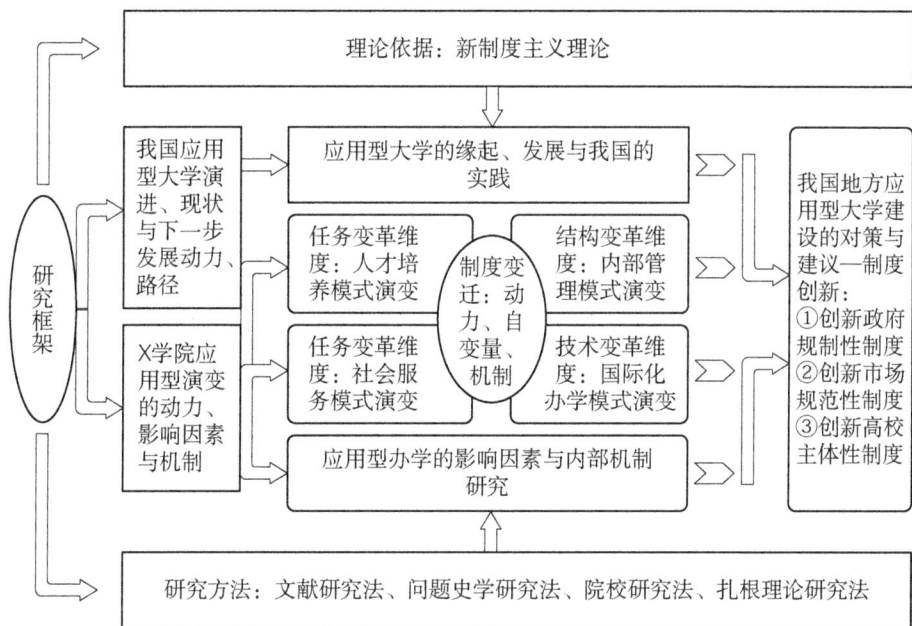

图 1-1 本书主要框架

第一章,绪论。在我国社会经济发展呼唤高等教育完善结构、政府教育部门大力推进部分地方普通高校向应用型转型这一背景,以我国地方应用型大学为研究对象,以浙江科技学院为典型高校,研究其在追求应用型办学近 40 年来的变革实践;同时,进一步厘清了应用型大学、大学变革等核心概念,对新制度主义理论等作了进较为完整的阐释,对国内外应用型大学研究等文献作了进一步梳

---

① 陈向明.扎根理论的思路和方法[J].教育研究与实验,1999(4):58.

理,阐明了本书的研究方法、整体思路和框架内容。

第二章,我国地方应用型大学的变革。运用宏大叙事的方式,对应用型大学的缘起和发展现状,我国推进地方应用型大学建设具体政策、举措、进程、影响等进行系统梳理,对我国地方应用大学的整体布局、现状和困境进行分析,总结我国推进应用型大学建设的现实基础。

第三—七章,将研究视角从"森林转向树木",以浙江科技学院为典型,多角度研究我国地方应用型大学的变革。探寻推动地方应用型大学变革的路径和影响因素,了解浙江科技学院的具体实践,总结其中的经验和不足。其中:第三章以外生变迁和内生变迁两种制度变迁的动力为框架,分析浙江科技学院应用型人才培养模式的变革历程。将人才培养的理念与目标、规模与层次、人才培养方案、毕业生就业等作为分析指标,总结浙江科技学院在应用型人才培养探索的经验和意义。第四章以制度变迁的路径塑造为分析框架,从科研服务的维度,对浙江科技学院科研服务的平台与机制、举措与成果进行分析,总结浙江科技学院服务区域经济社会模式的变革历程。第五章以制度变迁的路径塑造为分析框架,以学校管理体制变革、办学层次提升、学术组织的衍生、管理机构的设置、独立学院的建立与停办等作为分析指标,分析各个发展阶段不同的办学使命、浙江科技学院内外部管理模式的变革历程,总结管理体制变革对浙江科技学院应用型大学建设的影响。第六章以制度变迁的运行机制为分析框架,分析浙江科技学院国际化办学模式的演进。以国际化人才培养、国际化专业建设、国际化办学理念、国际化合作等作为分析指标,总结浙江科技学院的教育国际化对应用型办学的影响。第七章通过扎根理论的研究方法,对浙江科技学院应用型办学的影响因素作整体性实证分析,建构了浙江科技学院应用型办学影响因素模型。

第八章,将视线从"树木转回森林",结合浙江科技学院的办学经验,从制度创新的视角提出我国地方应用型大学建设的路径;同时,总结研究中存在的不足,对下一步的研究作展望。

第二章
应用型大学的缘起、发展与我国的实践

    2004年5月,国务院下发《关于加快发展现代职业教育的决定》,全面启动引导普通本科高等学校转型发展工作,明确了本科高校转型的总体目标、主要任务和保障措施,提出要"采取试点推动、示范引领等方式,引导一批普通本科高等学校向应用技术类型高等学校转型,重点举办本科职业教育。建立高等学校分类体系,实行分类管理。加快建立分类设置、评价、指导、拨款制度。招生、投入等政策措施向应用技术类型高等学校倾斜"[①]。随后,一系列相关政策出台,全国百余所地方高校作为试点向应用型大学转型,应用型大学作为一种独立的高等教育类型的建设大幕在我国正式开启。

    研究发现,应用型大学起于欧美,在各国有丰富的实践,它是科技革命和经济发展的必然产物,也是应用性作为大学基本属性的特定表现。在我国,有关应用型大学建设的理论探索在学术界早有涉及,政府在引导高校适应社会需求、开展应用型人才培养方面也作了政策探索,一些地方高校在应用型大学办学方面也积累了一些有益的经验。

---

① 中国政府网.国务院印发《关于加快发展现代职业教育的决定》[EB/OL].[2014 - 06 - 24]. http://www.gov.cn/xinwen/2014-06/22/content_2705926.htm.

第一节　应用型大学的缘起与发展

一、应用型大学的缘起

应用性是大学的基本属性。长期以来，为了纯科学的理想，古典大学经常不顾外部世界的巨大变迁，将知识本身就是目的视为圭臬，对大学的应用性视为"洪水猛兽"。但历史的发展并不以人的意志为转移，古典大学里教授们的怀旧情怀同样没能压抑应用性的呈现。处于中世纪的古典大学，"虽然在教会的控制之下日益远离世俗生活，但仍然具有鲜明的应用性特征"[①]。从人才培养的角度看，为了解决当时商业发展中存在的各种经济纠纷问题，意大利博洛尼亚大学在12世纪曾大力培养法律人才；而为了抵御在欧洲大地不断出现的瘟疫等疾病暴发，法国蒙彼利埃大学开设了大量的医学课程，并进行了早期的临床实验教学。作为古典大学最大堡垒的牛津和剑桥，"两校虽然旗帜鲜明地提出设立大学是为了给教会和政府培养服务人员。但就大学毕业生而言，在当时，他们都做实际工作者而不做思想家，做主教而不做神学家，做政治家而不做哲学家，做学校领导者而不做学者"[②]。

第一次工业革命时期，处于工业革命爆发期的英国和南北战争后资本主义大发展时期的美国，迫切需要大量拥有现代意识，掌握工业化的科技、经济和管理知识与技能的高素质产业人才。处于社会边缘、视为知识"象牙塔"的古典大学，如剑桥大学、牛津大学、哈佛大学和耶鲁大学等，仍坚守着人文教育、博雅教育或自由教育的传统，而将自然科学、应用技术等视为"雕虫小技"，集体缺席了工业革命提出的新挑战，以至于有研究者如此评价此时的英国大学："工业革命是由那些能工巧匠完成的……在英国工业上升时期，英格兰大学没有发挥任何作用，苏格兰的大学也只起过一些微不足道的作用"[③]。

正如伯顿·克拉克所言，"如果社会不能从原有机构中获得它所需要的东

---

① 王硕旺，蔡宗模. 应用型大学的缘起、谱系与现实问题[J]. 重庆：重庆高教研究，2016(2)：22-29.
② ［英］阿什比. 科技发达时代的大学教育[M]. 滕大春，滕大生，译. 北京：人民出版社，1983：9.
③ 王承绪，徐辉. 战后英国教育研究[M]. 南昌：江西教育出版社，1992：269.

西,它将导致其他机构的产生"①,从 19 世纪 30 年代起,在英国兴起了以伦敦大学及曼彻斯特大学学院为代表的 11 所新大学。这些新大学大都由所在城市的工业家和居民捐助建立。它们坚持"教育的作用是为完美的生活作准备"的理念,主张科学知识最有价值;他们打破了宗教贵族对高等教育的垄断,向新兴工业资产阶级伸出了接受高等教育的橄榄枝,使得工商业人才得到迅速培养;围绕第一次工业革命和商业发展的各种需要,开设大量实用性的课程,培养了大量的产业需要的人才,被称为"新大学运动"。到 19 世纪末,英国 30 万人以上的城市都有了自己的大学。从此,再也不是传统的古典大学教育模式独霸天下,新大学开始赢得英国高等教育的半壁江山,同时对古典大学的办学也产生了深刻的影响。

受"新大学运动"的影响,19 世纪末 20 世纪初英国国内又崛起了一批红砖大学,成为英国应用型大学的新模式。红砖大学是指维多利亚时期在英国主要工业城市创建的一批私立大学,包括利物浦大学、曼彻斯特大学等,在数量上有数十所之多。这些大学的校区主要设在城市,实行寄宿制,打破了近代英国大学以走读制为主的传统。这些大学的学科专业以工程、科技和医学为主。由于其处于英国的中心城市,与当地的企业有着广泛联系,在办学中,他们普及与工业生产和城市发展领域的专业知识和技能,提供面向市民的职业教育,满足经济建设和城市发展的需要。之后,又经过二三十年的努力,这些大学一般都获得了皇家特许状,成为了有权授予学位的大学,正式进入了英国高等教育体系。

在英国开展"新大学运动"的同一时期,美国应用型人才培养也面临着难得的机遇。19 世纪后期,联邦政府分别于 1862 年颁布了《莫里尔赠地法案》(the Morrill Land Grant Act),1887 年颁布《哈奇法案》(The Hatch Act)和 1890 年颁布《第二莫里尔法案》(The Second Morrill Act),拨款资助州政府创办赠地大学,培养农业和机械工程等方面的应用型人才。威斯康星大学校长范·海斯在 1904 年提出著名的"威斯康星思想",树立了大学对公共服务的义务和责任,使公共服务成为大学教学和科研之外公认的第三大职能②。在这一思想的影响下,美国在新开辟的广袤的中西部地区先后建立了 69 所赠地学院。由于这些学

① [美]伯顿·克拉克. 高等教育新论——多学科的研究[M]. 王承绪,等,译. 浙江教育出版社,2001.
② The Wisconsin Idea. [2007 - 01028]. http://www.wisc.edu/wisconsindea.

校的宗旨即为在新开发土地上开展的工农业生产培养工程技术人才和农业科学、技术人才，因此这些学院又被称为农工学院。在成立之初，农工学院以短期教育为主，在办学定位、专业设置和服务面向等维度都体现了鲜明的职业教育特征。赠地大学在美国的兴起，不仅转变了美国的大学教育理念，促进了经济和社会发展与美国高等教育之间的密切联系，也为美国应用型人才的培养提供了财政经费。到了 19 世纪后期，应用型人才培养在美国高等教育理念和实践中都占据了重要的一席之地。而随着时间的推移、社会的发展和科技的进步，原来农工学院的学科设置也不断拓展，涉及经济、医疗、管理、教育和公共服务的各个领域，大多数农工学院也都升格为大学，并在各自领域做出了卓越的成就，一些学校成为享誉世界的名校。

二、应用型大学在欧美国家的发展

应用型大学诞生之后，逐渐成为发达国家高等教育体系中的一种重要类型和必要组成部分。它特色鲜明，肩负着培养高层次应用型人才，开展应用型研究、开发和服务的多重使命，为各国经济增长、社会繁荣和科技进步的贡献力量。其具体形式和发展方式在不同时期、不同国家也发生着巨大变化，比如英国多科技术学院、美国的社区学院、澳大利亚的科技大学和德国应用科技大学等，其中英国的多科技术学院和德国应用科技大学尤为典型。

（一）英国多科技术学院的演变

英国多科技术学院产生于第二次世界大战以后。1963 年，英国为了大力发展战后高等教育，英国高等教育委员会发布了著名的《罗宾斯报告》。该报告建议政府大力扩充高等教育，开宗明义地提出高等教育的目标是改变培养传教士、法官、律师和医生的传统，向为人们提供在社会生活竞争中需要的技术和才能服务方向转变。《罗宾斯报告》的发布正式揭开了 20 世纪 60 年代英国高等教育大发展的序幕，同时开始了应用型人才培养的快速发展期[①]。

1965 年，英国教育与科学大臣克罗斯兰德（A. Crosland）提出了要确立高等教育二元制的设想，要求在现有自治大学系统之外，新设立一个单独的由多科技术学院和其他学院组成的公共高等教育部门。这两个系统相互独立、并行不悖。

---

① 王立人，顾建民. 国际视野中的本科应用型人才培养[M]. 杭州：浙江大学出版社，2008：82-84.

其中,多科技术学院和其他学院的使命和职能是以教学为主,以技术和师资培训为主;它不同于自治大学拥有对自身内部事务充分自主权和独立的学位授予权,而要接受地方教育当局直接领导、国王陛下督学以及教育和科学部的间接控制,并由全国学位委员会统一授予或申请伦敦大学的校外学位;其办学经费也由地方当局支付,而非通过大学拨款委员会供给;在学制方面,其实行全日制、部分时间制和工读交替制,并以部分时间制居多;在服务面向方面,其主要面向地区,与工商企业合作,为地方经济和社会发展直接提供服务。

1966 年,英国教育与科学部颁布了《关于多科技术学院与其他学院的计划》白皮书,决定将巴斯等 8 所高级技术学院升格为大学,将原有 90 多所独立学院合并为与大学平起平坐的多科技术学院。在这一政策的推动下,1969—1991年,英国先后创办了 34 所多科技术学院,多科技术学院在校生人数从 1969 年的6.038 4 万人增长到了 1988 年的 43.063 5 万人和 1992 年的 77.933 3 万人(不包括非全日制学生),增长了 13 倍之多[①],较好地满足了社会对扩大新型高等教育方面的需求,为英国经济社会发展培养了大批实用型科技人才。

多科技术学院在创建之后,虽然非常注重保持自身固有的特色和办学定位,但随着办学规模的不断扩大、学生数量的不断增加和学位课程在读人数比重的不断上升,多科技术学院也越来越趋向于传统的古典大学。1992 年,英国议会通过了《继续教育和高等教育法》,决定成立"高等教育基金委员会",将多科技术学院和其他学院纳入政府拨款范围,同时同意将多科技术学院更名为大学,具有与大学相等的权利和地位。至此,多科技术学院在英国高等教育扮演的历史性角色落幕,而整个英国的高等教育在多科技术学院长达 30 年的影响下,也更具走向市场的特点,与产业界之间的联系更加紧密。

(二) 德国应用技术大学的发展

德国应用科技大学诞生于 1960 年,是德国经济 20 世纪 60 年代高速发展的产物。在这一时期,德国出现了大量的新兴产业,这些产业需要大量具有实践能力的高级专门人才。然而,德国综合大学坚持培养"纯学术、无功利的学术人才",个别工业大学培养的高层次专业人才也仅仅是"杯水车薪",应用型人才成为制约德国经济发展的重要瓶颈。日益"不合时宜"的德国高等教育引起了德国

---

① 张建新. 英国多科技术学院的漂移及其启示[J]. 深圳职业技术学院学报,2004(4):72 - 76.

企业界、教育界等社会各界的关注。1964 年,著名教育改革家奥尔格·皮希特向德国各界发出警告:"教育的危机就意味着经济危机,如果我们缺少良好的教育的后备力量,经济腾飞很快就会结束。"①皮希特等人的呼吁得到了联邦政府的重视。1968 年,联邦德国各州通过并颁发了《各州统一应用科技大学的规定》,要求在 1969—1971 年三年间,各州将原工程师学校、工业设计高级专科学校、社会公共事业学校、经济高级专科学校等中等职业学校进行合并改制②。这些学校原本属于德国职业教育体系,虽然在德国也具有近百年的办学历史,办学条件也较为扎实,但并非高等教育的一种类型。该规定实施后,各州将其升格为一种更高层次的高等教育机构——应用科技大学,用以专门培养侧重于实际应用、专门性强的高级应用人才。应用科技大学作为一种新的高等教育类型由此在德国正式诞生,德国高等教育二元制雏形在这一时期得以建立。它的出现既是对德国原有一元制高等教育结构的有益补充,同时也迎合了德国越来越多中学生进入高等教育深造学习的需要,德国高等教育大众化得以启动并快速推进。

仅仅五、六年时间,到 1975 年,德国应用科技大学已占德国高校的一半以上,招收的人数也达到了全国高校总招生数的 20.8%③。为了更好地促进应用科技大学的发展,增强其对社会的吸引力,联邦德国政府曾先后三次颁布和修订《高等教育法》,对应用型大学的定位进行了明确。1976 年,新颁布的《高等教育法》就明确规定了应用科技大学与传统大学是德国高等教育的两种类型。1985年,为了进一步强调应用科技大学在德国高等教育体系中的地位,联邦政府对《高等教育总法》进行了修订,取消了"研究型高校"的概念,强调了应用科技大学和其他类型的大学一样同属高等教育,两者只有类型之分,绝无等级之别。而在1987 年的第二次修订中,又进一步强调和推进了应用科技大学与其他各种类型高等学校之间的交流与合作,包括学分的互认、联合培养人才等。这些制度建设,推进了应用科技大学的稳步发展。德国的高等教育改革在 20 世纪 90 年代继续不断推进。科学审议会是联邦德国负责高校的结构发展、高教领域投资及

---

① [德]奥尔格·皮希特. 德国教育的危难[M]//瞿葆奎. 联邦德国教育改革(教育学文集第 21 卷). 北京:人民教育出版社,1991:342.

② 潘黎,刘元芳,霍尔斯特·赫磊. 德国建设"高等教育强国"之启示——德国高等教育机构的分层与分类[J]. 清华大学教育研究,2008(8):43-48.

③ UlriChTiekler. Recent Developments in Higher Education in the Federal Republic of German [J]. European Journal of Education, 1982,17(2):162.

科研促进工作的机构。1993 年,该机构提出建议"关于德国高校政策的十个论题",这十个论题对后来德国高等教育发展产生了深远影响,其中提到"那种对大学学习机会进行限制和对长期继续增长的学习需求加以遏止的观念与做法都是错误的""在高校系统中高等专科学校的扩建具有优先发展权,这种高校类型应作为高教领域里具有深远意义的选择来发展"①。到 1994 年,德国已有 136 所应用科技大学,在校生人数发展到 398 200 名②。到 2000 年,德国的应用科技大学达到 154 所,遍布在全国的 16 个州,在校生约 425 485 名。到了 2007 年,全德共有应用科技大学 176 所(含私立高等应用科技大学 40 所),占德国高校总数的45.9%,在校生约占高等学校在校生总数的 25%。应用科技大学真正成为德国第二大类高校,成为"德国经济发展的秘密武器"。

三、欧美国家应用型大学建设的经验

(一) 办学主动适应经济社会发展的需求

欧美应用型大学既是政府为推进产业结构优化升级、迎合社会各界的强烈要求而对高等教育结构进行强制性战略调整的产物,也是大学自身为赢得生存发展空间,主动适应地区经济社会发展的产物,其在办学定位上往往立足于地区实际,在专业设置、科学研究上与当地经济发展紧密结合,既体现了服务区域经济发展的办学理念,又能通过与当地的主导特色优势产业紧密结合,使校企在人才培养和科学研究上的合作落到实处,形成了良性互动的局面。

(二) 办学受政府强有力的法规支持和制度保障

从国家制度设计层面来说,欧美国家政府往往会以立法等形式给予应用型大学充分的制度保障,将应用型大学定位在"不同类型但是等值"的高等学校,在办学经费拨款途径与形式、办学自主性、学位授予权、师资待遇、社会声誉与地位等往往与学术型大学居于同等或大体相等的地位,鼓励应用型大学保持自身办学特色,面向地区和市场办学。

(三) 办学瞄准高层次应用型人才培养

欧美国家应用型大学坚持将自身的人才培养目标定位在培养高层次应用型

---

① 张桂春. 德国高等教育改革走向——德国科学审议会关于高校政策十大论题[J]. 比较教育研究,1997
　(1):44 - 48.
② [法]克里斯托弗·福尔. 1945 年以来的德国教育:概览与问题[M]. 北京:人民教育出版社,2002:238.

人才或高水平技术技能型人才,并将此培养目标与本国办学传统相结合,体现出自身的独特性。如美国应用型大学在人才培养上呈现出通用技能和专业技能并重、多样性和灵活性并重的特点,学生除了需要扎实掌握本专业的知识和技能之外,还需要具备良好的综合沟通、协调、管理和领导能力以及一定程度上的国际素养。英国应用型大学在人才培养上普遍重视实践教学,大多采用"三明治"教学模式,将课堂教学与工商业训练分段交错进行;课程设置新颖实用,注重及时调整课程,使培养计划具有鲜明的职业针对性;强调人文科学、社会科学、自然科学并重,注重学生全面素质的培养。

(四) 办学强调与企业深度合作

相对于研究型大学或综合性大学,欧美应用型大学在办学过程中随时随处可见企业参与的影子。其学位也更具有职业特色;办学经费除了政府划拨之外,往往有一大部分来自企业;师资队伍、实验设备、专业课程,甚至教材等都很有可能来自企业。比如,1996 年德国科学委员会通过《对应用科技大学双轨制改革的建议》,首次承认企业也是应用科技大学的学习地点,在企业中学习是应用科技大学学习整体不可缺少的组成部分。

(五) 办学注重与各类教育的有效衔接

欧美高等教育往往与职业教育、中等教育建有能相互衔接的"立交桥"。德国政府在制度设计上将应用科技大学的入学通道几乎能够与所有类型的中等教育机构、职业教育机构和部分综合性大学进行有机衔接。这样一种制度安排,一方面大大扩充了应用科技大学的学生来源,保证了中等教育不同轨道中的学生有机会进入应用科技大学学习,应用型大学的学生也有选择到综合性大学深造的机会;另一方面也通过对关键资质进行设定,保证了应用科技大学学生所具备的基本知识技能达到统一的水平,而德国中等教育和高等教育之间、普通教育和职业教育之间课程设置的标准化和一体化,更是保证了这样的入学制度能够顺利实施。

(六) 办学体现开放型治理特点

欧美应用型大学为了实现培养高级应用型或技术技能人才的目标,办学过程中往往积极引入社会资源参与学校治理。比如英国多科技术学院往往设有教育委员会,其人员由政府教育主管部门、企业、社会名流代表和学校负责人组成,主要负责对学校的经费及办学方针、院系设置、学校领导的选任、学校发展战略等事项进行研究;学校还设有董事会,研究决定学校的重大事项,校长则根据教育委员会和董事会的决定进行具体实施。

第二节 我国应用型大学的实践探索

一、地方高校的应用型大学探索

我国应用型大学萌芽于 20 世纪八九十年代,兴起于 21 世纪初期,在 2010年后得到了迅速发展。在这一发展进程中,我国部分地方高校以各种形式探索着应用型大学建设的发展路径。

(一)改革开放初期应用型高校的探索(以北京联合大学为例)

北京联合大学是一所典型的地方高校,成立于 1985 年,是经教育部批准成立的北京市属综合性大学。其前身是 1978 年北京市依靠清华、北大、人大、北师大等高校开办的分校。几经发展,北京联合大学已成为一所经、法、教、文、史、理、工、医、管、艺 10 个学科相互支撑、协调发展,以本科教育为主,研究生教育、高职教育和继续教育协调发展的完备的人才培养体系高校,是北京市重点建设的应用型人才培养基地,也是北京地区规模最大的高校之一。

早在 1985 年学校成立之初,北京联合大学就意识到,北京是高等教育密集之地,既需要大量的"学术性人才",也需要一大批具有较强实践能力的应用型人才[①]。作为新建的市属高校,北京联合大学提出了与老大学错位发展的办学思路,确立了以培养适应国家特别是首都社会发展需要的高素质应用型人才的培养目标,将"区域化"作为学校办学的基本定位。

1994 年,该校召开第一次党代会,对学校的办学定位进行了再次深入讨论,进一步厘清了对应用型人才的认识。学校成立了应用文理学院,重点发展应用性文理科,探索培养复合型应用人才。

1998 年,该校制定"九五"发展规划,确定了"立足北京,面向社会主义现代化建设第一线,坚持培养德智体等全面发展,适应经济建设和社会发展需要的应

---

① 1985 年初起,北京联合大学组织部分干部、教师对北京市相关行业的发展情况及行业人才需求进行了为期半年的调查,结论是:北京市大量需要的是能适应 20 世纪 90 年代以至 21 世纪初科技发展需要的应用型人才。参见《人民日报》1987 年 6 月 13 日报道。

用性人才"的办学方向；之后，又明确了办应用型高校的办学方向，将"发展应用型教育、培养应用型人才、建设应用型大学"确立为学校的办学宗旨，将"面向大众，服务首都；应用为本，争创一流"作为学校的办学定位。2002 年 6 月，北京市教委批准在北京联合大学建设"技术应用型人才培养基地"项目。

2005 年，经过全校上下充分讨论和研究，该校将"学以致用"确立为校训。在迎接本科教学工作水平评估中，学校进一步总结、凝练了"办学为民、应用为本"的办学理念，确立了"以首都经济建设、社会发展和人力资源需求为依据，培养应用型人才……"的办学思路。近年来，围绕"发展应用型教育、培养应用型人才、建设应用型大学"的办学宗旨，该校进一步完善了人才培养模式改革的新思路：面向北京市支柱和新兴产业，跨学科、跨专业培养复合应用型人才，探索创新特色人才培养模式。

作为我国较早开展应用型大学建设的高校之一，北京联合大学在 30 余年的办学过程中，从办学定位、办学宗旨、办学方向、办学思路等多个方面较好地阐释了"应用型"大学的独特内涵，取得了良好的成效，为我国地方高校开展应用型大学建设作了有益的探索，积累了丰富的实践经验。

(二) 新建本科高校的探索

1999 年，第三次全国教育工作会议召开，启动了我国高等教育扩招的大幕，我国高等教育从精英化阶段开始向大众化阶段迈进。根据"巩固、充实、调整、合并"的要求，一大批地方高校升格为本科高校，2000—2015 年，16 年间，我国新建本科院校（含独立学院）共 678 所，占全国普通本科院校的 55.6%，占据了本科院校的半壁江山。

新建本科院校的产生一定程度上满足人们追求更高层次教育的愿望，缓解了经济发展对更多高素质人才的需求，增加了教育消费，拉动了内需，带动了相关产业的发展。但由于新建本科院校主要由几类缺乏本科办学经验的高校升格而成，包括由师范专科学校升格而成、由财经和工科类的高专升格而成、由少量的成人高校或高职院校合并与改制而成、新建的独立学院等，导致这些学校在成立初期均不同程度地存在办学定位模糊、办学经验不足、办学资源缺乏、办学经费紧张、办学设施不够和办学师资薄弱等问题。其中，办学定位和人才培养定位的模糊是困扰很多新建本科院校的根本性问题之一。为了解决这一制约学校办学的重要问题，一些新建本科院校通过"抱团取暖"的办法，共同对这一问题进行探讨和实践。

一是全国新建本科院校联席会的探索。2000 年,来自全国的部分新建本科院校自发组织建立全国新建本科院校联席会,联席会每年召开一次研讨会,到 2016 年已召开 16 次,全国 220 所新建本科高校成为联席会成员。研讨会上,来自教育部高教司和全国新建本科院校的领导和代表围绕在人才培养、专业建设、质量评估、办学定位等方面面临的系列问题,共同探讨,寻找对策。自 2010 年起,研讨会的主题开始转向应用型人才培养和应用型大学建设。例如,2010 年,研讨会的主题为"地方高校应用型人才培养与大学文化建设";2013 年的主题是"高素质应用型人才培养模式及其实现机制的探索";2015 年的主题是"深化产教融合,推进校企合作,加快地方本科高校转型发展";2016 年的主题是"创新发展、协同育人、质量保障",这一年研讨会还发布了全国新建本科院校联盟《成都共识》,提出"我们应当一以贯之坚持走培养应用型人才之路,结合自身实际,突出特色发展","培养大批高素质的应用型人才,满足经济社会发展的需要是我们的光荣使命",标志着培养应用型人才、建设应用型大学正成为新建本科高校的新定位和新共识。

二是安徽省应用型本科高校(部分)联盟的实践。2008 年 12 月,在安徽省教育厅的支持下,安徽省 13 所新建本科院校自愿组成校际合作组织——"安徽省应用型本科高校(部分)联盟"(简称安徽高校联盟)。安徽高校联盟以构建高校交流与合作平台为基础,遵循"优势互补、资源共享、互惠互利、共同发展"的原则,联合打造安徽省高校(部分)战略联盟共同体,共同探寻应用型大学建设的有效路径。自成立以来,安徽高校联盟制定了联盟章程,开展了一系列建设性活动,取得了一定的成果。一是以合作联盟为平台,加强了对应用型人才培养模式研究;二是加强了高校间专业对口交流;三是共同推进了人才培养体制的改革和"双师双能"型师资队伍、应用型人才培养课程体系与产学研教学基地的建设;四是共同推进教学质量工作的建设。2009 年,安徽高校联盟制定了《安徽省高校联盟教师跨校互聘实施办法》《安徽省高校联盟学生互派与学分互认实施办法》和《安徽省高校联盟开放实验室实施办法》等系列规章制度,推进安徽省应用型本科院校建设。同年,联盟还在安徽省教育厅的支持下立项建设了 5 所"省级示范应用型本科院校",进行应用型人才培养模式、课程设置、教材教法和师资队伍、专业建设等探索。

三是应用技术大学(学院)联盟的实践。2013 年 6 月,在教育部的指导下,来自全国各地的 35 所地方本科院校在天津职业技术师范大学成立中国应用技术大学(学院)联盟。联盟围绕建设应用技术大学类型的高等学校的目标,组织联盟成员单位推进教育改革创新,促进联盟成员的转型发展、合作交流、学术研究,推动建立产教融合和协同创新机制,推动地方高等学校更好地服务区域经济发展。联盟成员定位于应用技术型人才培养,服务地方和行业,密切与行业和企业合作,为企业提供人才培养和技术服务支撑。目前联盟已拥有成员近 200 所。联盟成立以来,先后举办了产教融合发展战略国际论坛 5 次(见表 2-1),在成员间逐步达成共识,并深化成员之间的交流与合作,扩大了应用型大学的社会影响力。同时,联盟注重加强与国外应用科技大学联盟的交流与合作,先后与德国应用科技大学联盟、荷兰高等教育国际交流中心等建立合作关系,推动我国应用科技大学的国际化办学。联盟下设的应用技术大学研究中心联合国内机构,发表了《欧洲应用技术大学国别研究报告》《地方本科院校转型发展研究报告》《地方本科院校转型发展实践与政策研究报告》等理论成果,为政府决策和地方高校转型提供了有力的理论支撑和政策咨询。受应用技术大学(学院)联盟的影响,湖北、河北、山东、浙江等省份也陆续成立了应用技术大学联盟,引导和推动本省的应用型大学建设工作。

表 2-1　产教融合发展战略国际论坛一览表

序号	论坛名称	论坛主题	举办地点	举办时间
1	产教融合发展战略国际论坛 2014 年春季论坛	建设中国特色应用技术大学	河南驻马店	2014 年 4 月 24—26 日
2	产教融合发展战略国际论坛 2014 年秋季论坛	服务创新驱动发展,促进校企深度合作	浙江宁波	2014 年 12 月 6—7 日
3	第二届产教融合发展战略国际论坛	拥抱变革:创造价值——应用技术大学的使命与挑战	河南驻马店	2015 年 4 月 15—16 日
4	第三届产教融合发展战略国际论坛	向互联网＋与智能制造进军	河南驻马店	2016 年 5 月 14—15 日
5	第四届产教融合发展战略国际论坛	跨界·融合	河南驻马店	2017 年 6 月 23—24 日

(三) 教学服务型大学的提出与探索

2007 年,著名教育学者刘献君在《教育研究》杂志发表《建设教学服务型大学——兼论高等学校分类》一文,提出"为了全面体现高等学校的社会职能,推动高等学校为地方经济社会发展服务,努力办出特色,提高办学水平和教育质量,除建设研究型大学、教学研究型大学、教学型本科院校外,还应该建设教学服务型大学"。关于教学服务型大学的内涵,刘献君认为:"教学服务型大学以本科教学为主,根据条件和需要适度进行研究生教育;教学和科学研究以服务地方为宗旨,培养地方需要的应用型人才,产出地方需要的应用性成果;大力开展以满足社会需要为目的的各种服务活动,形成为地方全方位服务的体系。"[①]教学服务型大学的提法虽然与应用型大学的提法有些不同,但从其内涵上分析,无论是人才培养目标与定位,还是科学研究与学校办学定位,两者都有很多共同之处。因此,关于教学服务型大学建设的实践本质上是对应用型大学建设的一种有益探索。

刘献君的观点得到了一些新建本科高校的认同。据统计,截至 2016 年,全国已有 50 余所地方高校加入教学服务型大学的阵营,并有不断扩大之势。浙江树人大学、武汉纺织大学、黑龙江工程学院、宁波大红鹰学院、常熟理工学院和铜仁学院等地方高校,明确将自身的办学定位于教学服务型大学,并按照教学服务型大学的建设思路和要求来规划和建设学校,有效促进了学校的发展,也为地方经济发展做出了积极贡献。例如,浙江树人大学在新一轮中长期发展规划中提出,要"为建设一所综合实力在全国民办高校中处于一流、部分学科和研究领域在全国高校中有重要影响的'教学服务型大学'而努力"。武汉纺织大学提出"瞄准产业所需,走'专业嵌入产业链,产业哺育专业群'之路的专业建设之路"。早在 2011 年,学校就按照"现代纺织、大纺织、超纺织"理念调整学科布局,重组院部、学科和专业,形成以纺织为龙头、理工专业为主体,人文艺术、经济管理为两翼,相关学科共同支撑,多学科协调发展的专业布局。

二、政府推进应用型大学的政策探索

如前所述,在我国提出将应用型大学作为一种独立的高等教育类型是近年

---

① 刘献君.建设教学服务型大学——兼论高等学校分类[J].教育研究,2007(7):31-35.

来的一个新现象，但有关应用型人才培养并不是一个新话题。政府作为我国高等教育的举办者和高等教育制度的主要供给者，在推进应用型大学建设过程中进行了多种政策探索。

（一）早期的政策探索

从中华人民共和国成立之初到 20 世纪八九十年代，在苏联的高等教育体制和人才培养模式影响下，我国高等教育无论是大学、专门学院还是高等专科学校，都以培养社会发展和行业所需的应用型人才为主要目标，尤其是专门学院和高等专科学校具有很强的行业性，被称为"行业办大学"。改革开放初期，为了适应我国现代化建设需要，输送更多应用型人才，国家多次强调了这类人才的培养。

1983 年，国务院在批转教育部和国家计委《关于加速发展高等教育的报告》时指出："要在发展中逐步调整好高等教育内部的比例关系，多办一些专科"，"考虑到目前高等院校中专科学生较少，而各方面所需要的专门人才中又急需补充专科毕业生。因此，各类院校所增加的招生任务，特别是工科主要应招收专科学生。"

在 20 世纪 80 年代末期，国家开始推动高等理工科教育的改革。1990 年，教育部牵头召开"兰州会议"，提出要构建"面向 21 世纪、规模适宜、布局合理、结构优化、加强基础、重视应用、分流培养、水平较高的具有中国特色社会主义理科教育体系"，要求"高等理科本科教育在培养少而精基础性研究和教学人才的同时，要把多数理科毕业生培养成具有良好科学素养的应用性理科人才"。同年，国家教委出台《关于深化改革高等理工教育的意见》，提出把多数理工毕业生培养成为适应实际应用部门需要的、具有良好科学素养的应用型人才，促进理科人才流向厂矿企业和其他应用部门是今后一个时期高等理科教育改革的重点。

1993 年，鉴于当时高校人才培养的规格主要偏重于基础理论研究和实用技术，面向地方的，尤其是基层的应用型人才缺乏这一现状，中共中央、国务院在《中国教育改革和发展纲要》中提出，高等教育发展的目标和战略之一就是"重点发展应用学科"。

（二）教育大众化实践阶段的政策探索

1998 年，我国启动高校扩招，正式启动教育大众化战略。在这一过程中，国家不仅注重应用型人才培养的政策实践，同时也加强了对应用型大学理论探索的组织。

2001 年,教育部在《关于加强高等学校本科教学工作提高教学质量的若干意见》中强调:"以社会需求为导向,走多样化成才培养之路。高等学校要根据国家和地区、行业经济建设与社会发展需要和自身特点,结合学校实际和生源状况,大力推进因材施教,探索多样化人才培养的有效途径。"同年,教育部在《关于做好普通高等学校本科学科专业结构调整工作的若干原则意见》中提出,随着我国高等教育规模的扩大以及产业结构调整步伐的加快,社会对高层次应用型人才的需求将更加迫切,高等学校,尤其是地方高等学校,要紧密结合地方经济发展需要,科学运用市场调节机制,合理整合和配置教育资源,加强应用型学科专业建设,积极设置主要面向地方支柱产业、高新技术产业、服务产业的应用型学科专业,为地方经济建设输送各类应用型人才。

2002 年,党的十六大报告指出,"要造就数以亿计的高素质劳动者、数以万计的专门人才和一大批拔尖创新人才",对国家发展需要的人才培养工作提出了战略目标,也明确了按不同层次类型对人才进行分类培养的思想,指明了不同类型的高校应承担不同类别的人才培养功能。

同年 7 月,教育部高教司牵头在南京召开"应用型本科人才培养模式研讨会",来自全国 29 所应用型本科院校的校长、副校长、教务处负责人等共 62 人参加了会议,这是国家教育行政部门首次对"应用型本科人才"和"应用型本科教育"提法的正式回应。在这次会议上,与会的部分应用型本科院校倡议并发起成立了"全国(工程)应用型本科教育协作组"。这是一个进行工程应用型本科教育改革与发展研究的学术性协作组织,在教育部高教司理工处和全国高等学校教学研究中心领导下开展工作,以"为繁荣我国高等教育事业和培养适应新型工业化发展所需的高素质应用型工程技术人才服务"为宗旨。但这一时期政府对有关应用型本科教育的认识仍局限在工程教育领域。

(三) 新时期的政策推动

2010 年以后,我国高等教育进入从规模扩张向内涵发展的新时期。提高高等教育质量、优化高等教育结构成为新时期我国高等教育的主要任务。中央和地方政府对全面推动应用型大学建设出台了一系列的政策举措。

2010 年 7 月,《国家中长期教育改革和发展规划纲要(2010—2020)》颁布,明确提出要"适应国家和区域经济社会发展需要,建立动态调整机制,不断优化高等教育结构。优化学科专业、类型、层次结构，促进多学科交叉和融合。重点扩大应用型、复合型、技能型人才培养规模。加快发展专业学位研究生教育"。将扩大应用型人才培养规模作为推动我国高等教育结构优化的重要举措。

2013年，国务院副总理刘延东在出席全国职业院校技能大赛闭幕式上提出，要"鼓励推动地方本科高校向职业教育转型，使专业结构和层次结构与人力资源需求相适应，以增强学生就业创业能力和职业转换能力，提高就业率和就业质量"，并将推动地方本科高校转型、建设应用型大学作为加快发展现代职业教育的重要任务。2014年2月，国务院总理李克强主持国务院常务会议，研究部署加快发展现代职业教育，其中明确提出要"引导部分地方本科高校向应用技术型高校转型"。2014年6月，全国职业教育工作会议召开，国家主席习近平就加快职业教育发展作出重要指示，强调"要深化体制机制改革，创新各层次各类型职业教育模式"。

在中央领导同志对应用型大学高度关注的同时，中央和地方政府出台了一系列政策，引导地方本科高校向应用型大学转型。2014—2015年内，国家先后颁布《国家新型城镇化规划纲要（2014—2020）》《国务院关于加强现代职业教育的决定》《中共中央国务院关于深化体制机制改革，加强实施创新驱动发展战略的若干意见》《现代职业教育体系建设规划（2014—2020）》等一系列重要文件，从国家战略层面上对地方高校向应用型转型、建设应用型大学作出部署和强有力的政策引导。

与此同时，作为国家教育行政主管部门的教育部，也连续三年将推动地方高校向应用型转型作为重点工作之一。2014年提出"探索本科层次职业教育"，2015年则具体化为"印发引导部分地方本科高校向应用技术型高校转型发展改革试点的指导意见，启动改革试点，有序引导部分有条件、有意愿的地方高校转型发展"，2016年为"鼓励具备条件的普通本科高校向应用型转变，加大支持力度，有序开展改革试点，会同有关部门共同建立跟踪检查和评估制度"。在此期间，教育部会同国家发改委、财政部颁布了《关于引导部分地方普通本科高校向应用型转变的指导意见》，其中，应用型大学作为一种高等教育类型而非高等教育层次的政策得以明确，为很多地方高校高举应用型大旗、开展应用型建设实践探索提供了强大的政策激励。地方高校在分类设置、分类拨款和分类评估制度框架下健康发展，办出特色的制度环境开始形成。

随着中央政府一系列文件的出台,地方政府也发布了相应的"规划纲要""实施意见"或者"通知"等。例如,根据《国家中长期教育改革和发展规划纲要(2010—2020)》的指导思想和战略目标,各地也先后制定和发布了各自的"规划纲要",对未来 10 年的教育改革和发展规划进行了整体谋划和布局。各地都有针对性地就"应用型大学建设"进行了规划部署,例如安徽省明确提出,"支持部分高校完成从传统办学模式的转型,建设应用型本科高校";广东提出"鼓励在珠江三角洲地区新设一批主要面向高新技术产业、先进制造业、生产性服务业的应用型本科学校和高等职业学院"。

同时,根据《国务院关于加强现代职业教育的决定》的指导思想和战略目标,各地也先后制定了各自的"实施意见",谋划到 2020 年的职业教育改革和发展,其中 20 余个省份①的"实施意见"对推动本科院校向应用型大学转型有明确的表述,如江苏省提出"探索发展应用技术型本科教育",安徽省提出"加快发展应用技术型本科和专业学位研究生教育"等。各地的实施意见还对建设应用型大学的总体要求、转型目标、转型任务和保障措施等作了具体的明确。

根据《关于引导部分地方普通本科高校向应用型转变的指导意见》的要求,截至 2016 年 3 月,已有 15 个省份先后下发了"通知",确定了 200 所地方本科高校整体转型为应用型大学或部分专业群的转型。各地也出台具体方案,对转型提出了具体要求,例如湖北省提出"转型高校的试点专业校企合作覆盖率达到 85%以上、实践性教学课时比例达到 30%以上、'双师型'教师逐步达到 50%以上,到 2016 年特色优势专业在校生占在校生总规模比例不低于 40%、试点高校来自中高职优秀毕业生的招生比例要逐步达到 15%以上";山东省提出"到 2020 年,建成 60 个左右高水平应用型重点专业,进入全国同类专业前 10%,推动 10 所左右高校综合实力排名进入全国应用型本科高校前 10%;培育建设 40 个左右专业,逐步达到高水平应用型重点专业建设标准;适应现代农业、先进制造业、战略性新兴产业、现代服务业等经济社会发展需求,形成一批特色鲜明、优势突出的专业群,为我省经济社会发展提供更加有力的人才和技术支撑"。根据各地关于转型的要求,200 所参加转型试点的高校也均提出了各自的实施方案。

至此,在我国从中央政府、教育主管部门、地方政府三级联动,多层次、多角

---

① 省份系省、自治区、直辖市通称。

度推动地方本科高校向应用型大学转型的政策体系已初步建立,为地方高校以应用型为办学定位,加强自身建设,寻找新的发展优势,提供了强有力量的制度和政策保障。

图 2-1 我国应用型大学建设政策变革图

第三节 我国应用型大学建设的现状
——基于 200 所试点院校的分析

2014 年,教育部召开地方本科高校转型发展座谈会,教育部副部长鲁昕在会上提出,要"力争用 3 年左右的时间,建成一批地方本科转型示范学校,使其真正成为区域发展、产业振兴和技术进步的重要支撑力量","探索出一条建设中国特色应用技术类型高等学校的发展道路,切实提高地方高校对产业发展的服务能力水平,为打造中国经济升级版作出更大贡献"①。同年,鲁昕在 2014 年中国发展高层论坛上指出,中国高等教育将发生革命性调整,600 多所地方本科院校将逐步转型为现代职业教育②。2014—2016 年,在这两年多时间里,在国家经济社会发展需求的拉动下,在国家政策的引导下,在高等教育结构自我调整优化的推动下,在高校获得生存发展空间和差异化竞争优势的促动下,我国有 200 所地方高校启动了探索应用型大学建设工作,成为全国向应用型大学转型的试点高校(见表 2 - 2)。通过对这 200 所地方高校的分析,可以在整体上把握我国应用型大学建设的现状。

表 2 - 2　我国地方高校向应用型转型试点学校分布一览表

省份		广西	河南	湖北	江西	重庆	四川	湖南	河北	吉林	甘肃	浙江	上海	安徽	青海	贵州	合计
转型高校数(所)		19	12	23	10	6	3	2	10	24	8	42	16	19	1	5	200
转型模式(所)	整体转型	19	12	18	10	6	3	2	10	9	8	38	0	19	1	5	160
	专业转型	0	0	5	0	0	0	0	0	15	0	4	16	0	0	0	40
高校来源(所)	新建本科	19	12	19	8	6	3	2	9	14	8	38	10	17	0	5	170
	传统本科	0	0	4	2	0	0	0	1	10	0	4	6	2	1	0	30
高校性质(所)	公办本科	9	12	10	5	3	1	2	5	16	6	17	12	12	1	5	116
	民办本科	10	0	13	5	3	2	0	5	8	2	25	4	7	0	0	84
人才培养层次(所)	本科	19	10	18	7	5	2	2	7	13	6	33	7	18	0	4	152
	硕士	0	2	5	3	1	0	0	3	11	2	6	5	1	0	1	40
	博士	0	0	0	0	0	0	0	0	0	0	3	4	0	1	0	8

一、转型的表征

(一) 省域分布的非均衡性

根据各省教育厅网站公布的资料统计分析后发现,全国有 24 个省份出台了

---

① 武汉商学院网. 教育部副部长鲁昕在部分省市地方本科高校转型发展座谈会上的讲话提纲[EB/OL]. [2015 - 06 - 14]. http://www.wbu.edu.cn/s/96/t/89/4c/6b/info19563.htm.

② 鲁昕：建立现代职业教育体系,推动教育结构战略性调整[EB/OL]. [2014 - 03 - 22]. http://intl.ce. cn/specials/zxxx/201403/22/t20140322_2531446.shtml.

鼓励地方高校向应用型转型的相关文件,对地方高校转型作了具体部署,其中广西、河南、湖北、江西、重庆、四川、湖南、河北、吉林、甘肃、浙江、上海、安徽、青海、贵州 15 个省份公布了试点院校的名单。在这 15 个省份中,拥有试点院校的数量在地区分布上也存在不平衡的现象,其中以浙江最多,有 42 所普通本科高校纳入试点范围,占该省普通本科高校的 80% 以上;吉林和湖北其次,分别有 24 所、23 所,广西 19 所,上海也有 16 所。但青海、湖南和四川分别只有 1 所、2 所和 3 所,特别是四川省,其 3 所应用型试点院校的数量与全省人口总量、高校数量不相称。

(二) 转型模式的多样性

转型是变革的一种,需基于大学的历史与现状出发,受大学外部区域发展的影响。地方高校向应用型转型呈现出三种模式:一是以广西、河南、江西、重庆、四川、湖南、甘肃、安徽等省实施的整体转型模式。如河南省通过启动示范性应用技术类型本科院校建设计划,分两批遴选和建设应用技术大学示范校。二是以湖北、吉林、浙江为代表的整体转型与专业群转型结合型,由地方高校根据自身实际,自主选择。三是以上海为代表的专业群转型模式,上海有 16 所高校的 26 个专业加入了转型试点。

(三) 转型途径的多形式性

通过对 200 所试点地方高校的办学历史逐一分析,可以发现,其中 1998 年以后新建的本科院校占主体,有 170 所,占总数的 85%,其余 30 所为传统本科高校。在 170 所新建本科院校中,本科办学 10 年以上(2006 年之前举办本科)的高校为 128 所,占 75.29%,不足 10 年的占 24.71%。在 30 多所传统本科高校中,绝大部分采取了部分专业试点转型的模式。

综上可知,在 200 所高校中,公办本科高校占据了绝大多数,有 116 所,其中河南、湖南、贵州、青海 4 省的试点院校均为公办本科院校,但在总量上讲,民办本科高校的数量也不在少数,有 84 所,占据了 42%,远高于民办本科院校在全国普通本科高校中的占比。其中,湖北、浙江和广西 3 省的民办本科高校要多于公办本科高校,成为转型的主体,一定程度上说明了民办本科高校对以建设应用型大学有较强的认同感和积极性。

(四) 人才培养的多层次性

从人才培养层次的视角深入分析,可以发现,在 200 所试点高校中有 152 所人才培养层次为本科水平,有 40 所试点院校的人才培养处于硕士研究生水平,有 8 所试点高校拥有博士学位授予权,例如上海理工大学、浙江师范大学、浙江中医药大学、青海师范大学等。以青海师范大学为例,该校是青海省属重点高校,在学科、科研、教学等方面有良好的基础,拥有 3 个一级学科博士学位授权点,12 个二级学科博士学位授权点,11 个一级学科硕士学位授权点。2013 年底,青海省人民政府印发《2013—2015 年青海省高等教育和职业教育布局及学科专业结构调整规划》,明确将青海师范大学定位为应用型综合大学。在此背景下,该校提出了以"培养基础教育师资以及推动国家、民族与人类文明进步的合格公民和创新型应用人才"为办学宗旨,实现建成西部地区有特色、高水平、现代化的应用型综合大学的发展目标[①]。这种多层次的应用型人才培养体系在事实上延伸了对应用型人才培养的内涵,架构了一条从本科向硕士乃至博士延伸的桥梁。

二、初步成效

选取试点、总结经验、逐步推广是我国教育改革的常规路径。我国地方高校向应用型转型的试点工作已获得了初步成果,应用型大学作为一种新的高等教育类型正成为我国高等教育体系中不可替代的重量力量。

(一) 确立了应用为本的办学定位

大学办学定位对于大学发展而言具有基础性作用,是大学基于自身办学历史、传统、文化、资源和环境等,对办什么样的大学、培养什么的人、履行什么样的职能的明确,包括办学目标定位、类型定位、层次定位、学科专业定位和服务面向定位等多个要素。目前,我国应用型大学在办学目标上围绕服务区域经济发展需求形成了以应用为本的办学定位,在人才培养目标上注重培养具有一线生产、管理和服务能力与素质的复合型、专业型、应用型人才,在学科专业设置上注重适应地方经济和行业发展的需求与变化。例如,合肥学院将"地方性、应用型、国际化"作为办学定位,将"育人为本、德育为先、教学为纲、能力为重"作为办学理念;广西玉林师范学院将努力把学校建设成为国内知名、区内领先、以教师教育为特色的地方应用型高水平大学作为办学目标;常熟理工学院提出以"办好应用

---

① 青海师范大学网.学校简介[EB/OL]. http://www.qhnu.edu.cn/shidagaikuang/xuexiaojianjie/.

型大学"和"培养应用型人才"为主线，以"建设品牌大学，服务区域发展"为行动
纲领，努力建设特色鲜明、质量著称的应用型品牌大学。

(二) 构建了应用型人才培养的规模和科类结构基础

到 2015 年，我国普通本科高校数量为 1 219 所，其中地方普通本科高校达
到 1 104 所(含民办本科高校)。从数量上看，地方本科高校已占据全国高校的
绝对主力地位，地方高校也培养了绝大多数的人才。当前，已有 200 多所地方本
科高校参与了应用型大学建设试点，随着各地政府对转型工作的推进，加之试点
高校转型"红利"产生的引导性作用，将有更多的地方高校向应用型大学转型。

高校的科类结构是指综合、理工、农林、医药、师范、语言、财经、政法、体育、
艺术等大科类的构成和比例关系，它反映社会分工的横断结构，规定着一所学校
人才培养的规格和类型①。当前参与转型试点的地方高校具备了良好的科类结
构基础。通过对以上 200 所地方高校的分析可以发现：我国应用型大学的科类
分布比较全面，已初步涵盖了综合、理工、师范、财经、语言、医药、艺术、体育、农
林、政法等 10 大类别(如图 2-2)，其中：理工类高校占比最大，有 70 所，占
35%；综合性高校占比第二，有 58 所，占 29%；师范类高校占比位居第三，有 30
所，占 15%；以下依次是财经类高校 15 所，占 7.5%；艺术类高校 10 所，占比
5%；语言类、医药类、体育类、农林类和政法类高校 17 所，占比 8.5%。这样的
科类结构有利于我国应用型大学的整体发展，与我国地区经济发展的需求也比
较适应，为培养高素质、复合型应用人才创造了有利条件。

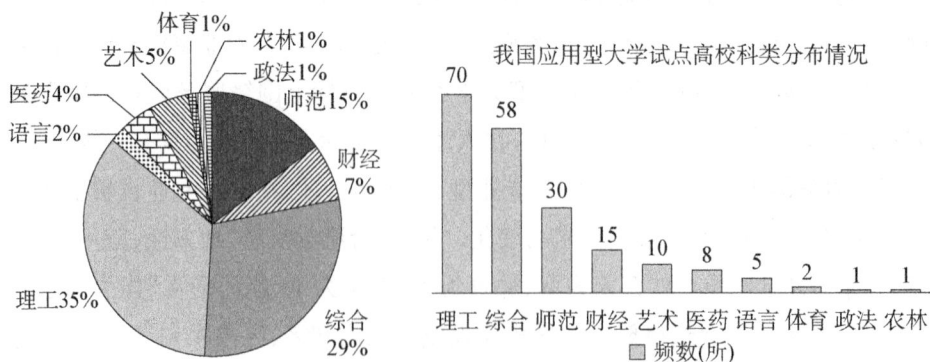

图 2-2 我国应用型大学试点高校科类分布情况

① 潘懋元. 新编高等教育学[M]. 北京：北京师范大学出版社，1996：138-140.

(三) 初步积累了应用型本科办学经验

当前 200 所参与试点的地方高校中,除了具有丰富本科人才培养经验的少部分传统本科高校之外,绝大部分是新建本科高校。根据中国教育科学研究院课题组 2013 年发布的《地方本科院校转型发展研究报告》有关数据显示,当前,我国 600 余所新建本科高校在专业设置种类上已有 454 种,覆盖了 11 个学科门类,在这些专业中,以工学、文学、管理学和理学为主,突出了应用型,其中文学虽然比例较高,但主要以应用类语言为主,也较好地体现了应用型的特点①。立足区域地方经济和行业产业来设置专业也成为许多新建地方本科高校的"立校之本"。例如,重庆科技学院建立了一套"以石油冶金工程、安全工程等核心专业为主体,上下游专业相衔接的完整专业体系";黄淮学院与国内 191 家大中型企业、高校科研院所等合作组建"黄淮学院合作发展联盟",依托联盟,重点建设了信息技术类、化学与生物工程类、机械电子类、土木建筑类、文化艺术类、管理服务类 6 大专业集群;合肥学院通过调研社会需求,将专业链与产业链、创新链对接,加强应用型专业设置,开展应用型研究,有力支撑区域重点产业和战略性新兴产业发展需要,学校 52 个本科专业已基本涵盖合肥市电子信息、装备制造、化工、现代物流、家电等主导产业和新能源、新材料、节能环保等战略性新兴产业②。

在应用型人才培养模式方面,地方高校已经开展了众多有益的创新和尝试,注重产教融合、校企合作是其中一大特色,通过强调校企协同和产教融合,形成了分段式培养、嵌入式培养、实习基地式培养、创业园式培养、订单式培养、项目驱动式培养、预就业式培养等多种应用型人才培养的新路径和新模式。一些高校通过与企业共建工程实践教育中心、实验教学示范中心、就业基地、大学生实践教学基地和实习实训基地等,加强了大学生实训实践环节,提高了学生的实践能力。南京工程学院把握国外跨国公司在中国高校进行技术输入的契机,发挥机电控制类的专业优势,与一些跨国公司开展合作,实施"企业大学计划"。按照这一计划,企业为学校提供体现行业最先进水平的仪器设备,还通过教师技术培训、学生职业资质培训、参加专业改革与课程建设、合编教材、指导实验、组织科

---

① 中国教育科学研究院课题组. 地方本科院校转型发展研究报告[EB/OL]. [2014 - 01 - 09]. http://www. jnxy. edu. cn/html/byyd/2014/01/09/c198d7b7-b0b6-43d0-a90e-052def471e78. html.

② 合肥学院. "八个转变"提升应用型人才培养质量[EB/OL]. [2015 - 11 - 27]. http://edu. people. com. cn/n/2015/1127/c1053-27865572. html.

技竞赛、传播企业文化等方法，全面参与学校的人才培养。该校与美国 GE FANUC 公司、UGS 公司，日本三菱（电机）公司，德国西门子公司，博世力士乐公司，海克斯康公司，法国施耐德电气公司，以色列瑞德维尔公司等企业的合作就是这种模式的成功范例①。宁波工程学院对接城市发展和产业经济需求，多途径建立产学研协同型二级学院，学校杭州湾汽车学院与杭州湾管委会、大众汽车公司和吉利汽车公司等以理事会形式建立"产学研"人才培养教育联盟，以助力宁波汽车产业园区建设；与政府共建宁波市安全工程学院，建设安全工程人才培养基地和安全技术研发与服务中心；与中科院材料研究所共建材料与化学工程学院，借力大院大所积极参与宁波新材料科技城的建设②。

在加强自主探索的同时，这些试点高校还通过扩大国际交流与合作，引入国外先进的办学模式，取长补短，为我所用。其中既有中外教师的互派互访和教育教学论坛交流，也有学生层面通过交换生项目和"2＋3""2.5＋1.5"双学位项目等交流，还有中外高校合作开办本科专业、共建学院等合作，特别是后者，对于吸收国外优秀的应用型人才培养体系、课程体系等具有直接的参考价值。例如浙江科技学院在 2014 年与德国吕贝克应用科技大学和德国西海岸应用科技大学合作开办了浙江科技学院中德工程师学院，下设土木工程专业和电气工程及自动化专业，由德方大学派遣教师按照德方教学模式全程教学。

三、转型的困境

诚然，应用性大学作为一种高等教育类型，其成效已初步显现。但由于地方高校向应用型转型并非组织的内生性变革，而是政府外部力量强制性介入的结果，因而作为实施转型变革的主体——地方高校还有一些困境需要逾越。

（一）价值实现的困境

在哲学上，不同的思想视域和思想方式对价值有不同的理解，价值可以指人根据自身的需要、意愿、兴趣或目的对与他生活相关的对象物赋予的某种好或不好、有利或不利、可行或不可行等的特性；也可以指对象物具有的满足人的各种

---

① 陈小虎.校企融合，培养应用型本科人才——理论思考与南京工程学院的实践[J].高等工程教育研究，2009(2)：6－11.
② 苏志刚，周军，尹辉.应用型高校转型与发展：本质、动力与路径[J].高等工程教育研究，2016(6)：175－179.

需要的客观特性①,价值观是客观属性与主体需要之间的关系在主体观念上的反映②。

胡建华提出,从大学发展的历史与现状来看,大学制度的变革是社会本位价值观、个人本位价值观、知识本位价值观和学校本位价值观这四种价值观念相互竞争和相互博弈的结果③。地方高校向应用型大学转型,从社会本位价值观来考量,有利于地方高校满足经济发展对应用型人才培养的需要;从个人本位价值观来考量,转型后地方高校人才培养目标和定位的适度回归、培养模式的不断创新,有利于提升学生适应社会的能力,使作为"人"的学生得到充分的发展;从知识本位价值观来考量,转型是顺应从"生产知识""传播知识"向"应用知识"转变的需要;从学校本位价值观的考量,转型则是为了改变当前地方高校盲目克隆传统大学办学模式的弊病,寻找地方高校错位发展的路径,形成鲜明办学特色的需要。

但以上的考量都是基于一种应然状态下的思考。具体实践中,地方应用型大学的转型往往存在以上四种价值观的激烈冲突。当人们在强调应用型大学的社会本位价值观,以使地方高校尽可能地与外部社会需求"同构"时,却很难忽视大学本质上是一种知识组织和学术文化机构,学术性的科层组织是其显著特征,有组织的无政府状态是大学最好的形象描述。知识本位价值观在大学变革中强调对深层次文化因素的作用,而社会本位价值观则倾向于发挥强制性行为的影响力。个人本位价值观与学校本位价值观同样存在一定的冲突,个人本位价值观强调了转型要有利于教师的发展和学生的发展,强调对人的尊重,而学校本位价值观则更多强调办学的效率,两者往往难以协调。

除了四种价值观之间的冲突之外,受观念的影响,人们对每种本位价值观的认识也很难客观和全面。以学校本位价值观为例,地方高校转型的直接动力是让地方高校成为一所好大学。而关于什么是好的大学,受几千年传统文化的影响,重礼轻法、重农轻商的观念深入人心,长期以来就形成了学术型人才优于技能型人才的人才观和研究型大学优于应用型大学的大学观。此类观念不仅影响

---

① 夏征农,陈至立.辞海[M].6版.上海:上海辞书出版社,2010:876.
② 胡建华,周川,陈列,等.高等教育学新论[M].南京:江苏教育出版社,1995:173-174.
③ 胡建华,王建华,等.大学制度改革论[M].南京:南京师范大学出版社.2006:122.

着社会、家长、企业对大学和人才的判断，也影响着政府和大学自身对大学建设和人才培养的选择。作为刚刚起步的我国地方应用型大学，不仅缺席了重点大学建设的国家级工程"211"工程、"985"工程和"2011"计划，也缺席正在启动实施的"双一流"计划，其价值要真正得到社会、市场、政府和大学自身的认同，还有很大的障碍需要突破。

(二) 路径的困境

路径依赖(path dependence)是一个类似于"惯性"的物理概念。在经济学中，路径依赖是指"人们过去的选择决定了他们现在可能的选择"[①]。人们对路径的选择不是基于路径的"好"或者"坏"、"无效"或者"有效"，而是基于他们现在所选的路径。长期以来，地方高校在发展过程中已形成了一定的发展路径，无论这种发展路径是理性还非理性的，都会对地方高校向应用型大学转型产生影响，因此也就产生了所谓的路径依赖困境。

地方高校的"路径依赖"首先体现在对原有办学理念的路径依赖上。办学理念是一所学校的灵魂，是对学校办学定位、办学方向和办学目标等最根本、最具方向性的问题的回答。长期以来，我国地方高校的办学理念受传统大学的影响很深，申硕、申博、申大学，综合性、研究型等是这些大学的主要办学目标，一些原本具有鲜明办学特色的行业性院校，如师范、财经、政法、理工等高校也不约而同地向综合性大学转型，结果便"稀释"了原有的办学特色，成为我国众多同质化高校中的一员。办学特色的丢失自然造成人才培养特色的黯淡，在这些高校中，学生既没有受到高质量的学术型教育，也失去了应用型培养的机会，于是造成学生就业质量的不断下滑。

地方高校的路径依赖也体现在对原有人才培养模式和科研模式依赖中。尽管一些地方高校为了投政府和社会所好，迎合政府的政策，会"积极参与"加强应用型建设，将自身的办学目标定位在应用型大学，主要任务就是培养应用型高级专门人才，但对于怎样开展应用型建设，地方高校受原有办学思路的影响，仍然会采用以获得硕士点、博士点作为提升人才培养层次，以更名大学作为提升办学层次，以取得国家级项目、平台、学科、实验室、人才等作为提升办学水平等方式

---

① [美]道格拉斯·诺斯. 经济史中的结构与变迁[M]. 陈郁，罗华平，译. 上海：上海人民出版社，1991：1-2.

进行应用型大学建设,从而使转型远离了应用型大学的本质和特点。在具体教学环节中,还是以"满堂灌"的知识讲授为主,案例式教学、项目化教学、现场操作教学等与应用型人才培养相契合的教学方法难觅踪影,学生的学习空间主要还是在教室,学习内容也主要来源于书本,实践能力、创新能力十分缺乏。

在科学研究中也是如此,虽然科学研究是每一所高校应有的职能,但不同的高校科学研究的主要方向和模式是各不相同的。一般而言,研究型大学的科学研究主要面向国家创新体系的建设,地方高校的科学研究则聚焦于服务区域创新体系建设。一些地方高校将科学研究视作提升学校排名和社会声誉的捷径,重"纵向"轻"横向",盲目追求"高大上",甚至不顾学校现有的科研基础,举全校之力试图进入国家创新体系建设,而忽视了对地区产业经济的服务。

(三) 组织的困境

任何组织的建立与变革都是适应目标需要的,"一个可以为科研提供最有效支撑的大学组织结构,将完全不同于另一个密切关注本科生教育的组织结构"①。应用型大学的办学目标要求其在内部机构设置上要有较为灵活的组织架构,以利于外部信息和资源充分进入组织内部体系,人才培养、科学研究和社会服务等能够对经济和社会的需求做出及时、有效的反应。

然而,当前我国应用型大学无论是在办学自主权方面,还是在内部组织架构方面,还未形成符合应用型大学特点的现代大学治理体系。应用型大学尤其是地方应用型大学,往往处于我国高等教育生态的末端,不但缺乏学术自由、办学自主的基础,也缺乏与政府对话的条件和勇气,甚至还缺乏面向社会自我宣传、自我认同的自信。地方应用型大学往往是地方政府的"附庸",地方政府对应用型大学的行政化管理,以各种名义进行人才、专业、学科、项目、计划、资金、资产等的审批,带来的只能是应用型大学计划式的办学。

随着办学规模不断扩大,地方应用型大学都建立了校院两级管理体制,也建立了以学术委员会和职工代表大会为代表的民主管理机制。但事实上,校级层面的权力相较于基层权力过于强大,基层学术组织更多体现为一种基层科层组织,大多只能按指令办事,制约了基层学术组织的积极性和创造性,失去了对外开拓的意识和能力;学校的行政权力相较于学术权力过于强大,学术权力的作用

---

① 阎光才.大学组织的管理特征探析[J].高等教育研究,2000(4):53-57.

没有得到充分发挥，外部力量也难以进入大学组织内部发挥应有作用。

（四）制度的困境

完善的制度是行动者推动组织目标实现的重要保障。当前，有关地方高校向应用型转型的政策主要停留在思路和任务层面，并未形成国家和地方两个层面的操作性政策，造成建设目标与技术路径、配套政策脱节，形成制度与技术的困境。

在宏观制度层面，基于人才培养目标为基础的高等教育分类体系存在缺位。长期以来，我国高等教育分类体系以纵向按层进行分类，特别是教学型、教学研究型和研究型的分类模式已深入人心，并以此形成了高等学校的设置体系、管理体系、评价体系、保障体系等，成为我国一些高校办学定位不清，盲目追求升格、更名和层次提升的重要原因。应用型大学作为一种高等学校类型，是基于人才培养目标与其他高校不同而存在的，是一种对高等学校横向按型分类的模式。当前，国家在顶层设计上缺乏基于这种模式的分类体系，绝大部分省份都没有建立相应的制度。

在中观层面，高职高专、本科、研究生一体化应用型人才培养通道还没有建立。以招生制度为例，在各地围绕应用型人才的考试与招生的改革方案还未出现，应用型大学招收基础较为扎实、有志于从事技术技能型岗位的具体办法还未出台，应有型大学所招生源与同层次其他类型的普通高校区别性不强，面向应用型人才培养的高职高专、本科、硕士研究生的一体化培养通道还没有建立，造成应用型人才的流失。

在微观层面的制度供给上，在各高校还未构建支撑应用型大学办学的师资队伍建设方案，校外一些行业公认的专才或企业优秀的专业技术人才、管理人才和高技能人才难以引入应用型大学中任教。

（五）技术的困境

地方高校是转型的主体。目前，地方高校在实现应用型大学建设目标时存在着路径模糊、手段缺乏、效率低下等技术层面的困局，很多地方高校对于建设应用型大学需要依赖何种要素、借助何种手段、通过何种路径来实现还有众多疑问。以专业设置为例，应用型大学需要围绕区域经济的产业链、创新链来不断调整专业设置，但近年来地方高校也存在设置专业时盲目紧跟热点产业、设置热门专业而带来毕业生"过饱和"的弊端；而专业的不断调整必然涉及教师队伍的重建以及实习、实践基地和实验室等配套平台的建设,原有专业的教师如何适应新专业的要求、原有的实验室如何改造等又是一个重要问题,这些都是应用型高校需要把握的难点。

高等教育国际化作为一种不可逆转的趋势,正深刻地影响着我国各类高校的办学。应用型大学作为我国一种面向地方办学的高等教育类型,也在积极尝试开展国际化办学,但与其他普通高校相比,特别是与985、211高校相比,应用型大学如何开展国际化办学、如何实现应用型人才培养的国际化乃至办学理念的国际化和学校文化的国际化都是一个需要认真思考和作出积极实践的重要话题。

(六) 资源的困境

组织是一个政治行动者,组织的所有决策都是为了获得资源。当政府推动地方高校向应用型转型却未能使地方高校获得资源盈利,或者资源盈利较为模糊时,转型就会陷入困境。

当前地方高校向应用型大学转型可以分为三种类型:第一种是"资源盈利"型,以民办本科高校、独立学院和成人职业教育类学校为建校基础的高校以及最近5年内升本的高校为主,这类地方高校希望通过明确学校新的战略定位,实现组织的转型。当然,其转型的目的也是一种对于办学层次提升的追求。第二种是"资源亏损"型,以2000年前后升本的地方高校为主,这类地方高校往往是所在区域内办学基础比较好,升本以后一直以地方性综合型大学为发展目标,转型对于这部分地方高校而言并没有实现变革的动力基础。第三种是"资源模糊"型,这类地方高校占据了转型高校的大多数,他们对于转型的认识和实践在一定程度上影响我国地方高校转型的大局,目前这些地方高校仍处在观望状态,需要国家和地方政府进一步明确政策,投入足够的办学资源,帮助这些高校摆脱资源困境,实现从资源"模糊"转向资源"盈利",为转型积聚足够的动力。

第三章
从外部嫁接到自主探索：浙江科技学院人才培养模式的变革

人才培养是高等学校的首要功能。从 1088 年世界上第一所大学——博洛尼亚大学在意大利诞生开始，人才培养就是高等学校与生俱来的重要使命。在高等教育高度多样化的今天，不同类型的高等学校在人才培养上也呈现出不同的特点。

人才培养模式是高校"为实现人才培养目标而把与之相关的若干要素加以有机组合而成的一种系统结构"[①]，是"在一定教育思想指导下，培养目标、教育制度、培养方案、教学过程诸要素的组合"[②]。人才培养模式对于实现培养目标具有重要意义，教育部 1998 年在《关于深化教学改革，培养适应 21 世纪需要的高质量人才的意见》中提出，人才培养模式"从根本上规定了人才特征，并集中地体现了教育思想和教育观念，它集中回答了'为什么要改革或构建人才培养模式、培养什么样的人才、怎样开展人才培养'等三个涉及人才培养的根本问题，即人才培养需要包括人才培养的目标、过程、途径、方法、制度等多个要素"[③]。

当前，我国普通本科高等学校主要分为研究型大学和应用型大学两类。根据杨栩等的观点，应用型大学培养的应用型人才与研究型大学培养的学术型人才相比，无论是培养目标、培养层次、培养内容，还是教学实施和考核方式，都存在较大区别，如表 3 - 1。

---

① 俞信. 对素质和人才培养模式的基本认识[J]. 工程教育研究，1997(4)：9 - 11.
② 李硕豪，阎月勤. 高校培养模式刍议[J]. 吉林教育科学，2000(2)：43 - 44.
③ 吴巧慧，邢培正. 应用型本科人才培养模式研究与实践[M]. 北京：中国轻工业出版社，2011：26.

表 3-1　学术型人才与应用型人才的培养模式区别①

	学术型人才培养模式	应用型人才培养模式
培养目标	培养以学习基础学科及应用学科的基础理论为主，研习高深学问，具备进行科学研究和探索能力的人才	培养以学习行业的专门知识为主，有着坚实的专业理论基础，具备将高新科技向生产力转化能力的人才
培养层次	学士—硕士—博士	学士—专业硕士—专业博士
培养内容	专业设置上宽口径：课程内容强调基础科学知识和前沿学科知识	专业设置宽口径，面向地区和特色需求：课程内容面向行业需求，市场需求
教学实施	创造学习文化氛围，启发式、探讨式教学，提高教师教学水平，鼓励学生参与科研课题，促进国际高校间的学术交流和合作	多样性的教学方式，鼓励学生讨论、提问，实行学校与企业、行政事业单位的合作，实行双师型模式，引导鼓励学生实践活动
考核方式	多元学习成就的评价方式，注重学生学习的评价导向，客观评价学生的能力	课堂考试与课外实践考核相结合，学校教师考核与实践单位考核相结合，课程考核与实践考核相结合

在培养目标上，从高等教育所要实现的“人的发展”和“社会发展”两个目标维度来分析，两者也同样各有侧重。在“人的发展”目标维度上，学术型大学的人才培养主要通过传授高深学问或启发探究高深学问之道来实现个体内在的发展，应用型大学的人才培养主要通过传授基础理论知识和专业技能使个人适应社会，获取职业。在“社会发展”目标维度上，学术型大学的人才培养主要通过创造新知识、探索和发展新的规律、传承和发扬人类文明来实现经济的发展、社会的进步，而应用型大学的人才培养则主要通过对新知识、新技术和新发现的运用，解决生产、管理和服务一线的关键问题来推动地方经济社会的发展。因此，应用型大学需要探索特有的人才培养模式，既要培养能有效满足地方经济社会发展需求的人才，又要促进学生个体的生长和发展，达到培养“知识、能力、素质结构具有鲜明的特点，理论知识扎实、专业知识面广、实践能力强、综合素质高并具有较强的科技运用、推广、转换等能力”②人才的目的。

---

① 杨栩，顾修斌，肖衡. 转型时期我国高校人才培养模式研究[J]. 黑龙江高等教育，2015(3)：145-148.

② 潘懋元，车如山. 略论应用型本科院校的定位[J]. 中国大学教学，2008(3)：35-38.

　　当然，人才培养模式不是一成不变的，应用型人才培养模式也同样如此。社会政治、经济、文化、历史、受教育者个体、提供教育的学校本体以及教育思想的变革等任何一种因素剧烈或温和的变化，都能在一定程度上推动应用型大学人才培养模式的变革。根据人才培养模式所包含的几个子系统，如培养目标、培养层次、培养内容、培养方式和评价体系等，可以将人才培养模式的变革分为目标层次的变革和路径层次的变革。目标层次的变革是一个方向调整与完善的问题；路径层次的变革包括培养层次、培养内容、培养方式和评价体系等，是一个技术变革和完善的问题。

　　浙江科技学院成立于1980年，是一所在办学之日起就将应用型作为自身办学定位的地方高校。从学校人才培养模式变革的微观史出发，可将其近40年应用型人才培养的历程分为两个时期。前一个时期是从1980年到1999年，在这20年间，特别是从1983年到1999年，浙江科技学院先后成为浙江省与联邦德国下萨克森州合作援建高校和中国政府与联邦德国政府合作建设高校，以专科学校的身份，进行了长达17年的学习和引进德国应用科技大学（FIH）人才培养模式的历程，"外部嫁接"成为这一时期浙江科技学院人才培养模式的主要任务。后一个时期是从2000年至今，浙江科技学院在高等教育大众化背景下，以本科高校的身份进行结合国情探索培养高层次应用型人才的"自主探索"阶段。在以上两个阶段，浙江科技学院在人才培养在"目标"和"路径"层次都发生了较为显著的变革。

第一节　应用型人才培养目标的变革

　　人才培养目标是"根据一定的教育目的和约束条件，对教育活动的预期结果，即学生的预期发展状态所作的规定"[①]，在整个教育实践活动中具有先决性质，是大学进行一切教育活动的出发点和归宿点，没有明确的人才培养目标，大学的教育教学活动就会失去方向，教学规范、教学质量的评价就会失去标准。同时，大学对人才培养目标的确定也受到大学内外部各种因素的影响，同一所大学

---

① 徐理勤.现状与发展——中德应用型本科人才培养的比较研究[M].杭州：浙江大学出版社，2008.

在不同的时期对人才培养目标会有不同的定义。

《中华人民共和国高等教育法》对不同层次的人才培养目标作了明确：专科教育应当使学生掌握本专业必备的基础理论、专门知识，具有从事本专业实际工作的基本技能和初步能力；本科教育应当使学生比较系统地掌握本学科、专业必需的基础理论、基本知识，掌握本专业必要的基本技能、方法和相关知识，具有从事本专业实际工作和研究工作的初步能力；硕士研究生教育应当使学生掌握本学科坚实的基础理论、系统的专业知识，掌握相应的技能、方法和相关知识，具有从事本专业实际工作和科学研究工作的能力。[1]

1991年，国家教委颁发《关于加强普通高等专科教育工作的意见》，其第1条就明确提出："普通高等专科教育是在普通高中教育基础上进行的专业教育，培养能够坚持社会主义道路、适应基层部门和企事业单位生产工作第一线需要的、德智体诸方面都得到发展的高等应用型专门人才"；"普通高等工程专科教育的毕业生，主要去工业、工程第一线，从事制造、施工、运行、维修、测试等方面的工艺、技术和管理工作。"[2]

浙江科技学院的创建，以"为国家培养各种急需的专门人才"[3]为出发点，在之后的办学过程中，人才培养目标伴随着学校自身办学定位的调整而不断丰富和完善。

一、外部嫁接阶段的应用型人才培养目标

一所高校的人才培养目标的形成既受政治经济宏观环境影响，也有高校自身定位和使命的指导，浙江科技学院应用型人才培养目标正是在这两种因素的影响下发生转变的。20世纪80年代初，我国进入了以经济建设为中心的社会建设新时期，国家急需一大批能满足经济建设的高级专业技术人才，但之前的特殊时期对高等教育的冲击使我国出现了人才断档期，人才缺乏成为制约经济社会文化发展的重要瓶颈。1985年《中共中央关于教育体制改革的决定》对这种

① 教育部网. 中华人民共和国高等教育法［EB/OL］. http://old. moe. gov. cn/publicfiles/business/htmlfiles/moe/moe_619/200407/1311. html.
② 法律快车. 国家教委关于印发《关于加强通高等专科教育工作的意见》的通知［EB/OL］. http://law. lawtime. cn/d522432527526. html.
③ 浙江科技学院志编委会. 浙江科技学院院志(1980—2009)［M］. 杭州：浙江工商大学出版社,2010：1.

矛盾进行了深刻地分析和准确地表述，"社会主义现代化建设不但需要高级科学技术专家，而且迫切需要千百万受过良好职业技术教育的中、初级技术人员，管理人员，技工和其他受过良好职业培训的城乡劳动者"，"高等教育的结构，要根据经济建设、社会发展和科技进步的需要进行调整和改革"，要"改变专科、本科比例不合理的状况，着重加快高等专科教育的发展"。培养大批高级技术人员，成为当时国家的教育发展战略。

中观层面，改革开放初期的中国正在加强与世界在教育、文化、经济、政治等各个领域的合作，浙江科技学院成为这一时期对外文化交流的受益高校之一。1982年，教育部领导张文松、何东昌等在访问联邦德国期间，与联邦德国教育部签订了合作交流协议，其中确定由德方援建中国一所高等专科学校。1983年，教育部在《关于与联邦德国下萨克森州合作援建一所高等专科学校事》中明确将浙江科技学院作为受援单位。

从微观层面看，新成立的浙江科技学院也正在面向国内外寻找一条能培养高级技术人才的有效之路。早在1981年，作为当时主管单位之一的浙江大学由副校长王启东赴美国考察美国社区大学的办学情况和人才培养模式，希望能借鉴美国的人才培养经验为己所用。1983年，教育部在杭州召开高等工程教育层次规格学习年限研讨会。其间，浙江科技学院与江汉大学、成都大学等学校领导商讨筹备成立全国短期职业大学协作会议，希望通过加强与国内高校之间的交流，吸收和学习兄弟高校高级技术人才的培养经验。

浙江科技学院创建之后，特别是1985—1999年这一时期，根据国家和浙江省地方政府对于学校办学的要求，充分借鉴德国应用型大学的人才培养模式，对学校的人才培养目标进行了不断地完善，见表3-2。

表3-2　外部嫁接阶段浙江科技学院的人才培养目标

学校发展时期		人才培养目标描述	来源
浙江大学附属杭州高等专科学校时期	1980—1985年	从杭州市工业发展和城市建设的需要出发，适应广大中小型企业对工程技术人才的急需，在培养应用型人才方面办出高等专科教育特色。总的目标是培养德智体全面发展的高级工程技术应用人才	《关于制定八五级教学计划的原则意见》（1985年4月）

（续表）

学校发展时期		人才培养目标描述	来源
杭州应用工程技术学院时期	1986—1991年	培养有理想、有道德、有文化、有纪律，热爱社会主义祖国和社会主义事业，具有为国家富强和人民富裕而艰苦奋斗的献身精神，具有不断追求新知、实事求是、独立思考、勇于创造的科学精神，具有较强的实践动手能力和独立工作能力，能适应地方建设发展需要的应用型高级工程技术人才	《关于制定1986级教学计划的几点意见》(1986年4月)
	1992—1995年	培养工业、工程第一线的高等工程技术应用人才，在业务上具备必要的基础理论知识和专业知识，具有较强的运用专业知识和新技术从事生产实践的能力	《制定92级教学计划的原则规定》(1992年5月)
	1996—1997年	培养既有足够理论，又有相当强实践能力的应用型本科的新型技术人才	《关于制定九六级教学计划的原则和规定》(1996年9月)
	1997—1998年	培养德智体全面发展，适应社会主义经济建设和社会发展所需要的，面向工业工程第一线的高级应用型技术人才	《制定97级本科教学计划的原则规定》(1997年9月)

二、自主探索阶段的应用型人才培养目标

1999年之后，地方高校的宏观政策环境出现了较大的变化。从高等教育发展的阶段来看，这一时期正是我国高等教育开启从精英教育向大众化教育跨越的重要阶段，地方高校扩招、合并成为这一时期的鲜明特点。从高等教育管理体系来看，这一时期我国高校的管理体制也正在经历剧烈的变革，超过90％以上的中央部署高校被调整为地方高校，由地方政府管理。高校的办学自主权在《高等教育法》颁布后也正在逐步落实，其中"根据教学需要，自主制定教学计划、选编教材、组织实施教学活动""高等学校依法自主设置和调整学科、专业"等自主权的逐步落实，既是对地方高校办学极大的激励，同时也对地方高校"办什么样的学校、培养什么类型的人"提出了新的要求。

浙江科技学院在1999年完成中德政府合作项目之后，也结束了原有"由国家教委和浙江省共同领导、由浙江省实际管理的高校"的管理体制，成为一所名副其实由浙江政府举办的省属地方高校。在2000年，学校结束了近8年的高

等专科学校培养应用型本科人才的历史，正式成为一所本科层次的普通高校。

　　面对新的历史背景和新的发展任务，浙江科技学院也开始了自主探索应用型人才培养的历程，对培养什么样的应用型人才即人才培养目标进行了多轮的调整与完善，见表3-3。

表3-3　自主探索阶段浙江科技学院人才培养目标

学校发展时期		人才培养目标	来源
杭州应用工程技术学院时期（1999—2000年）		培养德智体全面发展，适应社会主义经济建设和社会发展需要，基础扎实，知识面宽，能力强，素质高，富有创新精神的应用型本科人才	《制定本科学分制教学计划的原则意见》（1999年11月）
浙江科技学院时期	2001—2002年	培养德智体全面发展，适应社会主义经济建设和社会发展需要，基础扎实，知识面宽，能力强，素质高，富有创新精神的高级专门人才	《浙江科技学院2001级本科培养计划》（2001年5月）
	2003—2006年	培养能主动适应经济、科技、文化和社会发展需要的，基础扎实，实践能力强，综合素质高，具有较强创新精神和创业能力的高层次应用型人才	《校修订本科培养计划的原则意见》（2003年5月）
	2007年	培养能主动适应经济、科技、文化和社会发展需要的，基础扎实，实践能力强，综合素质高，具有较强创新创业能力，持续发展能力和国际交流能力的高层次应用型人才	《2007年本科专业培养计划——关于修订2007年本科培养计划的原则意见》（2007年11月）
	2008—2012年	以培养具有国际化背景的高层次应用型人才为目标，着重面向各行各业培养具有国际化视野、工程实践能力和企业经营素养的工程师、设计师、经济师、项目与企业管理员等高层次应用型人才。以创新创业能力培养为重点，全面提高学生的就业适应能力、持续发展能力、国际交流能力	《关于做好浙江科技学院2008版本科专业培养计划修订工作的通知》（2008年9月）
	2013—2016年	培养具有实践能力、创新精神和国际素养的高素质应用型人才培养	《关于修订2013版本科专业培养方案的指导意见》（2013年5月）

三、两个阶段应用型人才培养目标的比较分析

　　通过对表3-2、表3-3的对比，可以发现，浙江科技学院在两个阶段的人才

培养目标各有特点，也可以梳理出学校对于培养什么样的应用型人才的不同阐释。浙江科技学院的人才培养目标经历了两个方面的变革。

（一）人才培养的层次性目标从"应用、高级、技术"转变为"应用型、高层次"

在外部嫁接阶段，"应用、高级、技术"是人才培养目标的主题词。无论是1985年确定的培养"高级工程技术应用人才"，还是1992年确定的培养"高等工程技术应用人才"，抑或是1997年确定培养的"高级应用型技术人才"，浙江科技学院始终将培养"高级技术人才"作为这一阶段的人才培养定位，即使在1992年浙江科技学院以开始四年制应用型人才培养尝试后，技术型人才的培养目标也得到了一以贯之。这一定位，既是因为学校作为国家教委下属唯一一所中德合作院校和当时全国唯一一所培养应用型人才的四年制试点学校，必须高举培养"高级技术人才"的大旗，在全国范围内发挥影响力，同时也是因为这一人才培养目标从本质上契合学校在这一阶段作为高等专科学校的现实定位。

1999年后，"应用型、高层次"成为学校人才培养目标的主题词。学校1999年提出了培养"应用型本科人才"的目标；2001年提出了培养"高级专门人才"的目标；2003年以后的近10年间，都沿用了培养"高层次应用型人才"目标的描述；2013年提出了"高素质应用型人才"的培养目标，但总体上相对稳定，体现出学校对于培养什么样的应用型人才思考更为成熟。

（二）是人才培养的内涵性目标从"实践能力"转变为"理论知识、实践能力"，再调整为"实践能力、创新精神、国际素养和高素质"

1985年，浙江科技学院对人才培养目标内涵的具体阐释是"德智体全面发展"，1986年又具体化为具有"献身精神""科学精神"和"较强的实践动手能力和独立工作能力"，因此，在外部嫁接之前和开始之初，浙江科技学院对于人才培养的目标侧重于对其实践能力和素养的培养。到了1992年，鉴于学校人才培养由三年制增加到四年制，提出了所培养的人才要"在业务上具备必要的基础理论知识和专业知识"，1996年更强调培养人才要"既有足够理论，又有相当强实践能力"。这种由单纯的实践导向转向实践与理论并重的培养目标定位，既缘于学校人才培养的层次定位从专科性应用人才提升到本科性应用人才，更是由于经济社会发展对于应用型人才需求发生了较大调整和改变，这一点从1989年时任浙江科技学院校长王骥程一篇讲话中可以得到证实：

现代社会所需要的工程师，不应该是基础知识浅薄、专业面狭窄的"专家"，而应是能在广泛业务领域活动，并有能力跟踪科技发展的应变型人才……因此，给学生以相对宽厚的理论基础，对他们今后工作的发展和增强他们在科技进步中的适应能力都是至关重要的。[①]

到了自主探索阶段，浙江科技学院在强调人才培养目标要注重理论基础和专业能力的同时，开始将创新能力和国际素养作为人才培养的基本要求。从1999年到2005年，学校坚持了"基础扎实，知识面宽，能力强，素质高，富有创新精神"的培养目标。2007年的培养方案中，学校对人才培养目标增加了"持续发展能力和国际交流能力"，在浙江地方高校中较早提出了对人才进行国际化素养培养的要求，这似乎同样是对地方经济社会发展需求的回应，这一点也可通过时任浙江科技学院校长杜卫的一篇报告找到证明：

不断开放的浙江，需要大批拥有参与国际竞争能力的人才，作为一所地方性大学，要为地方经济发展培养具有国际交流能力的人才""教育内容、教育方法上要适应国际交往和发展的需要，培养具有国际意识、国际交往能力、国际竞争能力的人才。[②]

第二节 应用型人才培养路径的变革

如前所述，人才培养路径是一个相对综合的概念，要回答怎样培养人的问题，包括了人才培养的方法、体系等，具体又体现为培养规模、层次、专业、培养方案、模式等。浙江科技学院从外部嫁接阶段到自主探索阶段，展示的是一条在外部制度推动和组织自我发展下不断完善与调整的人才培养路径。

一、应用型人才培养层次的变革

人才培养层次是关系到培养什么类型的人的重要问题，与专业设置、教学计

---

① 王骥程.探索中国高等应用工程技术教育新路[N].杭高专报，1989(23).
② 杜卫.在2005年学校双代会上的工作报告[N].浙江科技学院年鉴.2005.

划、课程体系、教学方式和教学内容等高等教育内部因素以及资源投入、社会需求等外部因素紧密相关。

按层次结构分，我国高等教育分为专科、本科和研究生(硕士生和博士生)三个层次。根据《中华人民共和国高等教育法》规定，专科教育的基本修业年限为2—3年，本科教育的基本修业年限为4—5年，硕士研究生教育的基本修业年限为2—3年，博士研究生教育的基本修业年限为3—4年①。

在我国，高等职业教育的人才培养集中在专科和部分本科层次，地方应用型大学的人才培养集中在本科层次和硕士研究生层次，而研究型大学或者教学研究型大学则建立了从本科、硕士到博士较为完整的人才培养体系。近40年来，伴随着我国高等教育的迅速发展，浙江科技学院在人才培养经历从以专科为主向以本科为主、具有硕士研究生培养能力的转变，培养重心也由以专科层次的人才转向了本科层次的人才，人才培养体系得到了不断完善，见图3-1。

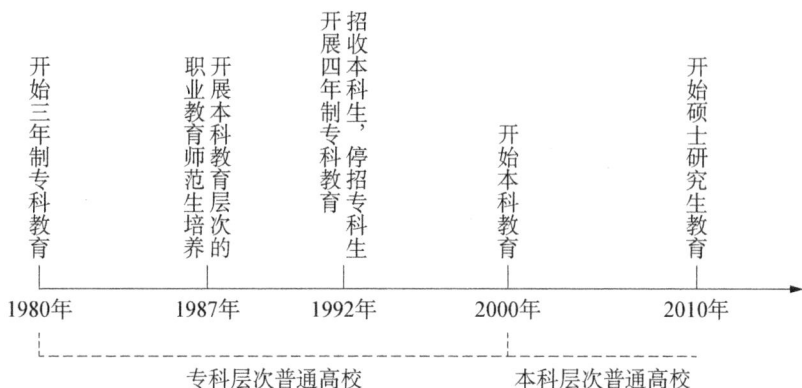

图3-1 浙江科技学院人才培养层次变革时间轴

1980—2000年，在外部嫁接制度的影响下，浙江科技学院在高等专科人才培养上实现了两次大的创新和突破。

1987年，根据浙江省与联邦德国下萨克森州与1985年签订的省州合作协议中有关"可以考虑培养一部分职业技术教育师资"的条款，学校获得浙江省教委批复，同意开始招收职业技术教育师范生，开始了四年制本科人才的培养。突

---

① 教育部网.中华人民共和国高等教育法［EB/OL］. http://old. moe. gov. cn/publicfiles/business/htmlfiles/moe/moe_619/200407/1311. html.

破了国家有关高等专科学校仅培养高专人才的限制，也是学校人才培养制度的一大创新。

1992 年，根据中德两国政府在 1990 年签订的合作建设浙江科技学院的协议，学校引进了德国应用科技大学"两个实践学期"的人才培养模式，将原有三年制高等专科人才培养模式延长到四年制，通过学制上的突破，实现了高等专科学校人才培养制度上的创新。

2000 年，随着学校省级和国家级建设项目结束，学校的办学体制也划归为省属高校，学校由专科层次变更为本科层次普通高等学校。

同时，学校开始探索更高层次的应用型人才的培养。2001 年，学校提出要积极准备申报硕士学位授予权，认为："没有硕士点的本科院校是低层次的本科院校……没有硕士点，要真正形成有影响的拳头专业是困难的。"①

事实上，这一争取硕士授予权的申请经历了漫长的过程。2010 年，浙江省学位委员会、省教育厅发文，将浙江科技学院增列为硕士学位授予单位进行立项建设。2012 年，学校的机械工程、化学工程与技术、土木工程三个学科招收第一批 10 名硕士研究生，在工程领域开展硕士研究生层次的应用型人才培养。2014 年，学校汉语国际教育和车辆工程 2 个硕士专业学位点获国务院学位委员会批准，土木工程、化学工程与技术 2 个硕士留学生专业获得立项，首批招收 14 名硕士留学研究生，并设置能源装备与节能环保技术、创意设计与制造、土木工程建造与管理、生物质资源利用与技术工程等 4 个二级学科硕士点，学校硕士研究生层次的应用型人才培养开始走上学术学位研究生与专业学位研究生、国内研究生与国际研究生共同培养的道路，硕士研究生层次的人才培养规模也逐渐扩大，到 2018 年，学校在校研究生已达到 1 200 余人。

二、应用型人才培养规模的变革

人才培养规模是大学实现人才培养功能的重要议题，应用型人才培养的规模既要满足经济社会发展的整体需求，也要满足不同产业、行业多样化的需求。从大学办学的具体指标上看，大学的招生数和在校生数特别是全日制在校生规模体现了对经济社会发展整体需求的回应，大学的专业设置和各专业在校生数

---

① 金光远：校工院工层干部扩大会议上的讲话[N]. 2001 - 02 - 10.

体现了对产业、行业多样化人才需求的回应。

从 20 世纪 90 年代末起，我国用 10 年左右的时间实现了高等教育精英阶段向大众化阶段的过渡，高等教育在校生人数从 1981 年的 127.9 万人增长到了 2014 年的 3 559 万人，①高等教育规模位居全世界第一。浙江科技学院的应用型人才培养规模，无论是全日制在校生规模还是专业规模都实现了快速的增长，较好地满足了浙江区域经济社会发展对应用型人才的需求。

（一）招生规模的变革

人才培养规模的扩张直接体现在高等学校全日制招生规模数的增长上。浙江科技学院的招生规模数在一定程度上也是我国改革开放后高等教育规模增长的一个缩影，见图 3-2。

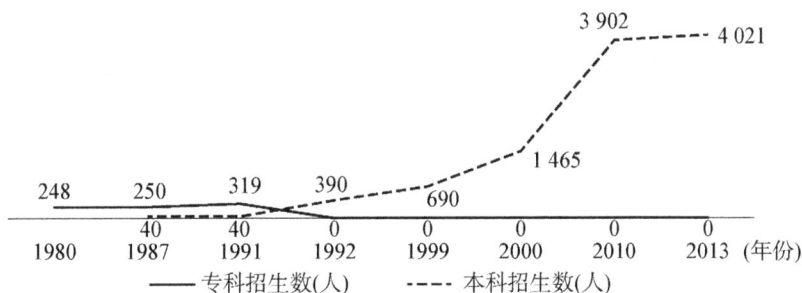

图 3-2　浙江科技学院招生规模变革图

在外部嫁接阶段，学校招生规模体现了两个主要特点：一是专科招生从基本稳定到突然停招。1980 年，浙江科技学院开始招收第一批专科学生，招生数为 248 人。这一招生规模在整个 20 世纪 80 年代基本保持稳定并略有增长。到 1991 年，专科学生的招生数为 319 人。1992 年，由于学校人才培养的学制由三年制转变为四年制，根据我国高考招生体制和教育部有关文件，学校停止招收专科学生。二是本科招生规模增长的势头初步显现。从 1987 年在职业技术教育系招收 40 名师范类本科生开始，浙江科技学院在外部嫁接阶段的本科生数开始逐步增长。1992 年，全校所有专业转为招收本科生，招生数为 390 人，到中德政府项目结束时，即 1999 年，学校本科生数已达到 690 人。

---

① 数据根据中国统计年鉴整理。

在自主探索阶段，为适应我国高等教育向大众化阶段推进的需要，浙江科技学院的招生规模呈现出迅速增长的特点。2000年，学校招生数为1 465人，较前一年增长了近112.32%；到2010年，学校招生数达到了3 902人，10年间增长了166.35%。之后，这一规模基本保持稳定，2013年的学校招生数为4 021人。

（二）专业规模的变革

专业是课程的一种组织形式，根据学科分类和社会职业分工需要而设置的课程体系是人才培养的基本单位。专业设置是高等学校和中等专业学校按照学科分类或者是职业分工所设置的各种专业，我国高等学校和中等专业学校分为文、理、工、农、林、医药、财经、政法、体育、艺术、师范等科，根据学校需要和学校的条件，在每科下面设若干专业[1]。高等学校办学规模的扩张，首先是专业数量的增加。

浙江科技学院专业数的变革，也体现在专科专业数和本科专业数两个体系中见图3-3，其中专科专业数在外部嫁接阶段初期基本保持稳定，从1980年4个专业到1987年的6个专业，再到1991年的9个专业，而随着外部制度的深入嫁接，专科专业在1991年完成了它的使命，1992年所有专科专业停招。之后本科专业基本保持稳定，一直持续到1999年。

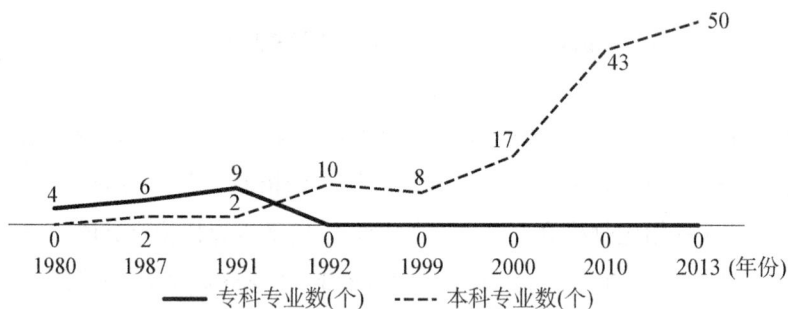

图3-3　浙江科技学院专业数规模变革图

2000年后，浙江科技学院的本科专业数开始迅速增长，2000年为17个，到了2010年增长到了43个，而到了2010年则增长到50个。将图3-2与图3-1比较可以发现，2000年后浙江科技学院招生规模的增长主要是依赖于专业规模

① 张念宏.教育百科辞典[M].北京：中国农业科技出版社,1988：86.

的增长实现的,且专业规模的增长较招生规模的增长更为有力,因此应用型专业的增加是加强应用型人才培养规模的有效途径。

（三）专业结构的完善

《教育部关于做好普通高等学校本科学科专业结构调整工作的若干原则意见》中明确指出:"高等学校,尤其是地方高等学校,要紧密结合地方经济建设发展需要,科学运用市场调节机制,合理调整和配置教育资源,加强应用型学科专业建设,积极设置主要面向地方支柱产业、高新技术产业、服务业的应用型学科专业,为地方经济建设输送各类应用型人才。"

浙江科技学院是一所以工科立校的地方高校,但在近40年的办学过程中,学校也通过不断调整专业设置,特别通过专业学科门类的多样化,以不断适应地方需求。1980年,学校设立4个专科专业时,学科门类全为工学;到了1992年,学校专业为7个本科专业时,其中6个为工学,1个为艺术学;到了2010年,学校43个本科专业,分属的学科门类已达到7个,其中工学类专业28个、理学类专业3个、文学类专业3个、艺术学类专业2个、管理学类专业4个、教育学类专业1个,专业结构更为完善。

三、应用型人才培养方案的变革

人才培养方案是根据人才培养目标和培养要求对课程设置和教学进程所作的总体安排。应用型人才培养模式的独特性可以在人才培养方案中得到鲜明体现,科学合理地制定人才培养方案是应用型人才培养模式得以实施的前提。

浙江科技学院在近40年的发展过程中,通过学习借鉴德国应用科技大学(FH)办学经验和紧密结合地方经济发展需求,按照应用型人才培养的要求和目标,在外部嫁接时期和自主探索时期对人才培养方案进行了完善和调整,呈现出不同的特点。

1985年,浙江省与联邦德国下萨克森州政府签订合作协议时就提出:"下萨克森州为2·3节中所列系科专业的课程设置提供帮助,并在制定杭高专的教学大纲和教学计划时对中方提供咨询。"①

---

① 浙江科技学院志编委会.浙江科技学院院志(1980—2009)[M].杭州:浙江工商大学出版社,2010:460.

1990 年，中国政府与联邦德国政府签订杭州高等专科学校项目协议时明确："德方派遣专家承担以下任务，在考虑到实验室培训的情况下，制定并适应教学大纲。"[1]

《杭高专报》1988 年报道，联邦德国技术合作协会工作组来到浙江科技学院，与浙江科技学院相关人员组成工作组，对教学大纲进行了审查[2]。

浙江科技大学院志记载："1991 年，中德杭高专项目实施，以格劳伯纳教授为首的德国专家组参与学校教学计划的制定，优化课程结构，突出强调应用和实践能力的培养。"[3]

通过制度设计和相关人士的推动，在外部嫁接时期，来自德国的驻校专家组对浙江科技学院人才培养方案给予高度的关注，将培养方案作为中德合作项目实施成效的重要内容，并积极参与到培养方案的制定过程中，对于学校借鉴德国应用科技大学人才培养经验，引入德方在制定人才培养方案方面的有益做法发挥了重要作用。通过对这一时期三个时段的人才培养计划中对课程教学体系的设计及学时的规定比较，可以大致分析和了解浙江科技学院在这一阶段人才培养方案的变革情况。

1986 年的人才培养计划提出："要重视基础课，加强技术基础课的主干课，以增强学生毕业后工作的适应能力。增加选修课，适当扩大知识面。公共基础课和技术基础课均控制在 40％左右，专业课约为 20％"；"实践教学学时数占总学时数的 1/3。"

1992 年，学校从三年制升格为四年制应用型本科，在人才培养方案的课程教学体系中提出"增加的 1 年重点加强实践实习环节"。

1997 年的人才培养计划则强调要"妥善处理好基础理论和专业知识、理论与实践、知识与能力等方面的关系，基础课学时占总学时数的 80％～85％，专业课学时占 15％～20％。对六门基础课实行考教分离。进一步强化实践环节，增强学生创新设计和实用动手能力。安排选修课程模块和提高选修课程比例。总学时数控制在 2 500 至 2 600 学时"。

在自主探索阶段，学校在制定人才培养方案过程中开始更多地考虑作为一

① 浙江科技学院志编委会.浙江科技学院院志(1980—2009)[M].杭州：浙江工商大学出版社,2010：484.
② 联邦德国技术合作协会工作组来我校进行工作访问[N].杭高专报,1998(16).
③ 浙江科技学院志编委会.浙江科技学院院志(1980—2009)[M].浙江工商大学出版社,2010：23.

所本科高校该如何围绕培养目标制定培养方案的问题，并对这个问题进行了多种解读和实践性的探索。

在制定99级教学计划过程中，学校经过半年多的研究，对全校各专业的教学计划进行了较大的调整或重新设计。新的教学计划通过压缩和合并一些课程，比98级教学计划的课内学时数减少了近200个课时，试图提高教学的时间效率。同时通过完善第二课堂体系，将学习的主动权和选择权更多地给了学生，以提高学生的自我学习和创新能力。[①]

2003年的教学计划提出将"知识、能力、素质协调发展，综合提高""知识结构和课程体系整体优化""理论联系实际、产学研相结合""因材施教，注意个性发展"等作为制定培养方案的基本原则，在课程体系的设计方面构建了理工教和经管文两大公共基础的平台课程，其中公共基础课占课内教学课时的42％，学科基础课占理论教学课时的33％，学科专业课占25％，同时强调了文化素质教育和学科竞赛类课程的建设。

2007年，因人才培养目标强调对国际化素质的培养，同时引入了终生学习等理念，在课程体系设计时对理工类和人文社科类学科分别作了要求，其中理工类专业进一步扩大了公共基础课的课时量，使公共基础课、学科专业基础课、专业课三者比例调整为47％、39％、14％；人文社科类专业则主要强调了学科专业基础课的比例，使三者的比例调整为40％、39％、21％。

四、应用型人才培养模式的探索

人才培养模式是"在一定的教育思想和教育理论指导下，为实现培养目标（含培养规格）而采取的培养过程的某种标准构造式样和运行方式"[②]，在本质上是人才培养目标的实现[③]。人才培养模式既具有相对稳定性，又具有发展性，伴随着社会的发展和人才培养环境、条件的改变而改变，受到一定教育理念的影响。对于不同高校而言，人才培养模式还会因其自身发展的不同阶段而有所不同。应用型人才培养模式也如此。浙江科技学院在外部嫁接阶段和自主探索阶段，对应用型人才培养模式进行了多种形式的尝试。

---

① 教务处.有关99级教学计划的要点与说明[N].杭工院报：1999(113).
② 龚怡祖.论大学人才培养模式[M].南京：江苏教育出版，1999：16.
③ 季桂起，宋伯宁.地方本科院校创新性应用型人才培养模式研究[M].济南：山东大学出版社，2013：57.

(一) 外部嫁接阶段：两个实践学期的应用型人才培养模式

实践学期是德国应用科技大学的人才培养模式中最具特色的部分，一般在企业中完成，由学校派出的教授和企业指定的专业技术人员共同对学生的实践活动进行指导，旨在加深学生对工作岗位的了解，培养学生运用科学知识和方法解决实际问题的能力。实践学期不仅传授专业实践知识、锻炼学生实践能力，更重要的是培养学生在实际工作环境中的工作方法和思维方法，以及社会交往与协作能力等①。德国应用科技大学的实践学期既有一学期制的也有两学期制的。

1990 年，根据中德政府签订的《关于杭州高等专科学校换文事》，浙江科技学院学习德国应用科技大学的人才培养经验，首先在电子技术专业、机械制造专业和职业技术教育专业三个专业中进行为期一年的实践制度，即开展两个学期。1992 年，经国家教委同意，学校学生的修业年限由三年改为四年，增加的一年时间用于加强生产实习，学校至此将两个实践学期制度推广到所有专业，正式建立了以两个实践学期为主要形式的应用型人才培养模式。

两个实践学期中，前一个实践学习是在生产工程中培养学生的实践能力的初级阶段，被称为"生产实习"。根据专业性质的不同，这一实践学期被安排在第三或第四学期，要求学生以劳动者的身份在校内或校外实习基地进行 4～8 周的生产认识实习。实习的主要目的是组织学生在工厂学习基本的生产操作技能，提高学生的动手能力，增长实际知识，提高对专业生产、管理运营、设施设备和工艺流程等方面的感性认识，培养学生用专业理论解释实践、指导实践的思维习惯。在这一阶段时，学生的校内外实习与理论教学是穿插进行的，做到两者并行推进。

为科学安排这一阶段的实践，学校一般会将校内实习、校外实习和理论教学三者的课时占比按照 5∶2∶3 分配。从三者比例可以看出，校内实习基地是主线。按照教学大纲的要求，学生以一个相对独立的工种进行生产操作，在现场结合讲授生产工艺、工程制图等有关理论知识，最后拿出以产品为主要形式的成果，着重培养学生的动手操作技能和理论联系实际的能力。校外实习是第一个实践学期的重要内容，主要作用是通过与专业对口企业的上岗劳动、参观、听讲

---

① 徐理勤. 现状与发展——中德应用型本科人才培养的比较研究[M]. 杭州：浙江大学出版社，2008：65.

座、参观调研等方式,培养学生的实践意识,了解企业,了解生产,为以后深入企业生产第一线的技术实习做好必要的准备。理论教学是第一个实践学期的必要补充,主要是安排不间断的外语、思政课及与生产实习紧密联系的课程,如机械类专业的金属工艺、电气类专业的电子计算机等,通过必要的理论教学,不仅解决了生产实习前后的课程衔接问题,而且使得第一实践学期安排更为紧凑,对培养理论联系实际的能力也起到很好的作用①。

　　第二个实践学期一般安排在第七学期,这时候学生已接受了某一专业相对完整的理论知识培训,理论知识体系相对完整,能够以一名准工程师的身份到各类企业第一线从事技术或管理工作。学生被要求在实际工作中能相对熟练地运用理论知识和基本技能,能在实践中进一步扩宽和深化专业知识,培养独立工作的能力,并在校内实践导师和企业实践导师的指导下产生技术成果。根据教学大纲的要求,学生还被要求在实习过程中寻找合适的毕业设计选题,在此基础上最终形成毕业设计。显然,技术实习有两个明确的标准:一是能否为实习单位解决生产技术问题,带回技术成果;二是能否为后一学期的毕业设计找到结合生产实际的应用性课题。技术实习还有几个明显的特点:一是以学生自我实习为主,但实习指导教师有实地考察,学院或系实习领导小组需要审定,若不合适,就会调整到学院或系里储存的实习单位,从而保证了实习单位的质量;二是基本做到一个学生有一个企业指导人员,指导人员一般要求应具有工程师以上的职称,实习内容有足够的技术含量,保证学生以准工程师的身份进行实习,从而能产生技术成果;三是实习时间集中在一个学期,有利于学生深入实际工作,成为工程师的助手;四是学院加强检查指导,帮助和督促学生保质保量完成技术实习的各项任务;五是建立了以答辩为主要形式、以技术成果为主要的实习考核方式,确保了实习的考核评价②。

　　制度的推行需要有相应的保障。为了有效实施两个实践学期模式,浙江科技学院在1993年将专业数减少了1/3,以改善试点专业的人力、物力和财力条件。在设置专业时,积极拓宽专业面,防止专业划分得太窄太细。在招生方面,学校从1992年开始主要从高考的第二批录取新生,同时也试点招收实践生(高

---

① 蒋小鸣,林建中,余肖扬. 构建工程训练体系　全面培养实践能力[J]. 高等工程教育研究,1999(2):45.
② 蒋小鸣,林建中,余肖扬. 构建工程训练体系　全面培养实践能力[J]. 高等工程教育研究,1999(2):46.

中毕业并具有两年以上对口专业工作经历的学生），招生方式采用单独考试（不参加全国统考）、择优录取的办法。在办学条件方面，新建、扩建了一批实验室和实习基地，与几十家企业建立了校外实习基地的合作关系，学校与有关企业建立某种形式的组织联系，定期举行协商、联谊活动，使合作关系充满生气和活力。在师资队伍建设方面，引进了一批有长期企业工作经历的高级工程师、工程师或者有一定工作经历的博士生、硕士生充实教师队伍，其中一部分还担任系和职能处室的负责人，同时出台制度，鼓励教师主动参与工矿企业的技术工作，利用学校的设备条件积极开展以解决生产实际问题为主要方向的科研工作，分期分批地安排教师特别是青年教师到工厂企业中去工作一段时间（至少一年），补上生产实践这一课，并把有无生产实践锻炼的经历作为教师晋升的条件之一。学校还从厂矿企业中聘请理论基础扎实、实践经验丰富的工程技术人员来校兼课，作为相对固定的兼课教师[①]。

两个实践学期被称为教育部中德合作培养高等应用型人才试点院校的重大特色，成为实现高级应用型工程技术人才的培养目标的有效途径。

（二）自主探索时期的人才培养模式探索：多形式并举

一是"工程化"人才培养模式。2000年，浙江科技学院正式被确认为普通本科高校。作为普通本科高校的浙江科技学院应当如何寻找新的应用型人才培养模式，时任浙江科技学院院长林建中提出了"工程化"的人才培养模式探索：

> 工程化的人才培养模式可以从三个 P 来体现，即 Profession（专业）、Practice（实践）、Program（教学计划）。工程专业要以满足社会需求作为宗旨和使命，工程领域也应顺应时代的要求不断拓宽，不能向过去只关注技术，而应当在物质、经济、政治、法律、文化等方面满足社会需要。专业建设要坚持四个发展的理念，超前发展要求注重前瞻性、防止专业滞后的现象出现；持续发展要求专业保持生机和活力，要主动适应社会、考虑时代发展的特点，不盲目跟从社会某些虚热的需求；协调发展要求专业的结构布局合理、有序、平衡；整体发展要求各专业的各

---

① 张守义．探索中国高等应用工程技术教育的新路[N]．杭高专报，1989 - 6 - 30(23)．

方面发展均衡。工程化专业的实践性是重要一环，我院要继承和发展以往的工程实践模式，改革第一实践学期，完善第二实践学期。[①]

在实施工程化的人才培养模式中，浙江科技学院也注重对国际化优势的运用。2001 年，林建中撰文提出，要"研究德国对学生知识、能力的考核与评价的思维方法和操作模式，注重吸收合理成分，调整我们的培养方案和模式"[②]。

工程化教育的人才培养模式体现在 2001 年版的浙江科技学院教学计划中。同年 5 月召开的学校教学研讨会提出："工程化、国际化人才培养是我们的办学目标，工程化的专业布局、工程化的教学内涵、工程化的教学过程、工程化的师资结构和工程化的社会服务体系是我们的办学特色"[③]。

二是"项目教学"人才培养模式。项目教学主要是结合实际项目进行课程设计的一种实践教学形式，具有理论与实践相结合的实践性强、产学研结合紧密、有助于培养学生的综合素质（交际能力、表达能力、团队协作精神、独立工作能力）等方面的特点[④]。表现为主要以某项项目设计为核心，来探索新的教学内容和形式，其中项目设计的题目以来自企业为主，多与企业生产活动紧密结合，学校方面根据项目要求，组成由教师指导、由学生组成的项目工作小组共同完成项目任务。

浙江科技学院在 2005 年前后在艺术设计、生化、电气等专业群在专业教学阶段实施了项目教学模式。这些项目由教师从企业引入，学生一般在校内教师和企业工程师的指导下完成，整个过程包括市场调研、产品设计和制作、作品展示、撰写项目报告和项目考核。

三是"模块化"人才培养模式。模块化教学是基于实践能力培养的系统化教学，而非基于学科知识培养的系统化教学，是应用型大学在人才培养上区别于研究型大学或教学研究型大学的重要特征。它在实施过程中主要根据实践能力培养目标的要求，确定与能力培养相对应的课程模块和教学环节，对模块中各课程的教学内容、实验、实践要求和环节进行统一规划和安排，改革教学方法和手段，

---

① 林建中. 高等工程化人才培养模式的思考和探索[N]. 杭工院报，2000(123).

② 林建中. 大学之道刍议[N]. 浙江科技学院院报，2001－1－10(2).

③ 把工程化教育落到实处，我院召开教学研讨会[N]. 杭工院报，2001－5－30(138).

④ 徐理勤. 现状与发展——中德应用型本科人才培养的比较研究[M]. 杭州：浙江大学出版社，2008：65.

保证能力培养的系统化和科学化，将学生的能力培养贯穿于培养目标、教学环节、课程体系、教学内容、评价体系和教学组织等整个过程①。

2005 年前后，浙江科技学院开始引进德国应用科技大学的模块化教学模式，在机械、电气等专业群中率先进行推广。以机械设计制造及其自动化专业为例，专业实施者首先分析了该专业的应用型人才应具备的基本能力，主要包括工程制图能力、工程力学分析计算能力、机械加工与制造工艺以及工装设计能力、机电液压控制系统设计能力、计算机应用能力、在特定专业领域的实际工作能力、跨学科综合能力等；然后建立机械设计制造及其自动化专业的课程模块和教学环节，通过优化模块课程教学内容，改革教学方法、手段和评价体系，来增强学生自主学习的意识，提高学生的学习能力和解决工程中实际问题的能力。

四是"2+3"人才培养模式。这是一种中外合作培养应用型人才的模式，由中外合作高校共同制定人才培养方案，其中前两年的教学工作在国内实施，后三年的教学工作在国外实施，学生的学习成果获两所高校的认可，取得双文凭。这种模式的推进有利于培养应用型人才的国际化视野和素养。从 2000 年起，浙江科技学院先后与 8 所德国应用科技大学签订了"中德 2+3 联合培养本科生"项目合作协议，所涉及专业包括机械类、电信类、生化类、土建类、建筑学、管理类、设计类、应用物理和信息学等 9 个专业门类，每年选拔近百名学生到德国深造，开展双校园和双学位联合培养本科应用型人才，取得了较好的效果。2005 年，学校成立了中德学院，每年从高考第一批招收学生，受到广大学生和家长的欢迎。

五是学科竞赛与创新基地建设模式。高层次应用型人才培养的一个重点特点是非常重视学生的创新素质与创新能力培养。浙江科技学院在 2000 年后逐渐形成了有效的大学生科技竞赛运行机制，积极鼓励学生参加各类科研活动和学科竞赛，开设竞赛选修课，激发他们的创新潜能。学校制定了《大学生课外科技创新与实践项目管理办法》《大学生学科竞赛管理办法（试行）》《创新创业及实践能力学分认定实施细则》等一系列文件，将大学生的科技竞赛、科研训练和科

① 杜卫.借鉴德国经验,培养高层次应用型人才[J]//应用型人才培养的理论与实践——首届中德论坛（杭州）文集.北京：高等教育出版社,2008：26.

技活动纳入日常教学工作之中。2007年，学校设立大学生科技创新基地，建设了数学建模中心、机械设计中心、结构设计中心、生化创新中心和中国文化与传播中心——孔子学堂等12个科创中心。目前，大学生科创中心已基本覆盖学校所有二级学院。学校对指导学生进行大学生科技竞赛的教师评定教学工作量，对取得突破成绩的予以奖励；对参加科技竞赛、科研训练和科技活动的学生，在科技竞赛获奖或完成研究任务、提交研究报告后可获得相应的科研实践学分。通过创新中心、实践中心、科技类大学生社团以及学生参与教师科研、申请学生课外科技立项、参与科技竞赛等方式，使学生尽可能多地参与科学研究与创新活动，在学习阶段就能较多地受到科技工作的基本训练。

同时，学校相继立项资助"学生课外科技创新与实践项目""新苗人才计划""开放实验项目"等项目以及"挑战杯""数学建模""机械设计""结构设计""程序设计""多媒体作品设计"等多项大学生竞赛。

通过这些举措，学校在国际性学科竞赛和国家级、省级各类大学生科技竞赛中成绩不断提升，多项学科竞赛在浙江省高校中名列前茅。在2003—2008年5年间，学校累计获得省级以上奖励867项，其中国家级奖项65项。

全校各个二级学院围绕高层次应用型人才的培养目标，积极探索和开展各具特色的培养模式探索，使应用型人才培养进一步得到落实。如电气学院的国际产学研开放教学模式、生化学院"实学实效"教学模式、建工学院"现场工程实训"教学模式、轻工学院"工学结合"教学模式、外语学院"互动式"主题教学模式等，切实提高了学生的实践能力和科技创新能力。

第三节　审视与反思

通过梳理浙江科技学院在30多年应用型人才培养的探索，审视其在外部嫁接和自主探索两个阶段中在应用型人才的培养目标、培养路径、培养模式的变革过程中积累的宝贵经验，为当下我国地方大学向应用型转型提供了众多有益的启示，见图3-4。

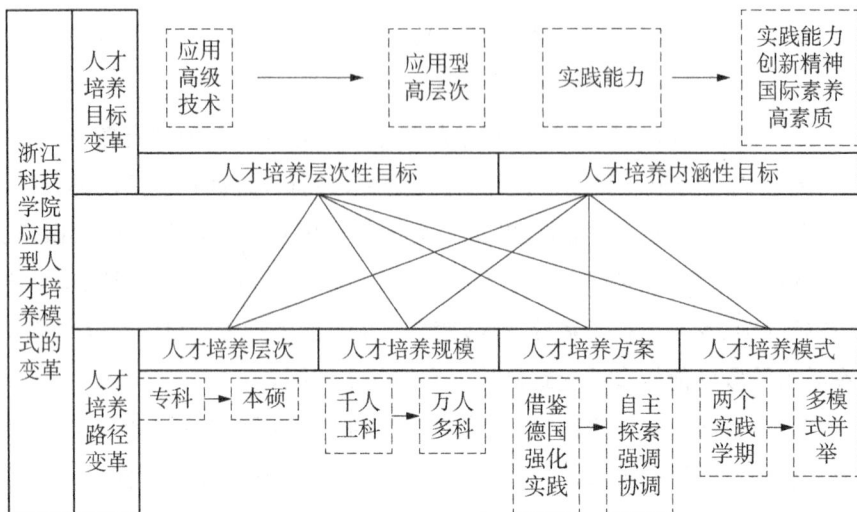

图 3-4   浙江科技学院应用型人才培养模式的变革图

一、应用型人才培养需要坚守与创新两手抓

所谓坚守,是指应用型大学办学者对于应用型办学定位和人才培养目标定位数十年如一日的坚持。尽管分层分类是我国高等教育未来发展的主要趋势,但高等教育等级分布不断固化的现实、政府对高等教育"倒金字塔型"的资源投入机制,以及传统观念对于应用型人才的偏见等提醒我们,如果没有心无旁骛的精神和勇气以及坚强的定力,建设应用型大学、培养面向生产管理一线的应用型人才就有可能成为一句空话。浙江科技学院近 40 年的应用型人才培养历程,较好地完成了这种坚守。

所谓创新,是指应用型大学办学者要根据经济社会发展的新需求、科学技术发展的新成果和高等教育发展的新形势,结合自身学科专业特点,不断探索应用型人才培养的新模式和新路径。无论是借鉴德国应用科技大学的"两个实践学期""模块化"人才培养模式,还是"工程化"人才培养模式抑或"项目化"人才培养模式和"2+3"人才培养模式,浙江科技学院通过引进吸收和创新对应用型本科人才培养模式的积极探索,成为其实现高素质应用型人才培养目标的重要保障。当然,从培养高层次应用型人才的角度看,包括浙江科技学院在内的一批拥有硕士学位授予权的地方高校还需要在硕士层次的应用型人才培养上主动探索,积极实践,形成多样化的高层次应用型人才培养模式。

二、应用型人才培养承担质的转型和量的扩张双重任务

当前,高等教育在人才培养上存在的问题,主要是与经济社会发展需求的"脱轨"问题。推动地方高校向应用型转型,大力培养应用型人才,要坚持质的转型和量的扩张相结合,实现人才培养与经济社会发展的"接轨"。

所谓质的转型,是强调地方高校人才培养模式需要进行从培养目标、培养内涵、培养路径等全方位的转型。具体而言,就是在确立既符合培养规律又能适应区域产业、行业发展需求的人才培养目标和定位的同时,系统改革人才培养模式、人才培养方案,合理确定人才培养层次,推动人才培养的学科导向向能力导向转变,从勉强为之的学术型人才培养向能解决实际问题的应用型人才培养转变,从封闭式教学向开放式教学转变,引进行业企业合作开展人才培养;从"满堂灌"的知识讲授向现场操作教学、项目化教学、案例式教学、研究性实验等与应用型人才培养相契合的方法转变。

所谓量的扩张,是强调地方高校要将自身富有特色、社会需求旺盛的应用型专业做强做大,同时不断地开设新的应用型专业,从而从整体上加大我国应用型人才向经济社会的输送量,满足经济结构转型和产业结构调整的人才需求。浙江科技学院在应用型人才培养过程中,适时主动扩大招生规模和专业门类,既是对高等教育大众化背景下人们接受更好高等教育需求的回应,更是适应浙江地方经济社会发展对更多高层次应用型人才需求的有效路径。

三、应用型人才培养需要政、产、学协同

应用型人才培养离不开政府、产业和应用型高校的共同参与。政府是我国应用型高校的主要举办方和管理方,是涉及应用型人才培养各种政策的制定者,应通过政策的完善和创新,除了设立地方高校转型发展专项资金,给予应用型高校在招生、专业建设、师资队伍建设等方面的特殊政策外,特别要鼓励和支持高校创新应用型人才培养模式。浙江科技学院如果没有当时教育主管部门在政策上的支持,就不可能以高等专科学校的身份培养本科层次的应用型人才,就不可能引入德国应用科技大学的"两个实践学期"的人才培养模式,从而在全国范围

内发挥引领和示范作用。政府还要在加大税收减免力度、打通企业参与高校办学政策壁垒等方面加大政策引导力度，推动产教融合，共同培养应用型人才。

产业界是应用型人才的使用者，也是高素质应用型人才培养的受益者。行业企业一方面要积极欢迎大学生进来实习实践，并对其以准员工的身份加强培训与指导；另一方面也要主动走进高校，加强合作，与高校共同探索建立应用型人才培养的新模式。

高校作为应用型人才培养的主体，就是要坚持应用型人才培养的目标和定位，在主动争取政府和行业企业支持的同时，不断探索有效的应用型人才培养模式，提高应用型人才培养质量。

四、应用型人才培养需要立足国内实践与吸收国外经验相结合

应用型人才的培养要求"相对于知识更加侧重于能力；相对于理论更加侧重于实践；相对于学术更加侧重于技术；相对于深造更加侧重于就业"[①]，但无论是能力、实践、技术还是就业，都离不开行业。因此，经济的转型、产业结构的调整，都将对应用型人才的培养在方式方法、路径和模式的创新上产生重要影响。

我国应用型大学在吸收借鉴国外高校先进的应用型人才培养经验的同时，要立足于我国经济社会发展的现状和趋向，特别是在中国制造2025、"一带一路"倡议、互联网＋经济形态等大背景下，要通过多形式的产教融合，主动探索相关行业领域应用型人才的新模式和新路径。

---

① 韦文联.能力本位教育视阈下的应用型本科人才培养研究[J].江苏高教,2017(2)：45.

第四章
从灵活型到半稳定型：浙江科技学院
科研服务模式的变革

人才培养是大学与生俱来拥有的天然职能，科学研究则在19世纪初"洪堡精神"产生后成为大学的第二大职能。而自19世纪末20世纪初，威斯康星思想在美国萌芽并正式形成以来，"大学必须成为社会'精神进步的资源'"①大学要发展、扩大和加强创造性的工作""大学要把知识带给人民"等观点便逐渐成为现代大学共同信奉的宗旨。

在威斯康星思想的影响下，大学撤除校园围墙，走出知识的象牙塔，以开放的姿态走到社会的中心，在推动区域乃至国家政治、经济、科技和社会进步过程中，越来越多地吸收外界的信息、能量和物质，实现了大学自身的不断发展，包括威斯康星大学、加州大学等美国一大批州立大学实现了迅速崛起。威斯康星思想也成为美国大学对世界高等教育发展的最重要贡献之一。正如英国教育家埃里克·阿什比爵士所言，"美国对高等教育的贡献是撤除了大学校园的围墙……（威斯康星理念的形成）是大学变革过程中的一个罕见的改革创举。历史已说明这是一次正确的改革，其他国家现在已开始纷纷效仿这种美国模式"②。社会服务便成为高等学校除人才培养和科学研究之后的第三大功能。

服务社会、推动经济社会发展是我国大学与生俱来的重要职能。1983年邓小平提出教育要"面向现代化、面向世界、面向未来"；1985年《中共中央关于教育体制改革的决定》提出"教育必须为社会主义建设服务，社会主义建设必须依

---

① 此观点由威斯康星大学第五任校长约翰·巴斯科姆（John Bascom，1874—1887）提出，他被誉为"威斯康星理念的真正创始人"。
② [美]安·阿伯. 象牙塔问题[Z]. 密歇根大学未来世界高等教育国际会议，1967.

靠教育";1991年国家教委《关于加强普通高等专科教育工作的意见》提出"积极开展科学技术工作,是普通高等专科学校为社会主义现代化建设服务的一项重要任务","科技工作应以科技成果推广和科技服务为主。少数有条件的学校,应结合地区和行业特点,因校因地制宜开展应用研究和技术开发工作",1995年《教育法》将"教育必须为社会主义现代化建设服务,必须与生产劳动相结合,培养德智体全面发展的建设者和接班人"确立为我国的教育方针;2010年《国家中长期教育改革和发展规划纲要(2010—2020年)》强调要"充分发挥高校在国家创新体系中的重要作用,鼓励高校在知识创新、技术创新、国防科技创新和区域创新中作出贡献",我国大学始终肩负着服务地方、服务国家的神圣职责。

　　社会服务职能的实现,对于不同类型、不同层次和不同领域的高校,具有不同的侧重。相对于通过发挥一流的师资队伍、实验平台和科研成果等优势服务国家创新体系建设的"985""211"大学不同,地方高校的社会服务主要通过关注地方经济发展,以人才培养和科研成果转化等形式解决地方经济发展的实际问题。因此,对于以应用型为导向的地方应用型大学而言,其履行社会服务,也就相应地形成了培养应用型人才服务模式和开展应用型科研服务模式两类。鉴于培养应用型人才在前章已有论述,故本章主要就应用型科研服务模式进行论述。

　　社会服务受到大学内外部多种因素的影响。从纵向看,各地不同时期的经济和文化发展目标定位、发展规划、重点任务、产业结构等,地方高校不同时期的办学定位与特色、学科专业的结构与水平、服务面向与能力等,都会对地方高校社会服务模式产生影响。浙江科技学院前身浙江大学附属杭州工业专科学校成立的首要动因是"为贯彻中共中央书记处关于教育工作的指示精神,广开学路,多种形式办学,多为国家培养各种急需的专门人才"。之后数十年,学校虽然几经更名,但应用型、地方性始终是学校的办学特色和办学定位。学校结合自身办学特点和优势,根据不同时期的历史使命,积极探索服务社会的多种模式,为杭州、浙江乃至长三角地区的社会经济发展做出了自身的贡献。

第一节　应用型科研服务定位的确立与基础的夯实

　　正如人才培养、科学研究、社会服务三大职能的形成是高等教育在长期发展过程中自然形成一样，浙江科技学院的应用型科学研究职能和基于此形成的社会服务职能也是学校自身发展的结果。其中，办学理念的转变和应用型科学研究能力的不断提升是促成这一发展的重要基础。

一、强化应用型科研服务定位

关于科学研究的定位，就是关于要不要进行科学研究、为什么要开展科学研究、开展什么样的科学研究和如何开展科学研究等问题的探讨和明确，是地方高校履行科学研究职能的重要前提。浙江科技学院自办学开始便开始积极探索科研服务的定位与模式，并逐渐形成了"以开展应用型科研为定位，以服务地方经济社会发展为目的"的科研服务理念。

20 世纪 80 年代学校创办之初，浙江科技学院的主要任务是保证教学秩序正常开展、提高教学质量、探索高等应用型技术人才培养模式，科研工作尚处于起步阶段，应用型科研服务的主要形式为科技咨询。在这一时期，面对行业企业对学校提供科技咨询的需求，学校及时制定了《关于开展对外科技咨询服务意见（试行）》，并积极鼓励教师开展应用型研究。

> 鼓励本校教师主动参与工矿企业的技术工作，利用学校的设备条件积极承担来自生产第一线的应用性研究课题。[1]

20 世纪 90 年代，浙江科技学院对科学研究工作的认识进一步深化，并将其上升到了推动学校发展的战略高度，教学、科研、社会服务协同推进的理念初步形成。1991 年，学校时任党委书记赵善昌提出科研兴校的办学理念，第一次将科研工作提高到与教学并列的高度，推动了科研服务工作。

> 就学校来讲，在保证教学工作顺利进行的前提下，教学和科研要一起抓，努力迈出"科研兴校"的第一步。[2]

---

[1] 张守义. 探索中国高等应用工程技术教育的新路[N]. 杭高专报，1989(23).
[2] 赵善昌. 在庆祝中国共产党成立七十周年大会上的讲话[N]. 杭高专报，1991(39).

在这一导向下，学校部分教师开始利用中德合作项目中购买的先进实验设备开展科学研究，开始承担小数量的科研项目，多种形式的科技开发开始开展。到了 1995 年，对科技产业的孵化已成为学校科研服务的重要内容。这一点从时任校长竺树声的一份报告中可以分析得到。

> 我院的科技开发，已与省科委、省教委及众多企业加强了联系，在发展产业方面也有新的进展，如建工系的监理公司正在筹建"，下一步"要形成以教学为中心的教学、科研、产业三结合，形成良性循环。①

2000 年以后，随着浙江高等教育大众化时代的到来以及学校顺利跨入普通本科高校行列，应用型科学研究工作和应用型科研服务工作在学校各项事业中的地位和作用进一步提高。

> 未来 5 年，学校的主要奋斗目标是：……大力加强科技工作，增强科技实力，提高办学质量，立足本科教学，力争从教学型学院向教学研究型大学转变。②
>
> 关键是自身实力，特别是科研实力，我们要进一步联系一些高新技术企业，真正形成产、学、研一条龙；以科研开发和科技成果为纽带，尽力开发高新技术和新产品，加入科技园区中，使学校和社会紧密地结合。③

到了 2007 年，浙江科技学院对于应用型科研和社会服务的重要性认识更为明确，相关阐释也更为系统，并首次提出了科研工作的应用型概念和构建具有鲜明特色和明显优势的应用技术研究体系的设想。

> 科研与经济结合为地方经济建设和行业发展服务，是高校科研工作的主要任务之一。一所高校在区域经济和社会发展的影响力，很大

---

① 竺树声. 在全校中层干部会议上的讲话[N]. 杭工院报，1995(72).
② 浙江科技学院"十五"事业发展规划(2000—2005)[N].
③ 林建忠. 在全院中层干部扩大会议上的讲话[N]，杭工院报，2001(134).

程度上取决于其科研工作与当地经济发展的结合度。作为培养高层次应用型人才为己任的地方高校，我们在科研工作上同样要体现应用型，做出为地方经济服务的特色。加强科研工作与经济建设相结合，要坚持以服务求支持，以贡献求发展的观点，进一步增强"走出去，请进来"的开放科研意识，要结合地方经济建设的需要，不断开拓学校科研新的生长点，着力构建一个与我省地方经济建设相结合、相适应、具有鲜明特色和明显优势的应用技术研究体系，在学校与社会、教学科研与地方发展的良性互动中实现"双赢"。①

二、夯实应用型科研服务基础

对于科学研究重要性认识的不断深化，对开展应用型科研这一定位的不断明确与强化，有力地促进了浙江科技学院科学研究能力的提升，夯实了应用型科研服务的基础，提高了应用型科研服务的能力。

1. 科研服务制度的完善

高校科研制度是高校科研工作正常开展的重要保障，能为高校的科研发展营造健康有序、公平竞争的学术环境，对高校教师开展科研工作具有很强的导向性，有利于全面提高科研水平、提升高校办学质量、增强服务社会的能力。浙江科技学院在推动科研服务工作的过程中，通过加强科研服务制度的建设，有力推动了科研服务工作的开展。

20世纪80年代，浙江科技学院主要针对科技咨询服务工作出台了相关管理制度，包括《关于开展对外科技咨询服务意见（试行）》和《关于对外科技咨询服务经费收入分配的补充说明》，既鼓励教师积极开展科技咨询服务，以提高学校创收能力和教师收入，又规范经费的合理合法使用。

20世纪90年代，在确立科研作为学校办学的重要职能之后，学校出台了一系列科研管理制度，保障科研活动有序进行，进一步推动应用型科研服务工作。具有标志性的规章制度有：1994年颁布了《浙江科技学院科技开发分配政策的实施意见（试行）》，以进一步激励教师进行科技开发和科研成果转化；1997年出台

---

① 杜卫.在校学科建设与科研工作会议上的报告[M]//浙江科技学院年鉴.2007：45-46.

了《关于落实 1997 年科研、科技服务经费的通知》，第一次对各系部的科技活动情况、科研经费数量、发表论文数量和科技服务经费数量等实行目标化考核；1998 年发布了《关于签订技术开发、技术合作协议的通知》，鼓励科研工作注重与市场和企业的需求相结合，开发新产品，研究新工艺，并积极寻求多种方式扩大科技合作领域，拓展科研经费新的增长源。

2000 年后，浙江科技学院针对科研项目管理、科研成果奖励、校企合作激励等工作出台了一系列制度，进一步合理配置科研资源，调动广大教师的科研积极性，有计划地组织实施科研活动，服务地方经济社会的发展。具体制度有：2001 年《浙江科技学院科研工作量与业绩奖励条例（试行）》、2002 年《浙江科技学院科研工作管理办法》、2005 年《浙江科技学院学科性公司管理办法（试行）》、2006 年《关于鼓励科技人员利用暑假开展科技服务活动的通知》、2008 年《科研经费管理办法》和 2009 年《科研工作量核算办法（试行）》等。各二级学院（系）在学院目标管理制度的推动下，也制定了相应的科研奖励办法，鼓励教师开展科学研究和社会服务，如设计与艺术系在 2001 年出台了《教师科研工作奖励办法》。

同时，在这一时期，学校还加强了对科研工作的规划力度。2000 年开始，每五年制定一次科研规划。例如，2000 年学校"十五"科研规划和 2006 年学校"十一五"发展规划纲要分别提出：

> 结合浙江省经济建设需要，积极开展面向生产，面向实际的应用性课题研究，扩大科研规模；以学科建设为龙头，以学科带头人和学术骨干为载体，组织一支较强的科研队伍，提高承担重大科技攻关项目的能力，不断提高科研工作的层次和水平。……积极参加地方政府、有关部门举办的科技洽谈会，主动组织教师到有关地区、企业参加技术服务和技术咨询工作，创造条件，并有重点地和某些地区、企业建立长期稳定全面的科技合作关系。①

> 围绕学校定位和区域经济特点，加强科学研究，提高研究层次，突出应用性，着重抓好体现学校特色与水平的标志性科技成果建

---

① 浙江科技学院"十五"科研规划（2000—2005）[N].

设。……促进科技"进地方、进企业、进社区",努力提升学校在地区经济社会发展中的贡献力、推动力、影响力;建立有效机制,大力倡导科技成果转化,重点在技术和应用性研究层面实现突破;以社会需求为导向,完善社会反馈调节机制,提高高质量社会服务的成效。[①]

在这些制度的推动下,学校的科研经费总量不断攀升,以应用型科研在企业运用为主要形式的产学研合作之路初步形成,"校企合作工程""校地合作工程"不断推进。在这一时期,学校前后与省内十余个县(市、区)签订了全面合作协议,与40多家企业合作建立了研发中心,帮助企业开发了一批新技术、新产品、新工艺,组织了大量的技术攻关和技术服务工作。学校在这一时期有11位教师成为浙江省首批块状经济转型升级专家服务组成员。

2. 科研服务的能力不断提升

衡量一所高校的科研能力,主要是看其科研课题数量的多少。科研课题按照经费来源的不同,分为纵向课题和横向课题两类。纵向课题既有为科技发展进行技术储备的基础理论研究,也有为解决国民经济发展中急需解决的重大应用研究。横向课题则主要是面向社会和经济发展,通过技术市场沟通与生产渠道,使科学技术直接转化为生产力,解决社会经济发展和行业企业亟须解决的问题。两者通常被称为科研的"顶天"和"立地"两个方面,相辅相成,相互促进。没有纵向课题及其产生高水平的科研成果,就无法承担面向经济的任务;没有横向课题,就没有与生产一线沟通的纽带,就不能使科研成果迅速转化为生产力,满足社会经济发展的实际需要[②]。一般而言,应用型大学的科学研究侧重于横向课题,因为横向课题体现了应用型科研的社会服务成效,但学校同时也积极参与纵向课题研究,因为纵向课题是应用型科研的基础,体现了应用型科研服务的能力。

以1996年学校首次承担省部级科研项目和2004年获得两项国家自然科学基金项目为重要标志,浙江科技学院在提升纵向科研实力方面获得较大的突破,见图4-1。1998年,学校科研经费首次突破100万元,到2004年,科研经费总

---

① 浙江科技学院"十一五"发展规划纲要[N].

② 景和平,王国美.浅谈高校纵向、横向科研课题之间的关系[M].安庆师院社会科学学报,1992(4):123.

额突破1 000万元，前后仅用了6年时间。在科研项目上，1980—2009年，学校作为第一完成单位或第一负责人主持国家级项目18项目、省部级项目265项，到校纵向科研经费4 000多万元。伴随科研项目的增长是学校在这一时期科研成果的不断显现，学校先后获得各类科研奖项200余项，其中省部级及以上奖项17项，发表学术论文7 000篇，其中被SCI、EI、ISTP收录的有618篇，出版专著281部。

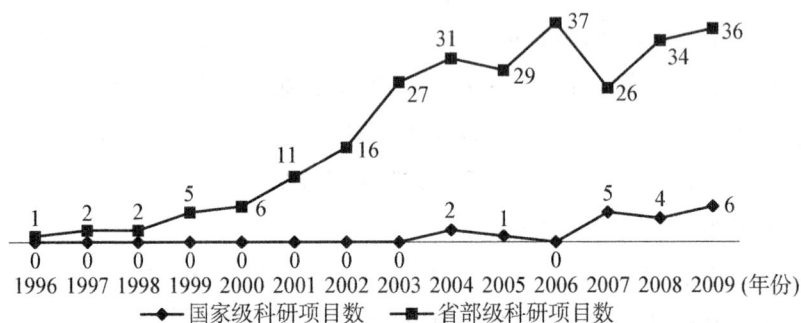

图4-1　浙江科技学院省部级以上科研项目数量增长图(1996—2009年)

纵向科研能力的提升对浙江科技学院应用型科研服务产生了积极的作用，1980—2009年，浙江科技学院共为地方、企业开展应用型科技服务1 728项，课题经费总额达1.03亿元(见图4-2)，其中到位经费超过20万元的项目共计103项(见图4-3)。

图4-2　浙江科技学院应用型科研服务经费增长图(1996—2009年)

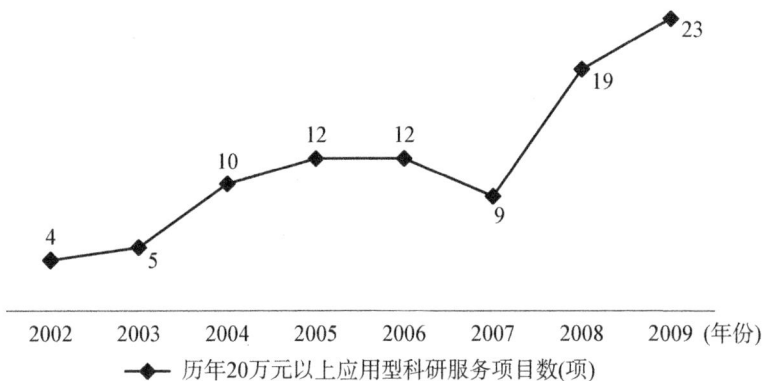

图 4-3　浙江科技学院 20 万元以上应用型科技服务项目增长图(2002—2009 年)

第二节　应用型科研服务模式的变革

随着我国经济社会的发展和产业结构的调整，科学研究正成为行业和企业形成核心竞争力的重要因素，也对高校发展产生越来越大的影响。不同的行业、企业对高校科研服务的需求也呈现出多样化的特点，需要高校根据地方需求，提供多样化的"套餐"供地方选择。根据地方高校应用型科研服务地方在稳定性维度方面的差异，一般可以将其分为灵活型、半稳定型和稳定型三个层次的服务模式。浙江科技学院在多年的实践探索中，充分发挥自身的学科优势、专业优势、人才优势、平台优势，面向区域经济社会发展，在提供多样化应用型科研服务方面做了有益探索。

一、灵活型服务模式

灵活型服务模式是指地方高校在实施应用型科研服务的过程中与服务对象不形成结构化组织，而是通过项目和合同等形式将地方高校与行业企业或者政府机构等结合在一起。阶段性和松散性是其特征，科研合作、成果转化、科技攻关是其常见形式。这种服务模式通常随着项目或合同关系的建立而产生，随着项目或合作关系的终止而终止，是一种阶段性的服务模式，也是地方高校应用型科研服务初期最为常用的服务模式。浙江科技学院在较早时期就开展了这一模式的实践。

(一)"科研合作"服务模式

"科研合作"服务模式是指地方高校利用自身的科研优势,通过与地方政府、企业之间建立合作关系,以科研课题等形式,与政府和企业签订合同,将自身的科研优势转化为技术优势,将理论优势转化为对策优势,产生研究成果,从而服务于政府和企业,满足政府与企业需求的一种服务模式。在这种模式下,地方政府和企业主要看好地方高校的学科优势,特别是在某一领域内拥有先进科研能力的人才和平台。他们根据自身发展的需要,如企业在生产中面临的一些迫切需要解决的技术问题,新产品和新技术生产后面临的市场分析问题,地方政府在地方经济发展中面临的重大理论问题和产业结构、社会发展、文化建设等规划问题,有计划地提出课题研究计划,邀请地方高校参与课题研究。

浙江科技学院发挥在机械工程、工业自动化、计算机科学与技术、生物化工食品、艺术设计、产品工业设计、制浆造纸、包装、印刷等学科专业领域的鲜明特色和人才优势,积极与企业开展合作,帮助企业开发新技术、新产品、新工艺,为企业解决技术难题,给企业带来了显著的经济和社会效益,涌现了一批典型案例。贝因美婴童食品股份有限公司是国内乳制品行业的龙头骨干企业。学校与贝因美的合作从奶粉的加工工艺开始,逐步延伸到奶粉安全、奶粉营养等内容,从宏观技术需求到微观蛋白空间结构、脂肪构式、低聚糖分子水平研究都取得了丰硕的科研成果。在 10 多年的合作期间,双方共同开发了高纯蒸汽喷射、粉体密相输送、浓奶浓缩等先进技术,为企业技术进步和科技创新注入了活力。贝因美技术中心现已升级为省级企业研究院,合作经费累计达到 500 多万元,其中贝因美以横向项目合作形式支付给学校的金额累计达到 300 万元。2013 年以学校生物与化学工程学院教师尤玉如牵头项目"功能乳"和 2014 年以生物与化学工程学院教师肖功年牵头项目"母乳微营养及婴幼儿配方奶粉母乳化共性关键技术研究与应用"获得浙江省和杭州市科技进步奖;由贝因美牵头、学校参与的项目"冠军宝贝系列婴幼儿配方奶粉关键技术及产业化研究"获得 2011—2013 年度中国食品工业协会科技进步二等奖和 2014 年度中国食品科学技术协会一等奖。合作期间,双方共同发表学术论文 20 余篇,在中国轻工业出版社出版专著《乳品与饮料工艺学》,共获得授权发明专利 10 余项。贝因美合作项目产值累计达到 30 多亿元，成为浙江科技学院实施科研合作服务模式、实现多方共赢的典型案例。

浙江科技学院在这实施科研合作模式过程中，一方面通过"科研合作"服务，获取了研究经费，促进了学校研究平台的进一步完善和师资队伍科研能力进一步提升；另一方面，也通过这种模式的服务，使自身的研究通过企业的生产实现了向生产力的迅速转化，从而获取了来自一线的研究信息和资源。在对政府的科研服务中，学校在社会经济领域开展的大量的理论研究和现状调研也得到了用武之力，提出大量有针对性的对策研究也使学校成为政府的"智囊团"。

（二）"成果转化"服务模式

"成果转化"服务模式是指地方高校在企业的支持配合下，将教师的具有实用价值的科技成果包括专利技术、技术秘密、实施许可等进行后续实验、开发、应用和推广，从而形成新产品、新工艺、新材料乃至形成新的产业等，并最终使生产效益得到提高，经济得到发展，是我国高校进行科研服务的重要方式之一。

成果转化服务模式要求高校方面推出的可转化成果与市场紧密结合，其成果一般是现有的、权利化的和特定的，比较完整成熟，因此，既能在短期内促进转让方科研成果的产业化，也有利于受让方利用科研成果取得高于现有技术的价值，同时受契约和专门的技术合作法规等约束，成果转让在实施过程中明确了双方的权责关系，可以有效避免产生纠纷[①]。这些特点决定了成果转化服务模式成为高校教师开展应用型科研服务时较受地方欢迎的一种模式。浙江科技学院在 1992 年首次组织科研人员走出校门，参加地方政府举办的技术交易会，将应用性技术成果推向市场，服务地方经济。当年 9 月，浙江科技学院教务科研处和化工系、职教系、电机系和土木系有关教师分别参加了萧山县政府举办的"1992年全国适用技术展览交易会"和临安县政府举办的"金秋技术展览交易会"，其中有 13 个适用性技术项目进行了展示并交易。1993 年，浙江科技学院化工系又受浙江嵊县佛石矿委托，开发年产 5 000 吨硅藻土精选提存工程技术，开发经费为 18 万元。

（三）"科技攻关"服务模式

"科技攻关"服务模式存在多种形式，其中较为普遍的是地方高校通过积极

---

① 段晶晶. 基于企业合作绩效的产学研研究[D]. 天津：天津大学, 2011: 96.

参与或主导企业为解决生产领域关键技术和环节而设立的研究项目,并实现技术突破所形成的一种服务模式。在开展科技攻关过程中,地方高校与企业建立了良好的协作关系,信息与技术的交流不断加深,为了在科技攻关特别是对一些产业行业重大、关键和具有普遍意义的技术难题进行攻关时获得政府支持,地方高校会通过与企业联合申报地方政府乃至国家的科技攻关项目,并使项目成果通过产学研结合得到最大程度的应用,从而达到科技服务地方的目的。

浙江科技学院与行业、企业联合开展科技攻关项目有较多的实践。2009 年起,浙江科技学院与浙江省围海建设集团股份有限公司、杭州陶钧科技有限公司等企业合作,就工程中泥土即软黏物料的管道输送技术进行联合攻关,到 2015 年,双方的科研成果既从理论上解决了技术的关键问题,又成功研制了环保型清淤输泥设备并投入生产实践。项目的关键技术获得授权发明专利达 13 项、授权实用新型专利 15 项,发表学术论文 30 多篇,项目开发研制的多种设备被广泛应用于省内外的港口疏浚、河道开挖、海滩回填、土方搬运、围海筑堤、水库航道湖泊清淤、码头船坞积聚物清理、城市垃圾和工业废渣清运,经济效益和社会效益显著。该技术应用于国家级、省级工程 77 项,其中东海大桥洋山一期工程,评为全国十大建设科技成就,获中国建筑工程鲁班奖、第十届中国土木工程詹天佑奖;温州半岛浅滩灵霓海堤一期工程Ⅰ标段获浙江省建设工程钱江杯奖。"环保型清淤输泥设备"获浙江省高校优秀科技成果奖一等奖,获全国发明展金奖和日内瓦国际发明创新展特等奖;荣获国际国内发明奖励 12 项、厅市级科技奖励科 7 项。据不完全统计,应用该技术产生的经济效益:新增产值 523 146 万元、利润 47 251 万元、税收 18 010 万元;2013—2015 年新增产值 286 836 万元,新增利润 70 615.72 万元、税收 27 793.18 万元。

二、半稳定型服务模式

随着地方高校应用型科研服务的不断推进,为了进一步解决地方高校协同开展服务不足和科研服务保障机制不健全等问题,基于网络、集群化结构的半稳定型服务模式日益增多。半稳定型服务模式是介于灵活型服务模式和稳定型服务模式的过渡模式,这种模式相比灵活型服务模式而言,更为持续、长期;与稳定型服务模式比较而言,又未形成独立的、相对特定的经济实体,而是以半结构化组织或者网络化组织的形式集聚相关创新主体,进行协同创新式的合作,其中共建研发机构、大学科技园是典型表现形式；近年来，协同创新中心模式和智库模式成为其新兴表现形式。半稳定型务模式有利于地方高校与政府、企业之间保持较为长期和稳定的合作关系，有利于将地方高校的创新优势转化为经济优势和智力优势。浙江科技学院在共建研发中心、协同创新中心和高校智库等方面作了积极探索。

（一）共建研发中心模式

共建研发中心模式是指高校通过与企业联合，建立集教学、科研与生产于一体的研究中心，目的是将科技开发转化为现实生产力，使高校成为企业的重要技术中心，达到服务经济发展的目的。浙江科技学院在较早时期就对这种模式进行了积极的实践，仅 2005—2009 年 5 年间，浙江科技学院就通过加强与地方政府、企业的合作，与地方行业、企业共建了 40 余家研发中心（见图 4-4），涉及汽车制造、电气、农产品加工、食品、生物、化工、建筑、工业设计、造纸等十余个行业，为杭州、建德、临安、天台、慈溪、嘉兴、诸暨、玉环、富阳、宁波、衢州、安吉、兰溪、桐乡、平湖、舟山等地的企业解决关键性技术难题发挥了重要作用，增强了地方企业的产品竞争力。

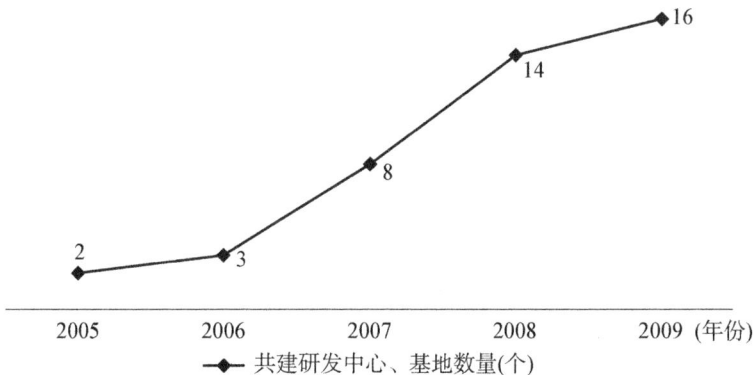

图 4-4　浙江科技学院与企业、地方共建研发中心、基地增长图（2005—2009 年）

（二）2011 协同创新模式

协同创新模式始于国家在 2011 年推出的"2011 计划"，强调以协同创新为合作纽带，以高校为主体，广泛吸纳科研院所、行业企业、地方政府以及国际创新力量，为实现人才、学科、科研三位一体的创新能力的提升而开展的大跨度整合

创新组织,包括建立面向科学前沿、行业产业、区域发展以及文化创新四类协同
创新模式①。在国家和各省相继实施"2011 计划"之后,一批地方应用型大学结
合自身办学定位与实际,围绕区域发展和行业产业需求,积极探索 2011 协同创
新模式,在应用型科研服务社会方面进行了新的实践。

2014 年,浙江科技学院作为牵头单位,协同浙江农林大学、浙江省农业科学
院、中国农业科学院茶叶研究所、国家林业局竹子研究开发中心、浙江省林业科
学研究院、浙江省医学科学院和杭州化工研究院有限公司等单位,面向行业产
业,建立了"农业生物资源生化制造协同创新中心",成功申报了浙江省 2011 协
同创新中心。中心着力于以农业生物资源替代化石紧缺资源,通过生物制造技
术、化学制造技术、循环利用技术等三个方面共性关键技术的突破,围绕生物源
活性物、生物源蛋白、生物源油脂、生物源糖、木质纤维、生物气与炭等重点领域,
在前瞻性理论与核心技术、产业共性与关键技术、新产品研制与高新技术企业培
育等三个层面进行跨学科、跨学产研政协同科技创新和人才培养,立足于农业生
物资源全生物利用、全过程利用、高值化利用,使农业生物资源利用向分子与基
因水平层次提升,向化学与生物绿色制造纵深推进,向紧缺资源替代方向发展,
促进农业加工业向生物产业、新材料产业、新能源产业等战略性新兴产业转型
升级。

到 2017 年,中心在科研服务方面已取得较为丰硕的成果。中心协同相关单
位先后成功申报省企业研究院 2 个,参与共建国家产业技术创新战略联盟 2 个、
省级产业技术创新战略联盟 1 个,参与筹建国家产业技术创新战略联盟 1 个,与
国内和省内行业协会及地方等新建分中心 8 个,共同筹建省级行业协会 1 个;获
得授权国家发明专利 69 件、实用新型专利 41 件,受理国际专利 2 件、国家发明
专利 105 件;主持或参与制定公布国家标准 6 个、行业标准 1 个、团体标准 2 个、
企业标准 9 个;主持或参与行业标准制定立项 2 个、国家标准 1 个;产学研项目
70 项;建成生物资源高值利用技术的示范生产线 13 条;科技成果转化经鉴定或
验收新增产值 8.09 亿元,有力推动了浙江省在功能性食品添加剂与配料、特种
纸新材料等新兴产业在全国的领先地位。

2011 协同创新模式的实施,改变了浙江科技学院在应用型科研服务单打独

---

① 李爱彬,经曼.2011 协同创新中心组织管理模式与机制研究[J].现代教育管理,2016(8):50.

斗的局面,是地方应用型大学"抱团"开展科研服务的有益探索,这种模式不仅有利于整合地方应用型大学资源,实现跨校合作,形成应用型科研服务合力,更有利于地方应用型大学通过制定行业标准、解决关键性技术难题、牵头成立行业协会等途径,实现对行业发展的引领作用。

(三) 智库模式

智库模式是新时期下高校应用型科研服务的一种新模式,主要是高校内部设立的一种独立于传统院系的专门开展政策研究的学术研究组织,产生政策知识和政策思想,培养政策研究人才,并通过知识转化以影响政策的制定和实施过程[①]。高校智库科研服务的主要对象是党政机关,服务形式主要是面向社会治理的各类公共政策建议或决策咨询报告,成果形式以政府主管部门对建议的采纳作为依据。较党政智库、科技和企业智库、民间智库而言,高校智库更具有相对独立性和科学客观性,因此政府和社会对高校智库拥有更大的期待和需求。

当前,我国高校智库主要集中在"双一流"高校中,但随着 2014 年教育部颁布《中国特色新型高校智库建设推进计划》之后,各地陆续推出了支持地方高校智库建设的相关举措,地方高校智库的实践探索在短时间也呈现出井喷的态势,为区域经济发展发挥了重要的"思想库"作用。

2015 年,面对迅猛发展的政务新媒体以及党政机关对政务新媒体的关注重视,浙江科技学院及时成立了浙江省政务新媒体研究院。研究院将"提炼浙江故事,提供咨询服务,提升宣传形象"为主要任务,以打造"能够提出对策、进入决策、形成政策的新型智库"为导向,积极开展浙江政务新媒体理论研究和经验总结,服务浙江政务新媒体的建设和发展。与众多高校自主建设模式的智库不同,浙江省政务新媒体研究院是一所官学研合作培育模式的高校智库,由浙江科技学院主办,浙江省委宣传部、浙江省政府新闻办公室做具体指导。在内部组织架构上,研究院通过整合校内应用语言学、新闻与传播学、信息技术学、艺术学、公共管理学等学科团队,形成了一支多学科交叉融合的团队,并以"旋转门"的形式,聘请了一批知名的校外专家和政府机构人员。

作为一所处在成立初期的高校智库,研究院主要以人员支撑、决策咨询、学

---

① 文少保. 高校智库服务政府决策的逻辑起点、难点与策略——国家治理能力现代化的视角[J]. 中国高教研究,2015(1)：34 - 38.

术研究和校地合作等形式开展服务。以人员支撑为例，为了协助省委宣传部进行政务管理，研究院派遣工作人员去省政府新闻办公室挂职，参与"浙江发布"微博微信矩阵的日常维护、文案撰写和数据监测；为做好乌镇世界互联网大会工作，派遣工作人员参与会务筹备。以决策咨询为例，研究院为浙江省政府新闻发布会、重要主题报道、重大突发事件信息发布和热点问题引导等进行了政务新媒体产品的创新、策划和传播。以学术研究为例，G20杭州峰会前夕，研究院编写并由商务印书馆出版的中英文双语读物《微观杭州》向社会发行，配合省政府宣传，创造了良好的社会影响。以校地合作和政校合作为例，研究院和安吉县政府官员接洽，并派遣人员到安吉县政府担任县长助理，为安吉县"两山"理论的研究和实践提供全方位的咨政建言服务。研究院的信息技术团队还与浙江省商务厅就浙江省散装水泥运输大数据管理签订了合作协议，为该行业的安安发展提供技术支持。

　　智库模式的探索改变了浙江科技学院以往单纯以技术为主要成果的应用型科研服务模式，形成了以研究报告或决策建议为主要成果的"软科学"服务和以科学技术为主要成果的"硬科学"服务相结合的多元科研服务形式，是应用型科研服务模式的新突破。

第三节　审视与反思

　　地方高校应用型科研服务的根本目的是通过服务实现地方与高校教育资源、人才资源、科技资源、资本资源、创新资源等的整合与互通，既促进地方高校自身的应用型人才培养、学科发展，教师水平提高、办学资源进一步丰富等，又能促进地方经济建设，创造出一定的经济效益。地方高校科研服务模式从灵活型模式向稳定型模式转变具有普遍规律，体现了其服务能力的提升（见图4-5）。近年来，浙江科技学院在应用型科研服务已实现了从灵活型服务模式向半稳定型服务模式的转变，服务形式更为多样，服务的成果也不断丰富，但整体而言，服务水平和服务层次都有待提高，服务的效果也有待改善，其中的问题与根源值得审视与反思。

类型	灵活型	半稳定型	稳定型
特点	阶段性 松散性	适应性	高效性 紧密性
表现模式	科研合作 成果转化 科技攻关	共建研发中心、协同创新中心、智库	合作创办独立的经济实体(无)

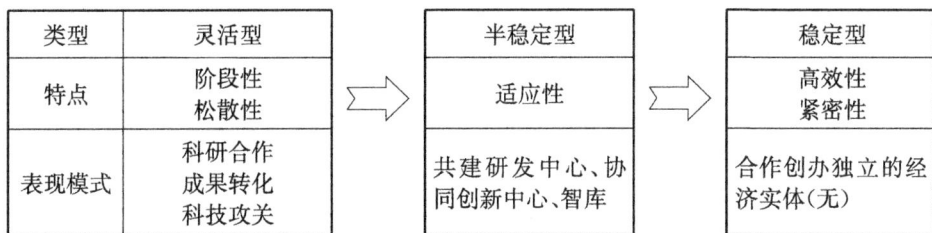

图4-5　地方高校应用型科研服务模式变革图

一、应用型科研服务重要性的认识是先导

当前,地方高校正处于长期以来路径依赖下产生的依附式发展困境,尽管学科专业类型和布局与研究型大学相近,但软硬件基础薄弱,竞争力长期不足,持续发展疲软现象明显,社会对地方高校的贡献度也颇有微词。因此,对于地方高校而言,通过向应用型大学转型,积极主动开展应用型科研及围绕应用型科研开展的社会服务,不仅是其履行高校职能的基本要求,更是其探寻特色发展之路、实现错位发展的有效途径。

对于这一重要性的认识,包括浙江科技学院在内的很多地方高校主要还停留在规划、报告当中,还未形成全校教师的共识,转化为学科、专业、教师的具体行为。一些教师对科研本身存在不正确的认识,认为科研与教学存在矛盾。殊不知科研特别是应用型科研及其服务本身就是对应用型人才培养的有效促进。一些教师偏向于研究型大学的科研价值观,认为知识本身就是目的,倾向于"顶天"不屑于"立地",对科研成果的转化更是不屑一顾。还有一些教师偏向于个人"单打独斗",以各种形式进行面向社会的应用型科研服务,这种形式同样既不利于教师个人科研能力的长远发展,也不利于学校应用型科研平台的建设和服务能力的增强。如何转变这些观念,突破应用型大学开展科研服务的思想障碍,需要应用型大学不断加强内部探讨,达成共识。

二、稳定型服务模式是应用型科研服务的方向

稳定型服务模式是指地方高校在服务地方过程中,与地方行业、企业等建立稳定的合作关系,一般以具有创新性的产品为核心,创办集产品开发、生产、经营与贸易等一体化的独立经济实体,是一种相对最为稳定的服务模式。在稳定型

服务模式中，既有高校与企业、科研院所、政府等多个相关利益主体在一个结构化的组织体系内，在明确各方权责利的基础上，发挥各自的优势，开展合作，推动企业的发展，也有高校独立创办经济实体，将高校的技术优势转化为创新优势后，独立接受市场的选择，达到服务地方的目的。此类科研服务模式是地方应用型大学应该努力实现的目标，构建起一套以稳定型服务模式为标志，多种模式共同发展的应用型科研服务体系。

浙江科技学院近年来科研经费总量一直没有获得较大的突破，其中一个重要原因在于稳定型服务模式还没有建立，半稳定型服务模式没有足够壮大，绝大多数服务处于灵活型服务模式阶段，应用型科研服务的整体水平还比较低，没有产生具有一定社会影响力的科研服务服务成果。这其中既有地方高校因财力紧张而对科研成果转化在资金、设施设备、场地等方面投入不足的问题，也有现实情况下市场对于新技术、新发明等信心不足、信息不全、使用不到位等问题，致使应用型科研服务未能充分发挥作用。

三、制度完善是应用型科研服务的保障

当前，地方高校开展应用型科研服务普遍存在服务深度、广度不够等问题，造成这种局面的，有外部社会环境等诸多方面的因素，但较为关键的，还是校内外支持高校开展应用型科研服务的制度体系有待进一步完善。在地方高校内部，一套旨在以鼓励教师开展应用型科研服务为导向的职称评制度、收入分配制度还未建立；很多地方高校对于教师走出校园、走向市场的理解还十分保守，缺乏灵活的考核评价制度和办法；对于鼓励教师或团队为开展应用型科研服务而实施的成果转化在配套性经费支持的力度还比较有限，教师对科研经费使用的自主权还不够。

地方高校开展应用型科研服务，本质上以创新推动经济社会发展。而创新政府在其中起着举足轻重的作用。因此，除了地方高校主动理顺校内制度外，作为公共政策主导者的政府更应主动作为，完善相关的政策和法律法规，在税收、金融、资金、政策、法律、中介机构培育等方面支持和鼓励地方高校开展应用型科研服务。同时，政府也应发挥其在地区经济发展的主导者的角色，根据地区产业布局，引导地方高校与企业开展长期、深入的合作，鼓励地方高校创办创新型企业，建立地方高校应用型科研服务的稳定模式，推动地区发展。

第五章

从管理到治理：浙江科技学院管理体制的变革

　　高等教育管理体制是关于高等教育事业的机构设置、隶属关系和职责、权益划分的体系和制度的总和，它主要反映高等学校与社会、政府间的关系，其在高等教育系统中处于枢纽地位，是高等教育系统反映和内化社会需求、适应社会需求的中枢①。高等教育管理体制主要包括两个方面：一是行政管理体制；二是学校内部管理体制。行政管理体制主要解决中央与地方关系、条块关系、政府与学校的关系②。学校内部管理体制主要是解决学校内部的领导分工、机构设置、管理权限等问题，它支配了学校教学、科研、人事、财务、后勤等全部管理工作。

　　长期以来，我国在计划经济体制影响下，在高等教育管理体制中不断强化"管理"的重要性。政府与高校是领导与被领导的关系、管理与被管理的逻辑，高校被赋予各种行政级别，是政府下属的"领地"，政府可随时介入和影响高校的各项活动，包括教学科研等学术活动。高校内部也如此，学校党政机关干部和院长是管理者，教师和学生是被管理者，强调科层化的等级制度。这种管理体制"保证大学党政领导对学校运行的控制，而且有助于增强学校不同层次机构之间的紧密联系，加强院系和师生员工对学校的依赖感和归属感。不过，与此同时，它也存在限制院系和基层学术机构自主性、剥夺教师和学生自主权利的弊端"③。同样，政府对高校管理的强化，也限制了高校与市场和社会的信息、能量、资源的交流，弱化了高校的办学活力。

---

① 林艳杰. 提高认识，主动适应高校管理体制改革[J]. 高等教育研究，1998(3)：21-22.
② 王炳照，李国钧，阎国华. 中国教育通史：中华人民共和国卷（下）[M]. 北京：北京师范大学出版社，2013：478.
③ 别敦荣. 高等教育管理与评估[M]. 青岛：中国海洋大学出版社，2009：135.

与管理自上而下的逻辑不同，治理理论作为一种公共管理理论，强调上下互动的逻辑和相关利益主体应遵循平等、共享、协商和责任等价值观念。治理理论引入高等教育领域，有利于丰富高等教育管理的内在元素，完善高等教育管理结构，建立有利于高校作为学术组织特征要求的内外部管理体系。应用型大学是一种以知识应用为使命的高校类型，外部开放性、内部权力适度分离性是其鲜明的组织特征。治理理念引导下的管理体制符合应用型大学的组织特征。

以制度变迁为视角，通过对浙江科技学院内外部管理体制变革历程的梳理，发现浙江科技学院管理体制呈现出"从管理向治理"变革的趋向，契合学校应用型办学的组织使命，推动了学校应用型办学的实践。

第一节　外部管理体制的变革

浙江科技学院作为一所改革开放以后开办的地方性高校，从1980年建校至今，从一所培养专科层次人才的高等专科学校发展成为培养应用型人才的本科院校，经历了办学的初创期、中德合作期和升本后的发展期等三个重要时期。其间，受国家高等教育宏观管理体制改革的影响，以及学校举办者——地方政府在不同时期对学校组织使命和办学目标的不同定位，学校的外部管理体制也发生了较大的变化（见图5-1），整体上体现了从管理向治理变革的趋向。

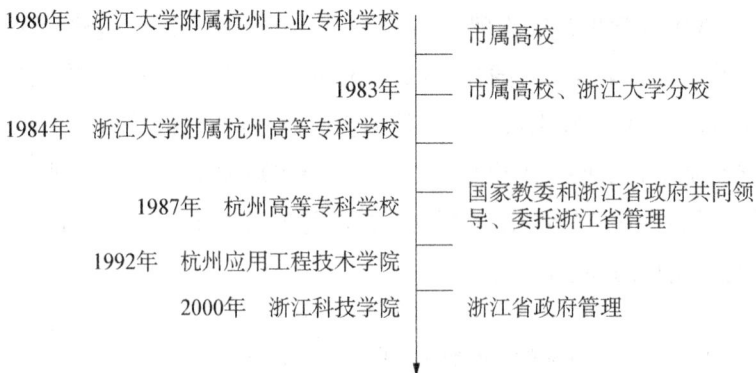

图5-1　浙江科技学院外部管理体制变革时间轴

一、初创期的外部行政管理体制（1980—1984 年）

1977 年，停滞了 10 年之久的国家高考招生制度得以恢复。"统一考试、择优录取"，使我国高层次人才培养进入健康的发展轨道。虽然当时我国社会经济发展对高层次人才的需求量很大，但由于办学条件和办学资源的限制，当年的高考录取率相当低。根据有关统计，1977 年有 573 余万人参加高考，录取 27 万人，录取率仅为 4.7%。为了更好地满足社会经济发展对高层次人才的需求，一些地方在国家教育政策允许的前提下，开展了多种形式的探索。

1980 年 9 月 16 日，为了贯彻中央书记处关于教育工作的指示精神，广开学路，探索多种形式办学，多为国家培养各种急需的专门人才，并适当满足当年部分高考总分较高、未被录取的考生升入大学深造的愿望，浙江省政府决定在完成国家招生计划之外，在杭州市、宁波市试招自费走读生。为此，浙江省政府专门下发《关于我省高等学校试行招收自费走读生的通知》（浙政〔1980〕100 号），明确自费走读生是利用高等学校现有的师资、教室和实验室的潜力，实行两部制办学，当年均办专科，学制三年，要求杭州市和浙江大学合办浙江大学附属杭州工业专科学校，招生 340 名。该通知同时对学校的教育管理体制进行了明确："该校为市属高等学校，由杭州市革委会为主领导，归口市教卫体办公室管理。"同年 10 月 9 日，杭州市革委会下发《关于建立浙江大学附属杭州工业专科学校的通知》（杭革〔1980〕219 号），对这种管理体制进行了再次确认。

为更好地引入老牌高校的办学资源，加快做好学校的筹备工作，尽快实现招生和开学工作，1980 年 10 月 14 日，杭州市革委会和浙江大学签订了《关于合办浙江大学附属杭州工业专科学校的协议》。

1982 年，浙江省人民政府向杭州市人民政府下发《关于继续试办"杭工专"申请报告的批复》（浙政发〔1982〕28 号），同意"杭工专"为一所大专性质的收费走读工业专科学校，是杭州市属学校，之后招生所需经费由杭州市负责，省、市教育部门继续加强对"杭工专"的业务指导。

1983 年 9 月 28 日，为了进一步加强浙江大学对学校办学的支持力度，杭州市与浙江大学签发《杭州市和浙江大学就双方进一步开展协作的晤谈纪要》，对学校办学体制做了适度调整，其中既强调了学校作为浙江大学分校的定位，又明确了浙江大学在学校行政和教学管理方面与杭州市共享领导和管理权。

合作办学原协议继续有效；学校在体制上既是杭州市的工专学校，又是浙大分校；学校党的工作由中共杭州市委领导，行政与教学由浙大和杭州市共同领导。①

满足和适应国家经济社会发展需要是浙江科技学院建校的主要出发点，"多为国家培养各种急需的专门人才"，体现了政府在创办学校时就明确了学校应用型的办学定位。政府对于学校行政管理体制的设定也有力地推动了学校的创办。

初创期的四年间，在由杭州市领导、浙江大学共同管理的外部行政管理体制下，学校顺利实现了初创期所需各项办学资源的集聚。在杭州市领导管理、省市部门进行业务指导的体制下，解决了学校招生资格、办学场地、学校领导层的人员和办学经费等问题；在浙江大学的共同管理的体制下，解决了师资队伍、实验室场地、专业课程建设等问题，使学校在短期内顺利完成了创建、招生和正常教学等工作，并实现了高起点建设的目标。

二、中德合作期的外部行政管理体制（1984—1999 年）

1985 年 3 月 25 日，基于我国与联邦德国有关文化交流和技术合作的协议，德国下萨克森州政府与浙江省政府在北京签订合作协议，决定将杭州高等专科学校作为援建对象，将学校的建设作为省州合作的一个技术合作项目。该项目的目标是，按照下萨克森州高等专科教育的办学经验，把学校建成"具有现代化设备、高水平的、能培养高质量工程技术人员和管理专家的高等专科学校"。同年 11 月，联邦德国技术合作协会高等专科学校项目专家组与浙江省、杭州市举行会谈，提出"把杭州高等专科学校建设成对中华人民共和国具有示范性的高等专科学校"的战略目标。之后，经过中德两国政府的多次商谈，援建学校又上升为我国与联邦德国技术合作的一个项目。

为契合这一办学使命和目标，举办者多次对学校的办学体制做出调整。早在 1984 年 7 月 5 日，为促成浙江省和德国下萨克森州合作办学的需要，经浙江

---

① 杭州市和浙江大学就双方进一步开展协作的晤谈纪要[N].

省人民政府同意,学校更名为"浙江大学附属杭州高等专科学校"。

1987 年 8 月 31 日,为了更好地推动我国与联邦德国这一主要的技术合作项目,"学习吸收联邦德国的经验,同中国实际结合起来,用改革精神办好这所学校,使理论与实践密切结合,培养动手能力较强的应用型技术人才",满足"我国现代化建设的需要",浙江省省长薛驹召开会议,对杭州高等专科学校的领导体制问题进行研究,对学校外部管理体制、内部领导体制、日常管理、外事工作、办学经费、学生实习实践、招生就业、基本建设用地、师资队伍建设、校名更改等问题进行调整和明确。会上特别强调：

> 学校举办方由原先的杭州市调整为由国家教委和浙江省政府,委托浙江省管理；学校的日常管理工作,由杭州市教委管理调整为省教委归口领导、管理；学校外事工作归口省教委管理；办学经费包括基本建设经费和教育事业费,今后均由省筹集和承担；学校校名今后不再用"浙江大学附属"字样,更名为"杭州高等专科学校"。①

早在 1982 年 12 月,中德两国政府就签订了《中华人民共和国政府和德意志联邦共和国技术合作协定》,其中明确由德方向中方无偿提供一定数量的经费。经过教育部领导与德方商谈,德方有意利用这笔经费援助中方建设一所高校。之后经过浙江省、杭州市和浙江大学的共同努力,教育部同意把本校列为受援助的高校,并报对外经济合作部获得批准。1990 年,中国对外经济贸易部与德国经合发展部正式签署中德政府合作建设本校的协议。为更好地推动这一合作项目,同时也是鉴于本校是中德合作培养高等应用型工程专门人才的试点高校,1992 年 4 月,经国家教委批复同意,学校更名为"杭州应用工程技术学院"。

推动中德政府之间科技与文化交流合作协议的落实是国家战略,参与浙江省与下萨克森州的省州文化交流与合作,是浙江科技学院发展的重大机遇。对机遇的把握,从一定程度上也受益于学校作为浙江大学分校的定位；但政府之间的合作讲求对等合作,包括身份的对等。一所杭州市属高校对于省州政府合作来说是不对等的,一所由国家教委领导的高校,哪怕是名义上的领导,才符合中

---

① 杭州高等专科学校领导体制问题讨论纪要(浙政发〔93〕号)[N].

德政府合作项目的要求。为了实现省州合作和中德政府合作项目，政府对学校行政管理体制作了调整，即浙江科技学院从一所市属高校调整为由国家教委和浙江省共同领导、由浙江省实际管理的高校，学校两次更名，社会声誉显著提高。根据国家教委有关资料显示，1988 年 10 月 10 日，时任国家教委副主任何东昌在给联邦德国经济合作部国务秘书西葛弗·朗格的信中提道：

　　1986 年 6 月，我在同贵国科教部长维尔姆斯女士会谈时，曾明确承诺国家教委愿意参与对杭州高等专科学校的领导。这一方面体现了中方的重视态度，另一方面也是旨在保证该项目的顺利实现。当然，国家教委对该项目的领导主要还是体现在对办学方针、教育质量、专业设置、师资队伍、生源保证等工作的支持、指导和监督，以及对经验介绍与推广方面。①

　　无论是省州合作还是中德政府合作，由此带动的学校管理体制的变化，都为学校的应用型人才培养的探索创造了十分良好的环境，带来了很好的政策红利。这种红利不仅体现在对于德国应用技术大学优秀应用型人才培养方案的引入、各种先进实验设备的援助与提供，国外师资的介入、本校师资的国际化培养上，更体现在现行学位制度下人才培养模式与学制的创新。1987 年，浙江省政府就批准同意学校招收职业技术教育师范生，作为一所成立刚 7 年的专科学校，学校开始了本科生培养的历程；1992 年，国家教委同意学校所有专业开始招收学业年限为四年的专科学生，这些学生毕业后享受本科生同等待遇，且招生录取纳入第二批学校范围。这种政策的支持为学校引入德国"两个实践学期"的人才培养模式、提高生源质量提供了良好的制度保障。

三、升本后的外部行政管理体制（2000 年至今）

　　1997 年，党的十五大对优化教育结构提出要求："优化教育结构，加快高等教育管理体制改革步伐，合理配置教育资源，提高教学质量和办学效益。"1998年，《高等教育法》颁布，高等教育管理体制改革进入法治化轨道，高校独立法人

① 关于杭高专办学问题会谈备忘录[N].1991-11-1.

的性质和地位以及高校的办学自主权得到了法律保障。同年，国务院下发《关于调整撤并部门所属学校管理体制的决定》，按照"共建、调整、合作、合并"的方针，对国务院所属部委高校的管理体制进行调整。经过 3 年的努力，国务院各部委原来管理的 367 所高校调整为 100 余所，其中教育部直接管理的有 70 多所，其余以地方管理为主。同一时期，我国高等教育由"精英模式"阶段开始迈入"大众化模式"阶段，在高等教育整体进行大扩招、大升级、大调整后，一大批专科学校升级为本科高校。

到 1999 年 7 月，浙江科技学院作为中德政府合作项目已基本完成。在这一大背景下，2000 年，经浙江省人民政府申请，教育部发文《关于同意杭州应用工程技术学院变更为本科层次普通高校的通知》(教发〔2000〕7 号)。在这份《通知》中，除了对学校办学层次进行变更、正式确认学校为本科层次院校之外，对学校的外部领导体制也作了调整，将学校由教育部和浙江省共同领导、委托浙江省管理的领导体制调整为隶属于浙江省人民政府领导和管理，进一步明确学校作为地方高校的办学定位。

> 杭州应用工程技术学院作为本科层次的普通高校，由你省领导和管理，学校发展所需经费由你省统筹解决。要加大对该校的投入，扩大该校校区面积，积极创造条件，争取尽快达到本科院校的规模要求。该校全日制在校生规模近期目标暂定为 4 000 人，待办学条件有了明显充实和改善后，再进一步扩大办学规模。该校应继续探索培养应用型工程技术人才的路子。该校现有专科结构调整和增设本科专业，应按我部有关规定办理。①

2001 年，教育部《关于同意杭州应用工程技术学院更名为浙江科技学院的通知》(教发函〔2001〕212 号)，批准学校更名为浙江科技学院。该通知未涉及学校行政管理体制，意味着保留原有的管理体制。据此学校由浙江省政府举办、浙江省教育厅主管的体制保留至今。

与之前行政管理体制调整一样，这一阶段学校行政管理体制的重新确立缘

---

① 教育部. 关于同意杭州应用工程技术学院变更为本科层次普通高校的通知(教发〔2000〕7 号)[N].

于国家宏观教育管理体制的变更和国家对于高校扩招、推动高等教育向大众化阶段过渡的战略，教育管理权从中央向地方调整在这一时期实现了重大突破；高等教育向大众化过渡需要更多的本科高校来培养本科层次的人才。受这一大背景的影响，学校的行政管理体制也自然而然地进行了调整，作为一所地方性本科高校的办学定位也至此确立。

这一时期，虽然传统管理模式没有得到根本改变，学校也一直忙于应付本科教学水平评估、重点学科申报与建设、硕士学位点的申报与建设等与其他传统高校类似的事项，但《高等教育法》所明确的高校法人地位、专业课程设置、人才培养、师资队伍建设、对外合作等 7 个方面的自主权开始逐步落实，办学权逐步向高校转移，政府也开始调整对高等学校的管理方式，基于治理的高校管理体制开始构建。

第二节　内部管理体制的变革

组织理论认为，不同组织的目标与使命应该具有不同的内外部管理体系，具有不同的组织特征，体现了不同的价值追求。"一个可以为科研提供最有效支撑的大学组织结构，将完全不同于另一个密切关注本科生教育的组织体系"①。

浙江科技学院自 1982 年中共杭州市委批准建立中共浙江大学附属杭州工业专科学校委员会以来，便开始实行党委领导下的校长负责制并一直执行至今，成为学校内部管理制度的核心制度。但在办学的不同时期，以这一制度为核心，围绕着应用型大学的办学定位，学校在内部管理体制改革方面也作了一些探索，在各个阶段呈现不同的特点。

一、初创期的内部管理体制（1980—1984 年）

20 世纪 80 年代初，实行改革开放方针，但计划经济体制的影响仍然存在。这种影响也深刻地体现在高等教育领域，包括地方政府对地方高校的管理上。此时的地方政府以各种"有形的手"对地方高校进行全面的管理，"大包干"特点

---

① 阎光才. 大学组织的管理特征探析［J］. 高等教育研究，2000(4)：53 - 57.

在地方高校内部管理体制上显露无遗。

分析 1980 年颁布的《关于建立浙江大学附属杭州工业专科学校的通知》(浙政〔1980〕100 号)和《关于合办浙江大学附属杭州工业专科学校的通知》(杭革〔1980〕219 号)两份文件可以发现,作为学校的举办者和管理者,地方政府对学校的招生计划、发展规划、机构设置、人事管理、经费使用管理、设施设备管理等事项均有明确规定,在事实上行使内部管理权。1981 年 9 月,浙江省人民政府向杭州市革委会下发《关于同意继续试办"杭州工专"的批复》(浙政发〔1981〕99 号),同样对学校的规模、专业设置、学制、经费等问题进行了明确。

　　办学规模和规划：今年下半年招收自费走读生二百四十名,今后计划规模为七百人左右。

　　机构设置：为了迅速开展建校工作,目前先成立学校筹备小组,下设办公室、教务处和总务处。

　　办学经费来源：学校经费除向学生收取学杂费和省拨给的补助费以外,其余经费(包括基建经费和事业经费)由市地方财力解决,先拨筹建费十万元。

　　人事管理："有关人事调动,由市人事局、劳动局审批"。

　　办学场地和设施："校舍暂向杭州市莫干山中学借用,作为过渡"。[1]

1984 年 7 月 5 日,浙江省人民政府发文,对学校更名等事项作出批复,同意了学校的更名申请,对学校办学规模、专业设置作了具体的规定。

　　学校规模远期为二千人,"七五"期间争取达到一千五百人；目前设置机械设计与制造、工业企业自动化、化工仪表及自动化、工业与民用建筑、城市道路与桥梁、轻工机械、家用电器、精细(日用)化工、计算机工程、化学工程等十个专业,今后可根据情况作适当调整。[2]

---

① 关于建立浙江大学附属杭州工业专科学校的通知(浙政〔1980〕100 号)[N].
② 关于浙江大学附属杭州工业专科学校更改校名等问题的批复(浙政发〔1984〕177 号)[N].

　　由上可知，一所地方高校的办学，不仅校名的更改权掌握在地方政府手中，必须由学校的举办方来决定，而且学校的在校生规模、专业设置和调整等事项也必须由学校举办者来决定。

　　政府对于学校内部管理权的全面控制同样体现在干部任免权上，包括内设机构负责人的任免权在这一阶段也基本由外部管理者控制。例如1982年，杭州市委任命了赵大中为浙江大学附属杭州工业专科学校党委委员、副校长；学校总务处长、教务处副处长、工会主席、学校办公室主任等则由杭州市教育卫生部任命①。1984年，根据杭州市与浙江大学签订的《杭州市和浙江大学就双方进一步开展协作的晤谈纪要》精神，浙江大学开始更多介入到学校内部管理中。以干部任免权为例，学校主要中层干部开始由浙江大学党委任免。同时，浙江大学还对学校的人事政策提出意见，1984年6月7日，浙江大学印发《关于浙江大学附属杭州高等专科学校人员编制等问题的几点意见》，就人员编制、工资福利、就医、图书借阅、住房等予以明确。

　　　　任命吴雅春为党委组织部部长、余惠芳为人事处处长、任谦益为教务处处长、范华民和王若民委生产设备处副处长、施光华为总务处副处长、张浦生为电机系主任、张雪琴为化工系主任、徐振华为机械系主任。正职享受副处级待遇，副职享受正科级待遇。②

　　对学校规划的审批权是政府加强对学校内部管理的另一种体现。1983年3月17日，杭州市人民政府下发《关于浙江大学附属杭州工业专科学校人员编制总数的批复》（杭政发〔1983〕32号），其中明确：按教职工与学生之比暂定为1∶5，教师与学生之比暂定为1∶10配备，根据学校当时规模暂定为130人（1983年定为80人），1985年以后视学校发展规模再定。同年，杭州市人民政府下发《关于"杭工专"总体规划的批复》（杭政发〔1983〕41号），同意学校学生规模

---

① 1982年5月10日，中共杭州市委教育卫生部发文任命郑再荣为总务处长、邢志伟为教务处副处长（教卫干〔1982〕17号）。同年7月9日，任命郑再荣为工会主席（〔1982〕23号）。1983年，任命王柏权为学校办公室主任（〔1983〕6号）。

② 关于浙江大学附属杭州高等专科学校中层干部任职的通知（浙江大学党委〔1984〕48号）[N].

近期为1 000名,远期为2 000名,设机械、化工、电机、土木和管理5个系;学校校址定在教三路和文三路的交会处,规划用地总面积85亩,第一期征地21亩,学校建筑面积第一期工程7 000平方米,用作建造教室和实验楼等。

地方政府对于学校内部管理权的"全面控制"和地方高校对自身管理权的"全面失守"既是当时我国教育管理体制宏观背景下的必然选择,也是学校办学初期特定的需要。在这种内部管理模式下,可以充分发挥社会主义办大学的优越性,为学校的快速建立和走上正轨在短时间内输入大量的资源。

二、中德合作期的内部管理体制(1984—1999年)

1984年起,浙江科技学院开始了长达16年的"中德时间",以中德政府合作项目、省州合作项目的身份,引进和吸收德国应用技术大学的办学经验,结合我国国情,进行应用型人才培养的探索,建设全国具有示范性的高等专科学校成为学校的办学使命。在这一时期,围绕着这一办学使命,学校在内部管理体制方面也进行了探索性的改革,其中具有鲜明特点的是建立了校务委员会制度。与此同时,随着高校办学自主权逐步扩大,学校党委领导下的校长负责制和教职工代表大会等制度在这一时期得到强化。

(一) 校务委员会制度的建立与变革

自1984年起,根据教育部关于高等学校设立校务委员会的有关要求和学校办学的需要,浙江科技学院在省市政府的支持下,先后成立了三届校务委员会,为学校的建设和发展发挥了重要作用(见表5-1)。浙江科技学院校务委员会不仅在职能定位上有较为鲜明的特点,在不同时期,校务委员会也有不同的定位(见表5-2)。

表5-1　浙江科技学院校务委员会人员构成一览表

届期	成立依据	人员构成
第一届校务委员会(1984—1987年)	浙政发(1984)62号	主任:钟伯熙(杭州市委副书记、代市长) 副主任:吕维雪(浙江大学副校长)、杨招棣(杭州市委副书记、市文教委主任)、缪进鸿(浙江省教育厅副厅长)、教育部高教二司1人(暂缺) 委员:张守义(浙江大学附属杭州工业专科学校党委书记、校长)、金永昕(浙江大学教务处长)、徐浦帧(杭州市经委主任)

（续表）

届期	成立依据	人　员　构　成
第二届校务委员会（1987—1994 年）	浙政发（1987）88 号	主任：王启东 副主任：缪进鸿、龙正中、路甬祥、许运鸿 委员：陈端、薛继良、黄汉平、张佩廉、张守义
第三届校务委员会（1994—1999 年）	浙教高（1994）517 号	主任：王启东 副主任：龙正中、郑继伟、徐兆骥、黄达人 委员：王大安、王骥程、张秀森、张佩廉、张祖燮、竺树声、赵善昌、唐华珩

表5-2　浙江科技学院校务委员会议事情况一览表

届期	时间	主要议事内容
第一届校务委员会（1984—1987 年）	1984 年 5 月	会议传达了省、市和浙大领导关于学校领导体制问题的意见，就校名、机构设置、学校编制、干部任命、教师来源、教职工工资福利待遇和住房、专业设置及招生计划等作出决定
第二届校务委员会（1987—1994 年）	1987 年 10 月	会议就浙江省政府 10 月 14 日下发的《纪要》进行了讨论
	1987 年 12 月	邀请省市有关部门领导参加。重点讨论对德方"评估报告"的回复意见
	1990 年 10 月	学校举行 10 周年校庆活动，上午举行校务委员会
	1991 年 4 月	校务委员会召开会议，德国驻校专家组长列席会议，与校务委员会共同研究办学事宜
	1992 年 1 月	校务委员会会议召开，听取校长王骥程有关工作汇报
第三届校务委员会（1994—1999 年）	1995 年 1 月	听取学校领导的情况汇报并就学校的改革和发展进行研究
	1996 年 12 月	听取校长关于 1995—1996 年学校工作的汇报。会议肯定了学校两年来的工作成绩，并就学校如何定位、改革、发展进行了讨论，重点对如何解决学士学位授予、征地等工作进行了研究

　　从人员构成来看，浙江科技学院的校务委员会不同于教育部 1984 年下发的《关于高等学校试行设立校务委员会的通知》中的要求，"应对教育工作有见解，在学术上造诣较深的学者或富有经验的老教育工作者为主体，适当增加在教学、科研和管理等方面作出贡献的优秀中青年代表"，而由政府、主管部门和学校等单位的负责人或代表组成。这种人员构成模式类似于当前我国高校正在推行的

理事会或董事会制度。

从校务委员会的定位和职能发挥情况来看。第一届校务委员会虽然未对自身职责进行明确,但从其运作和所议事项分析,此时的校务委员会在学校的校名、机构设置、人事编制、专业设置、招生计划和教师福利等事项具有较大的决定权。这种职能的定位与1984年教育部有关"高校校务委员会是学校的咨询机构,在校长领导下开展工作,并可以受校长委托,代表学校进行某些活动"的定位有明显的不同。

> 会议传达了省、市和浙大领导关于学校领导体制问题的意见,就校名、机构设置、学校编制、干部任命、教师来源、教职工工资福利待遇和住房、专业设置及招生计划等作出决定。校长张守义汇报访问联邦德国的有关情况。根据会议决定,学校机构设置为:行政系统设校长办公室、教务处、总务处、生产设备处、人事处,学校直属单位有图书馆(含电教中心)、中心实验室(含计算机中心)、校办工厂等;党委系统设党委办公室、组织部、宣传部、团委;教学业务系统设系、基础部、教研室。①

第二届校务委员会成立后,省政府此次对校务委员会的职权进行了明确,较之前拥有对学校内部管理各类事项的"决定权"不同,第二届校务委员会的职责定位在对学校宏观政策的指导和研究,以及协调组织各方力量支持学校办学。第三届校务委员会在职能上延续第二届的定位。

> 成立校务委员会,请国家教委和浙江省政府、杭州市政府、浙江大学、杭高专分别派人组成。主任请省人大常委会副主任王启东教授担任。其任务是协调、组织各方面的力量办好学校;研究指导学校的大政方针,如发展规划、办学方针、改革措施等。日常办学工作由学校领导班子负责。②

---

① 浙江大学附属杭州工业专科学校校务委员会第一次会议纪要[N].1984-05-19.
② 杭州高等专科学校领导体制问题讨论纪要(浙政发〔1987〕93号)[N].

（二）内部管理制度体系的初步建立

这一时期，随着学校办学进入正轨，各项制度开始建立并发挥作用，学校开始探索建立一种有利于充分调动校内各种力量的积极性建设示范性高等专科学校的多元化内部治理体系。

（1）德方专家组与校方的周例会制度：学术权力彰显的初探。1990 年，中国对外经济贸易部与德国经合发展部正式签署中德政府合作建设本校的协议，学校成为中德合作培养高等应用型工程专门人才的试点高校。1991 年中德政府合作协议开始执行，当年 2 月 21 日，中德项目委员会德国驻校专家组进驻学校，并开始参与学校的办学。参与形式包括：列席校务委员会，与校务委员会共同研究学校办学宏观事项；与学校正副校长建立周例会制度，就如何办学学校、协调促进项目发展交流意见和看法；对项目实施工作进行监督、检查，并提交评估报告等。到 1999 年 2 月，中德政府合作建设杭州高等专科学校项目进行了 3 期，持续了 9 年。这一例会制度的建立为项目的顺利推行提供了良好的沟通渠道和制度保障。

（2）教代会制度：民主管理的初探。在高校，教职工代表大会制度是教职工行使民主权利、民主管理学校的重要形式。1992 年，学校召开首届教职工代表大会，审议了《杭州高等专科学校 1991—2000 年发展规划纲要（讨论稿）》《杭高专教职工家属宿舍分配办法（修改稿）》。之后，学校的教职工代表大学逐步建立，教代会所议事项也不断丰富。除了听取校长工作报告之外，从学校发展规划、改革方案、教职工队伍建设等重大问题到涉及教职工利益的福利分配方案，教代会也行使了建议权和审议权，对于调动教职员工参与学校办学的积极性发挥重要作用。

我国高校实行党委领导下的校长负责制，党委在学校各项建设中发挥领导核心作用。党的建设关乎学校的建设与发展，加强党的建设能有效促进学校的发展。党的代表大会或者党员大会是高校党建的重要内容，具有听取和审查校党委报告、对党委重大事项进行讨论并做出决议的权力。浙江科技学院在 1993 年和 1999 年分别召开党员大会，对党委的重大事项进行了审议，选举了新一届党委和纪委委员。

三、升本后的内部管理体制（2000 年至今）

2000 年后，浙江科技学院顺利完成了从专科学校向普通本科高校的升格，实现了学校的更名，以良好的成绩接受了教育部本科教学水平评估，人才培养水平从四年制专科提升到应用型本科和硕士研究生。围绕这些阶段性办学使命的变化，学校的内部管理体制也出现了新的变化，从"管理"进一步向"治理"变革，构建了从外部获取资源的制度基础，具体体现在内部机构设置的扩张和完善、校院两级管理体系的建设、以《大学章程》为标志的制度体系建立与完善三个方面。

（一）组织的扩张：内部治理的基础

根据新制度主义相关理论，组织变革不仅仅是技术需要的产物，而且是制度环境的产物[①]。内部机构设置是高校内部管理制度的重要一环，受到高校办学历史、办学定位特别是办学使命、外部环境的影响和制约。在同一制度环境下，高校的内部结构、行为和技术等往往会呈现出同构化的特点。浙江科技学院在2000 年以后的办学过程中，内部机构设置被逐渐同构化。

浙江科技学院在成立之初，受计划经济体制和高度集权的管理体制影响，学校内部机构设置，无论是党政管理机构还是教学科研单位，都由政府决定。同时，鉴于办学之初，各种教学资源较为匮乏，招生人数十分有限，每年仅百余人规模，学校内部机构设置十分精简，1980 年党政管理部门（含直属单位）只有 5 个，教学科研单位 4 个；1984 年，党政管理部门（含直属单位）增加到 12 个，但教学科研单位仍为 4 个，学校内部管理部门分工更为细化，一些职能如设备管理、向世界银行贷款、干部管理和党的建设、思想政治教育等予以凸显。

进入中德合作时期后，学校党政管理部门（含直属单位）在 1987 年增加了科技咨询部和基建处，在 1993 年增设了外事处和经济技术公司，突出了学校在应用型科学研究和科技成果转化、校区基本建设和对外合作交流等方面的职能。学校教学科研单位在 1987 年增设了职业技术教育系、马列主义教研室和基础部，在 1993 年增设了服装艺术系和思想政治教研室，这一方面是契合我国高等院校是培养社会主义建设者和接班人重要阵地这一政治属性的需要，另一方面也是学校拓宽人才培养门类的结果。

---

① 胡建华，王建华，王全林，等. 大学制度改革论[M]. 南京：南京师范大学出版社，2006：63.

　　1998 年《高等教育法》颁布，从法律上明确了高校具有"根据实际需要和精简、效能的原则，自主确定教学、科学研究、行政职能部门等内部组织机构的设置和人员配备"的权力。2000 年后，我国经济社会发展对多元化人才的需求进入井喷阶段，我国高等教育进行了大扩招，高校整体招生人数迅猛增加。浙江科技学院也从高等专科学校升格为普通本科高校，内部机构设置也进行了扩张，机构数量迅速增加。

　　2000 年，学校进行了机构改革，进一步理顺了学院与系之间的关系，剥离了不具有管理职能而具有服务经营职能的部门，机关管理部门从 19 个压缩为 13 个，压缩了机关编制。其中，产业后勤管理处、后勤服务公司和教育发展公司等部门的设立体现了高等教育市场化改革特别是高校后勤市场化改革的成果，校人才交流中心是高校人事制度改革的结果，科技处的设立表明学校对科学研究这一职能发挥的重视，计财处的设立则是学校规模扩张、办学资源急剧增加后抓好内部财务管理的必然要求。与此同时，学校的教学科研单位增加到 11 个，学校本科层次的人才培养种类进一步丰富，人才培养总数也迅速增加，其中作为独立学院性质"科技学院"的建立是学校面向社会、与企业合作办学的探索，这一学院的建立也有力地助推了学校规模的扩张。

　　2005 年以后，学校内部机构的设置进入了相对稳定的时期，分析从 2005 年和 2013 年的机构设置情况，可以了解到这一时期无论是机构总数还是机构名称都保持了基本稳定。其中较为突出的亮点在 2005 年，学校设置了招生办公室，与生处合署办公，体现了学校大规模扩招背景下，对于寻找优质生源和对规范招生管理的自觉和自律；中德科技促进中心的设置则体现了学校作为中德合作办学项目高校，希望发挥自身优势，搭建以科技服务区域中中小企业平台的办学思路。同年设立的经济管理学院和外语学院则使学校由单一的理工科学院向理学、工学、艺术学、管理学、经济学、文学等学科延伸，人才培养更为多元化。2013 年机构设置的最大亮点是留学生管理中心和人文与国际教育学院的设立，加强对留学生的培养和管理，体现了学校对于"国际化"办学定位在组织结构层面上的进一步深化。

（二）校院两级管理体制：院系分治的实践

　　校院两级管理体制是指高校将管理重心由学校转向二级学院，将二级学院作为办学实体进行运作。校院两级管理体制是当前我国高校基于院系分治的基本组织管理架构,也是我国高校特别是地方高校深化内部管理体制改革的重要目标之一。

实行校院两级管理体制,是地方高校建立现代大学制度的内在需要。现代大学制度要求高校校级管理层面从事无巨细的集权式管理转向以抓战略规划、协调、评估与监督以及服务等的分权式管理,将人才培养、科学研究和社会服务等学术权力和办学权力下放给二级学院,使二级学院成为办学实体。实行院校两级管理体制,有利于充分调动二级学院和广大教师的办学积极性。在院校两级管理体制下,二级学院拥有了更大的人事权、财务权和资产使用权,同时按照职权对等的原则,二级学院对于推动自身发展也有了更大的责任,既有了发展的动力,也有了发展的压力。二级学院可以根据自身的发展要求和学校交给学院的发展责任,充分运用自身掌握的人财物等权力,将这些资源运用到人才培养、科学研究、师资队伍建设、实验室建设等,从而促进学科发展。

1998 年后,地方高校普遍实行了扩招,在校生人数迅速增加,各系规模迅速扩大,基于新专业的新系不断建立,地方高校内部机构迅速膨胀,原有的校级高度集权的管理体制已不能很好适应高校内部管理的要求,“小马拉大车”的弊端显露无遗;同时,一些新兴学科的培育和建立也需要各学科间进行交叉。在此背景下,一些地方高校进行了系改院调整,或者多系合并成院,同时通过将一些人权、事权、财权等下放给二级学院,逐步建立了校院两级管理体制。

浙江科技学院 2000 年升格为普通本科高校后,就开始了推进二级管理的实践。2000 年,学校出台了《杭州工程技术学院校内体制改革实施方案》,界定了校与系的职能:

> 校内体制改革的一个重要内容是实行校系两级管理。学校以目标管理为主:校级侧重于宏观决策、监督、指导与服务;系级(学院、系、部、中心等教学单位)为相对独立的办学实体,负责组织实施教学、科研和社会服务。①

2001 年学校更名后,办学规模也得到迅速扩张。到 2005 年 4 月,学校进行

① 杭州工程技术学院校内体制改革实施方案[N].2000.

了新一轮机构改革，整合学科、专业、课群，组建了二级学院（部），与此同时调整了党政管理部门和直属单位，初步构建了校院两级的内部管理体制。学校在同年7月印发《校二级学院管理办法（试行）》，为校院两级管理体制的实施提供了制度保障。在这一文件中，学校明确提出实行校、院两级管理体制，依法实施民主管理；学院的基本职能是组织实施教育教学、科学研究和社会服务，具有依据高效、精简的原则设置必要的内部机构，全面负责本院教学、科研、国际合作和师生员工思想政治教育以及综合治理工作等12项权力和职责，明确了学院的领导体制和学院党政联席会议、党总支、院长、学术委员会、教职工代表大会等机构的职责和权限。对二级学院的管理运行和体制机制等进行了较为系统和全面的阐释，使二级学院的自主办学能力和办学积极性得到了显著提高。

> 这次系改院不是简单的翻牌，它是学校建设中的一次重大变革。按事权相一致的原则，赋予二级学院一定的管理职能和权限，以充分调动二级学院的办学积极性、主动性和创造性，建立二级学院自我发展、自我管理、自我约束的办学机制。[1]

（三）大学章程：治理导向的内部管理体制制度化

现代大学制度是高等教育制度建设的方向，它强调大学制度在提升治理能力，促进大学发展的重要作用。作为现代大学制度的核心，大学章程是高等学校依法自主办学、实施管理和履行公共职能的基本准则，它的基本价值导向是实现多主体对大学的共同治理。

大学章程大多是根据国家法律、政府法规，按照一定的程序，以条文形式对大学设立及运行的重大事项及行为准则作出基本规定，进而形成的规范性文件。大学章程规定了大学的组织及运转程序，是大学治理的基础和准则[2]。我国《高等教育法》规定，申请设立高等学校的，应当向审批机关递交包括《章程》在内的材料，高等学校的章程应当规定内部管理体制在内的十大事项。但一直以来，无论是作为办学主体的高等学校，还是作为高等学校举办者的政府，对大学章程的

---

① 杜卫.在学校双代会上的工作报告[M]//浙江科技学院年鉴.2005：40.
② 张国有.大学章程[M].北京：北京大学出版社，2011：1.

制定和实施很少过问。直到 2006 年《吉林大学章程》颁布，开启了我国高等学校建设现代大学制度、依《章程》办学的序幕。之后，包括一些地方高校在内的大学陆续颁布了章程。

2009 年 3 月，经过多轮讨论和研究，浙江科技学院印发《浙江科技学院章程》，其中在内部管理体制方面对党委、纪委、校长、学术委员会、学位评定委员会和教职工代表大会的职权以及二级学院的主要职能等进行了明确。2009 版章程是浙江科技学院根据《高等教育法》的要求对章程建设进行的有益探索，其中对各类党政机构和学术机构的职能予以明确，较好地回答了这些机构"议什么"的问题，为学校内部相关主体共同参与学校办学提供了基本的依据。

2016 年，根据《中华人民共和国高等教育法》和教育部的《高等学校章程制定暂行办法》等规定，浙江科技学院对章程作了进一步修订和完善，经过学校教职工代表大会审议、党委会审定，报省教育厅核准后，向社会公布了新版的《浙江科技学院章程》。2016 版的《浙江科技学院章程》对学校内部管理体制的议事机构进行了进一步的细化。较 2009 版，在党务系统增加了党代会、党委书记和党委会的内容，细化了各自的职权和议事的基本原则；在行政系统增加了校长办公会的内容，细化了其中的人员构成和议事规则等；在学术系统增加了学术委员会的内容，细化了职责、人员构成和议事规则以及内部机构设置等，细化了学位评定委员会的职责；在民主管理方面，增加了工会、共青团和学生代表大会等的权力，增强了校内群众组织的民主管理权和监督权。在基层学术组织方面，2016 版章程作了较大限度的完善，其中对院长职责、学院党组织职责、学院决策机构及其议事内容、规则及学院学术委员会的构成和定位等进行了细化和明确。因此，从两版章程的比较来看，2016 版章程对"议什么"作了具体化，对"谁来议""怎么议"两个重要事项进行了进一步的明确。

从 2016 版章程的文本表现形式来看，是章程内容的具体化，实质是对内部管理规则的进一步规范化、制度化。各种权力主体的职责都得到了体现，各类组织的人员组成、议事规则也得到了明确。其中，对于党委和党委会议事规则的明确，使学校的决策机构的决策程序进一步规范和透明，党委书记职责的明确有利于妥善处理党委书记与校长之间的关系；对校长办公会议事规则和参加人员的明确，使学校行政事务议事机构和程序的透明化、规范化；对于学术委员会、学位评定委员会职责的具体细化，是对"教授治学"权力的强化。较为重要的是，对基层组织各种权力主体的职责、议事规则、决策机构的明晰,则既有利于基层组织的规范化管理和运行,也有利于校院两级管理办学体制的落实,激发基层学术组织的办学积极性。

第三节　审视与反思

任何组织管理体系的建立与变革都是与组织目标相适应的。"组织目标是一个社会组织存在和发展的基础,它为宗旨的发展指出了方向,是判断组织活动合法性的依据,起着团结和激励组织成员努力奋斗的作用,是衡量组织效果与效率的准则"。[①] 应用型大学以知识的应用为使命,是一种错位于研究型大学和高职高专的另一种类型高校。审视浙江科技学院 38 年来管理体制从管理向治理的变迁过程(见图 5-2),反思我国当前地方应用型大学建设的管理体制,可以得出以下三个方面的经验:

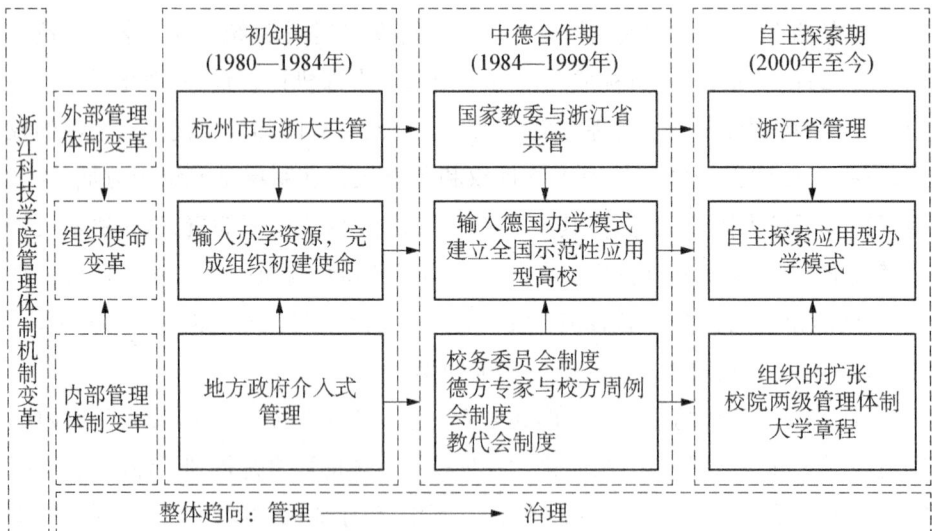

图 5-2　浙江科技学院管理体制机制变革图

① 程勉中. 现代大学管理机制[M]. 北京：人民出版社,2006：13.

一、应用型大学外部管理体制的关键：自主办学与分类管理

高等教育的多元化发展是政府和社会不断呼吁和一直期待的发展模式，加强应用型大学建设，有利于推进高等教育的多元化发展，满足经济社会发展对于多元化人才的需求。但当前无论是教育部还是地方政府，对于高等教育管理，仍普遍采用一元化的管理模式，显得简单粗暴。而鉴于这种管理模式的学科导向和学术导向性，更使各种层次的地方高校都将办学目标导向"高大上"的研究型大学或教学研究型大学，在制度上产生了同构效应，不利于应用型大学的生存与发展。

从诱制性变迁的视角发出，完善应用型大学的外部管理体制、建立高等学校的分类管理体系、落实高校的办学自主权，应是引导地方高校向应用型转型各项政策的关键。相较于落实研究型大学的自主办学权主要是为了使大学更符合学术规律进行办学不同，落实应用型大学的办学自主权是为了使这类大学更好地适应行业、产业和市场需求进行人才培养、科学研究和社会服务。浙江科技学院在30余年来特别是2000年以后，围绕应用型办学定位不断完善学科专业布局、不断扩大人才培养规模、不断丰富科学研究和社会服务内容，得益高校办学自主权的提出和初步落实。

而分类管理则既是对落实办学自主权的一种保障，也有利于推动应用型大学的发展。没有基于分类管理理念对不同类型高校的分类设置、分类管理、分类评价、分类拨款和奖励等举措，即使落实了办学自主权，也不可能实现高等教育的多元化发展，达到千校千面的目的。只有建立并有效实施了高等教育的分类管理体系，加之办学自主权的有效落实，应用型大学才能获得作为一种高等教育类型所应有的地位、资源和空间，才能为社会发展创造出真正的价值。在缺乏分类管理的外部制度体系下，浙江科技学院长期坚持建设应用型大学，培养应用型人才，在地方高校激烈竞争中艰难地生存与发展，非常难能可贵。

二、应用型大学内部治理的主体：多元共治

长期以来，奉行公共规则的行政权力与奉行学术规则的学术权力的共同治理被视为高等学校内部治理的理想类型，而在当前，以行业、企业为代表的市场权力正逐渐成为高校内部治理的一股新的力量。这股新的力量正与以教授为代

表的学术权力、以校长为代表的行政权力共同构建高校特别是应用型大学内部的多元共治体系。行业与企业不仅积极参与应用型大学的人才培养、专业设置等教学事务,同时也对科学研究和对外合作等发挥积极的作用。同样,在应用型大学的基层学术组织治理层面,传统的以学术为中心的学科逻辑似乎也显得不合时宜,以问题导向的应用逻辑正成为主流思想,因此应用型大学的基层学术组织同样需要形成多元共治。

在政策方面,2015 年 10 月,由三部委下发的《引导部分地方普通本科高校向应用型转变的指导意见》也为多元共治提供了方向:"转型高校可以与行业、企业实行共同组建教育集团,也可以与行业企业、产业集聚区共建共管二级学院。建立有地方、行业和用人单位参与的校、院理事会(董事会)制度、专业指导委员会制度,成员中来自地方政府、行业、企业和社区的比例不低于 50％。"这一制度设计和要求符合应用型大学以知识应用为使命的开放性组织特征,有利于大学建立与外部社会的广泛联系,获取信息与资源,并输出"适销对路"的产品。

对照这一治理模型,浙江科技学院在近 40 年应用型大学办学过程中,特别是在 2000 年升格为一所地方普通本科高校后,在这方面的探索和实践显得较为有限,应成为下一阶段提升应用型大学治理能力和办学水平的重要突破口。

三、应用型大学行政管理：专业化的行政团队

随着高等教育的发展,现代大学早已是有别于大学产生之初作为单纯学术组织的另一种存在。它是一个具有多重层级、多个学科组织与外部社会存在广泛联系的庞大而复杂的体系,科层治理加上国家法律法规以及大学章程的授权,使得以校长为代表的行政权力具有双重合法性。

对于应用型大学而言,为了保障应用型大学这样一个复杂体系的有效运行,必须要求行政权力聚焦使命,建立一种"具有市场导向、创业思维、扁平结构、使命聚焦、精干高效、协同开放特征的'类企业化'管理模式"[1]。在这种管理模式下,行政团队从校部机关伸展到各二级学院再到各系和研究所,深入学校内部组织体系的各个层级,但同时又是精干、务实和高效的;它有良好的服务特质和战

---

[1] 刘向兵,姚荣.应用型大学内部治理结构变革的法理依据与模型建构[J].中国高教研究,2016(6)：56 - 59.

略导向，能与学术权力所形成的学术体系有良好的互动，又有较为敏锐的"市场嗅觉"和"能在市场中游泳"的能力，能与行业、企业、地方政府以及社会建立良好的制度性互动关系。

浙江科技学院近40年来不断扩张的党政管理机构，一方面较好地满足了学校内部学科专业和二级学院不断发展的现实需求，因为生产性组织的扩张必然要求服务性组织给予相应的保障；但另一方面，作为应用型大学的行政管理组织没有体现大学以知识应用为使命的要求，存在与传统高校雷同的弊端，"类企业化"导向不够凸显。

第六章

从强制性到诱致性：国际化对浙江科技学院应用型办学的推动

国际大学协会认为,高等教育国际化是与国际化紧密相关的一个过程,是教育随着知识与人才的流动而发生的演进和革新①。从高等教育发展的历史维度来看,国际化首先是高等教育与生俱来的特质。早在中世纪的欧洲,各地教师和学生汇聚在一起,形成一个以追求"高深学问"为宗旨、具有行会自治性质的组织机构,这便是大学。国际化是大学在诞生之初就有的"DNA"。之后无论是主权国家、民族国家的形成,还是工业革命的爆发,高等教育国际化虽然受到一定的阻碍,但其发展的趋势却一直在延续,特别是在自然科学研究和技术开发等更具普适性的领域,国际化更是在一次次经济、科技与文化的大变革中得到深化。当前,受经济全球化的影响和信息技术革命的推动,国际化更是成了高等教育领域一道特别靓丽的风景。"在一个世界共同体内由交流与合作所得到的好处,对于所有国家来说,都是同样有利的"②,而这种交流与合作也推动了世界各国各种类型高等教育国际化程度的不断提升。

高等教育国际化是高等教育发展的重要战略,对于不同类型的高等教育而言,高等教育国际化还具有不同的价值和意义。不同于研究型大学的教育国际化是为了培养具备人类共同道德与素养,通晓国内国际"游戏"规则,在国内国际上均具有较强竞争力的人才的目标,应用型大学的教育国际化具有特殊的价值:

① International Association of Universities ［EB/OL］. http://www. iau-aiu. net/sites/all/files/Affirming_Academic_Values_in_Internationalization_of_Higher_Education. pdf.
② 联合国教科文组织国际教育发展委员会. 学会生存——教育世界的今天和明天[M]. 北京：教育科学出版社,1996：279.

一是用国际通用的标准来培养具备国际视野、高素质应用型人才,既服务区域经济社会发展,也能服务区域行业企业参与国际竞争;二是在传承优秀办学传统的基础上,通过不断瞄准新兴产业,应用型大学可以实现教育资金、企业人才、教育服务、技术知识和行业信息等教育资源配置和教育要素在世界范围内的有效流动,使自身的办学理念、办学模式、办学主体、管理制度乃至办学资源等要素通过与国外高校的交融与碰撞,实现在内涵建设上赶超先进大学、提升办学声誉的有效途径;三是对于众多办学经费捉襟见肘的应用型大学而言,教育国际化是补充其办学经费的有效途径。

　　浙江科技学院作为我国一所 20 世纪 80 年代新成立的地方高校,受国内外多种因素的影响,较早开启了国际化办学的历程,先后经历了 20 世纪八九十年代以"强制性实施"为主要特点,"借鉴德国应用科技大学经验,建设示范型应用科技大学"为定位的全面学习德国阶段;2000 后以"面向世界,建设开放式应用型大学"为定位的转型阶段;2010 年后以"诱致性实施"为主要特点,"应用型办学水平提升重要战略工具"为定位的新阶段。通过近 40 年的探索,国际化不仅成为浙江科技学院办学的显著特点,而且成为学校突破外部制度瓶颈,培养高素质应用型人才、强化应用型科研、提升应用型办学水平和社会影响力的重要途径。

第一节　全面学习德国：
国际化办学的"强制性"实施阶段（1980—1999 年）

　　"强制性制度变迁由政府命令和法律引入和实行"[①],浙江科技学院在成立后的近 20 年间,受政府主管部门的外部力量"强制性"推动,以项目化的形式,包括申请世行电大短期贷款项目、浙江省与德国下萨克森州文化合作项目、中国和联邦德国政府技术合作协定项目等,进行了办学资金来源国际化和全面学习德国应用型人才培养的探索。

---

① ［美］R. 科斯,A. 阿尔钦,D. 诺斯. 财产权利与制度变迁[M]. 刘守英,译. 上海：上海人民出版社,1991：384.

一、世行贷款——应用型办学起步的重要经费来源

举办高等教育是一项需要耗费大量公共财政的事业。一方面，高等教育的建设能通过培养高层次人才，实现社会人力资本的增长而推动经济社会的发展；但另一方面，对于高等教育的过度投入也会造成因对其他社会领域的投资缺乏而阻碍经济社会的发展。学校成立之初，作为学校主办者的杭州市对学校的创办和建设给予了大力支持，但由于时值改革开放初期，全市各项工作百废待兴，市财政整体紧张，对学校的投入也显得捉襟见肘。1981年，学校创建的第二年，就因办学经费的问题而没有进行招生，学校的办学场地建设等也一度处于停滞状态。

高校办学资金来源的多元化是解决资金紧张的有效途径，而高等教育的国际化则是推动高校办学资金来源多元化的重要手段。在国际上，一些富有影响力国际性组织，如联合国教科文组织（UNESCO）、世界经济合作与发展组织（OECD）、世界银行、国际劳工组织（ILO）等通过各自的渠道和方式，包括以项目形式为成员国所在高校提供资金援助、人员支持等，提高这些国家高等教育的办学质量，同时也积极促进国家之间在教育领域进行广泛沟通与交流，推动各国的教育变革。

1982年，为了缓解学校办学资金紧张，学校在浙江省教育厅和浙江大学的支持下，组成世界银行贷款项目组，向世界银行申请其在我国推行的电大短期贷款项目。该项目由世界银行专家组在全国选择若干所短期职业大学进行试点，以便取得经验进行推广。这些高校基本由地方政府特别是我国的大中城市主办，承担着为地方培养急需应用型人才的任务，学校学制以短期学制为主（1—3年制），人才培养以职业性、应用性为特点，实行收费走读形式，毕业后不包分配，由学校择优推荐给用人单位录用。浙江科技学院当时的名称为"浙江大学附属杭州工业专科学校"，在学制上、办学和人才培养定位上都符合该项目性质。为了配合该项目申请需要，学校在1983年另挂"杭州工业专业学校"校牌。

1983年，由法国建筑专家罗杰·奥杰姆和6名中国专家组成的世界银行贷款考察小组考察后，学校被国家教委列为世界银行贷款项目资助单位，从1983年10月开始执行，到1989年结束，贷款总额为130万美元，贷款的偿还期为30年；杭州市给予项目配套经费475万元人民币，同时承担还款付息的责任。世界

银行贷款项目是学校国际化办学的首次尝试，也给学校带来的多方面的积极影响：

一是缓解了学校办学资金紧张的局面，改善了办学条件。根据项目要求，学校利用贷款购置了从美国、日本等国进口的教学设备 230 台/件，订购价值 10 万美元的图书资料。这些教学实验设备于 1986 年基本安装到位，初步改变了学校无教学实验设备的状况。加上杭州市的配套经费，学校的办学条件得到了较大的改善。

二是萌发了国际化管理的理念。世界银行贷款项目为学校带来除购置图书和设施设备的资金之外，还带来了国际化的管理理念。在项目执行期间，学校与世界银行这一国际性组织机构的交流得到了加强，世界银行贷款评估团团长法纳、世界银行专家组组长罗杰·奥杰姆、世界银行检查组大卫·霍克里奇等专家几乎每年都来校检查，接受咨询，指导贷款工作。为了合乎项目执行的要求，学校在设施设备管理和使用、图书资料的购买等方面进行了高标准的建设。在这一过程中，也使学校的内部管理得到了加强，按国际规则办事成为一种新的理念在学校萌芽。

三是促进了师资队伍的国际化。在这项目执行过程中，学校还利用贷款项目选派了 6 名教师出国进修、20 多人次到国内短期进修，邀请了世界银行贷款专家勃洛歇教授（德籍）等来校工作，从而促进了学校师资队伍的国际化，提升了师资队伍的整体实力。

二、省州合作项目——学习德国应用科技大学的初步实践

浙江科技学院在争取世界银行贷款项目中的突出表现，为学校在教育部和浙江省赢得了良好的声誉，也带来了更多的国际合作机遇。

20 世纪 70 年代起，德国在完成其经济复苏和起飞之后，加强了文化和教育的输出，这种输出，也正好迎合了改革开放初期中国在社会经济发展方面的需要。1979 年 10 月，中德两国政府签订了文化协议；1982 年，教育部领导张文松、何东昌率团访问德国，与联邦德国科教部签订了系列协议，其中德方同意援建一所高等专科学校。次年，教育部下发《关于与联邦德国下萨克森州合作援建一所高等专科学校事》（教外际字〔1348〕号），明确同意由浙江科技学院为受援高校。1983 年 3 月，德国下萨克森州代表团与浙江省教育厅代表团在杭州就合作办学

进行会谈，并签订了合作协议意向书。一年以后，即 1985 年 3 月，浙江省省长薛驹和联邦德国下萨克森州州长阿尔布莱希特在北京举行省州协议正式签字仪式。协议明确了双方合作期限为 5 年，而在实际执行中，双方合作的期限延长到了 1994 年。省州合作项目这一国际合作平台的建设，开启了学校学习德国应用科技大学的初步实践，也为学校建设争取了国内外各种办学资源，对学校发展意义重大：

一是明晰了学校的应用型办学定位。合作项目的建立促使学校重新定位和思考自身的办学目标，通过对学校和我国实际情况的分析，同时结合德国下萨克森州应用科技大学的办学经验，学校明确将自身办成"具有现代化设备、高水平的、能培养高质量工程技术人员和管理专家的高等学校"。在这一目标下，学校的办学规模和专业设置规模也进行了重新规划，其中双方签署的协议中明确学生数将从 1985 年 600 人增加到 1990 年的 1 500 名，最后达到 2 000 人；专业数在机械制造、自动化、信息技术、技术化学、土木工程、建筑学、经济企业管理等 7 个专业的基础上新增加食品技术、应用德语、精密加工技术、生物技术、材料技术、城市建设等 6 个专业，专业数和专业结构进一步合理化；学校建筑面积也进一步得到了极大增加，学校新建 5 500 平方米的图书馆、7 600 平方米的教学楼和一座 400 米跑道的运动场。

二是提升应用型人才培养的层次和质量。根据省州协议中"可以考虑培养一部分职业技术教育师资"的约定，1986 年，国家教委批准同意学校设立职业技术教育系，设置机械工程和电器工程两个专业。两个专业均为本科师范专业，学习年限为 4 年，主要培养中等职业技术教育的师资。职业技术教育系的设立使学校的人才培养层次从专科提升到了本科，开启了学校本科人才培养的历程，为今后升格为本科高校积累了较为丰富的经验。同时，在省州合作项目的推进过程中，下萨克森州对学校所设的专业在课程设置上提供帮助，并在制定教学大纲和教学计划时提供多方面的咨询，使各专业的人才培养方案等更符合应用型人才培养的要求。

三是完善了学校应用型办学的设施设备。教学设施设备的现代化是培养高质量应用型人才的重要支撑。根据省州项目的约定，德方赠送了价值 15 万马克的 35 种 79 台教学设备、价值 2 万马克的图书、一辆轿车和一辆面包车，另有计划中的 600 万马克的设备经费后纳入中德政府级合作建设项目中。这些价值不菲的教学设备较好地缓解了学校实验实训设施不足的问题。

四是强化了人员的交流和应用型师资队伍的建设。培养应用型人才需要有一支具有现代应用型人才培养理念和能力的教师队伍。根据项目协议，德方提供 100 万马克用于人员交流。在这笔费用的支持下，1994 年，学校选派 30 名教师到德国下萨克森州有关高校进行为期 1 年的进修，选派 10 名实验室工程师进行为期 5 个月的进修。在进修期间，这些教师进行了有关教学、科研组织和考试工作的考察，了解毕业生工厂实习，参观汉诺威国际博览会以了解科学技术发展最新水平，与德国高等专科学校的教师一起制定浙江科技学院的专业课程教学计划。双方还进行了有关应用方面的科研合作。此后，学校先后派遣两个考察团 10 人次赴下萨克森州考察，以了解德国培养高等应用型人才的经验；下萨克森州政府则派遣 11 批次共 60 人次来学校进行访问、工作和讲学。

三、中德合作项目——学习德国应用科技大学的系统实践

在省州合作共建浙江科技学院项目正紧锣密鼓地启动和实施的同时，中德政府也在积极磋商，将共建浙江科技学院从省州合作项目提升至两国政府间的合作项目。

为履行中德政府间 1982 年 10 月 13 日签署的《中华人民共和国和德意志联邦共和国政府技术合作协定》，1985 年 10 月 4 日，德方派遣评估组到学校进行全面考察，并于 10 月 31 日晚与中方签订《关于把杭州高等专科学校建设成为对中华人民共和国具有示范性的高等专科学校的会谈纪要》，其规划了合作的时间、目标、双方的义务和责任等，为双方后期的正式合作奠定了基础。1990 年 11 月 7 日，中国对外贸易经济合作部与德国经济合作发展部就"建立和发展杭州高等专科学校"项目正式签字换文。项目中方承担者是中国国家教育委员会和浙江省人民政府，浙江省教育委员会负责项目实施。德国方面，由德国技术合作公司在德国经济合作与发展部委托下负责项目实施。项目从 1991 年 2 月起开始，到 1999 年 2 月结束，分三期进行，第一期为 2 年，后两期分别为 3 年。项目的实施为学校带来了巨大的机遇，极大地改善了学校办学环境，丰富了学校的办学资源，提升了学校的办学水平和应用型人才培养质量。

一是改善了学校办学环境。根据项目协议，中德合作共建浙江科技学院项目的目标为：将学校建成培养应用型工程技术人才的示范性院校；为培养工程

师和职业技术教育师资，设置实验实践型课程，以此促进建立应用型的、适应地方需求的高等教育体制；经试验成功的课程将在国内其他高校推广。为达到在全国具有"示范性"意义应用型大学的目标，对外贸易经济合作部、国家教委及浙江省政府、省教委、省经贸厅等对项目和办学模式表示了极大的关注，并给予大力支持。根据《浙江科技大学大事记》有关记载的统计，从1991年2月至1999年2月，国家对外贸易经济合作部、国家教委及浙江省政府、省教委、省相关部门等领导和专家来校检查、调研和指导共71次，平均每年10余次，频率之高反映了项目的中方部门对学校的重视，也为解决学校建设和发展中的各类问题提供可能。根据浙江省教委办公厅《教育情况反映》(1991)第33期记载：

> 应国家教委的邀请，1991年10月30日至11月2日，联邦德国经济合作部中国问题顾问、国家教委职业技术教育顾问卡尔·伯克博士一行三人来杭访问……商谈中德合作建设杭高专问题，浙江省委书记李泽民、副省长李德葆回见了伯克博士一行。(为了使这个项目得以在杭州实施)省委书记李泽民表示："其他省市有什么条件，我们也给予什么条件。"伯克博士在杭会谈的中心议题是能否把杭高专按德国的高专模式办，如果按德国模式办，就要求把杭高专改为"应用技术工程学院"，增加两个实践学期(经费由企业承担)，学制延长为四年，属本科教育；要求在杭州附近确定一至两个现代化企业，保证学生的实习；新上岗教师，上岗前到工厂实践锻炼两年……对此，省教委根据国家教委指示精神，作了肯定答复。[①]

为适应中德合作建设杭高专项目的需要，1991年11月，国家教委下发《关于杭州高等专科学校更改校名、学制等问题的批复》，确认学校为"中德合作培养高等应用性工程专门人才的试点学校"，同意将学校更名为"杭州应用工程技术学院"，学校所有专业学生的修业期限调整为4年，增加的1年时间用于加强生产实习，学生毕业后可享受本科生同等待遇。文件在学校的高标准办学定位、学校更名、学制调整和人才培养层次提升等多个方面给予政策支持，特别是将学校

---

① 浙江省教委办公厅.教育情况反映[N].1991(33).

的所有专业都提升为本科层次。到 2000 年,学校在省政府和教育部的支持下正式被确认为本科高校;2001 年正式更名为浙江科技学院,学制 4 年,招生从第二批录取,为建立培养高层次应用型人才的教学模式提供了良好的外部条件。

二是引进了德国(FH)的培养模式。通过三期合作,学校成功引入德国应用科学大学(FH)的人才培养模式。根据这一模式的要求,学校修订了各系各专业的教学计划,实施了新的四年学制,引入两个实践学期的人才培养模式。为此,学校与企业界建立了密切的合作关系,8 年间建立实习基地 60 余个,学校领导、教师和德国专家多次访问接受学生实习的工厂和企业,实习学生受到高度评价。在此过程中,德方专家给予了大力指导。8 年合作期间,德方先后派遣 7 名长期专家、26 名短期专家来校工作,为机械系、信电系提供专业咨询,在教学计划完善、设备订购和使用、实验室建设和开发等方面提供专业帮助和咨询。学校也先后四次组织赴德国教育考察团,深入了解德国的教育体制,促进了学校培养高等应用型人才新模式的形成。

三是建立了应用型人才的校内实习实训场所。8 年合作期间,德国提供了1 320 万马克的援助经费,分三期下达,其中第一期 2 年内援助了 520 万马克,包括设备费用约 220 万马克;第二期 3 年内援助了 600 万马克,包括设备费用 57.7万马克;第三期 3 年援助了 200 万马克,包括设备费用 50 万马克。针对德方的援助,省政府配套建设 11 600 平方米的教学用房、办公用房和生活用房,改造了部分实验室,新增图书 37 000 册。利用这两笔经费,学校新建、扩建了一批先进的实验室和实习基地,为培养应用型人才提供了良好的校内实习场所。

四是初步建立了一支双师型的师资队伍。通过学习借鉴德国应用科技大学的师资队伍建设经验,学校一方面从工厂企业引进了一批有丰富实践经验又能胜任教学工作的技术人员,充实了教师队伍;另一方面,选拔并派遣了 21 名教师赴德国进行为期 1 年的进修学习,提高了教师的专业水平,了解德国高校的教学方式等。

五是为学校赢得了国际声誉。当时的中德合作建设杭工院项目(CTZ)专家组组长瓦格纳博士在 1995 年 12 月 4 日给当时的杭工院院长竺树声《关于 BMZ对杭工院项目的评估》中写道:

尊敬的同事竺树声教授,我非常荣幸地通知您及全体院长们,根据联邦德国经济发展合作部(BMZ)的评估标准我们共同的中德项目被排名为世界前五位,这个良好的评价和被列入"样板项目"称号是对学院领导和 GTZ 专家组在项目第一和第二阶段中的共同工作的积极评价。

第二节　面向世界，开放办学：
国际化办学的转型阶段（2000—2009 年）

从 2000 年起,浙江科技学院升格为一所省属公办普通本科高校,开始全面进入本科层次的应用型人才培养实践,同时,学校也完成了中德政府合作建设示范性高等专科学校的任务,需要重新定位国际化办学对于学校的重要意义,重新寻找另一种国际化办学的途径来推动探索培养高素质应用型人才的路径。在这10 年间,学校通过面向世界、开放办学,进一步扩宽了国际合作渠道,提高了国际化办学的层次,逐步形成以中德合作为优势、多渠道、多层次、有特色的国际交流与合作的新局面,对于强化学校应用型大学的办学特色、增强办学实力发挥了重要的作用。

一、建项目、引机构、搭平台：深化中德合作推动应用型人才培养

20 世纪 90 年代末,随着德国经济、文化开放程度的不断提高和欧洲一体化进程的加快,德国应用科技大学开启了国际化办学之路,并逐渐成为其发展的重要指针。这一时期,德国应用科技大学的国际化办学主要表现在两个方面：一是扩大留学生规模。为推进国际化进程,大多数应用科技大学设置了英语、德语双语授课的国际课程及预科项目,参与德国联邦教育和研究部资助的"国际课程计划",为外国留学生的学习提供便利,也传播了应用科技大学独特的教学模式。二是扩大学生国外第二校园经历。越来越多的德国应用科技大学将国外学习作为学生专业学习的必修环节,为此,这些大学积极推进与国外高校和跨国企业的国际合作,以为学生提供国外高校第二校园的学习和实习经历。在这种内外力量共同推动下,德国应用科技大学的国际化程度得到了显著提高。据统计,到2000 年德国应用科技大学已与 92 个国家的高校签订了约 3 450 个校际交流协

议，约 1/3 的应用科技大学开展了国际化专业，国外留学生比例逐年增长，1990年，德国应用科技大学外国留学生占新生和在校生比例仅分别为 5.3% 和5.4%，而到了 2000 年，已提高到了 11.5% 和 8.7%[①]。

浙江科技学院有与德合作的良好基础，德国应用科技大学国际化办学进程的加快，也推动了浙江科技学院的办学国际化。这一时期，浙江科技学院抓住机遇，挖掘、发挥中德合作的优势，进一步推动了学校国际化办学向深度和广度发展，主要体现在：通过创建中德学院和中德论坛，推动了与德国高校的进一步合作，同时，带动了国内高校借鉴德国应用科技大学办学经验，推动了两国应用型高校的合作与交流，促进了应用型人才的培养。

（一）建项目：合作建设中德"3＋2"项目

从 2000 年起，学校与汉诺威、不伦瑞克、沃芬比特尔应用科学大学等 8 所德国应用科学大学建立合作关系，开展中德联合培养本科生项目（"2＋3"项目）。该项目学生先在国内学习两年，后赴德国继续学习两至三年，双方互认学分，符合学位授予条件者被授予浙江科技学院和德方学校的相应学位，所涉专业从2000 年的机械类、信电类、设计类逐步扩展为生化类、土建类、建筑类、管理类、应用物理、信息学等 9 个专业门类。2005 年，为了更好地完成该项目、整合相关资源、理顺内部管理，学校成立了中德学院，作为隶属于学校的二级学院，在相关二级学院的支持下，承担"2＋3"项目的组织实施、专业学习、德语强化和赴德后学生的联系等工作，2000—2009 年，该项目共有 8 批计 468 名学生赴德国合作院校深造。

（二）引机构：依托国际机构推动国际化办学

DAAD 是德国文化和高等教育政策的对外执行机构，代表着全德 231 所高校和 128 个大学生团体，是全国最大的教育交流机构之一。在 DAAD 的协助下，德国应用科技大学与其他国家大学开展合作，在师生互派、资源共享等方面开展国际交流活动，推动应用技术型人才培养的国际合作目前 DAAD 已资助大约 68 000 名大学生、科学家和近 500 名大学教授前往世界各地交流学习、开展科研合作或授课其中很大一部分为应用科技大学的教师和学生。

2000—2009 年，浙江科技学院先后与汉诺威应用科技大学等 5 所德国高校

---

① 徐理勤. 现状与发展——中德应用型本科人才培养的比较研究[M]. 杭州：浙江大学出版社，2008：49.

共同申请并成功获得了 DAAD 的 5 个资助项目。资助项目的设立不仅加强了学生和教师之间的交流，强化了全英文授课专业的建设，更帮助学校有关专业成功引入国外成熟的人才培养模式。如学校在与汉诺威应用科技大学共建的艺术设计专业合作项目中，采用了注重创新实践能力培养的"项目教学"模式；在与奥登堡、东弗里斯兰、威廉港应用科学大学共建的土木工程专业合作项目中，开展"模块式"教学，为开设共同的国际化专业奠定了基础等。

（三）搭平台：搭建促进两国高校合作与交流的"中德论坛"

2007 年 9 月，由浙江科技学院倡议发起并承办、浙江省教育厅主办的首届"中德论坛——高层次应用型人才培养论坛"大会在杭州举行。时任教育部副部长吴启迪出席论坛开幕式并发表了重要讲话，来自中德两国教育主管部门、应用型院校及企业的 130 余位专家、学者深入探讨中德两国高层次应用型人才培养的教学改革等问题。会上，15 所中德应用型院校共同签署了《杭州宣言》，承诺共同加强中德应用型人才培养院校在教学、科研、人员交流方面的合作；每两年在中德高校中举行一届论坛大会，增进中德应用型人才培养院校间的联系与沟通；建设论坛专题网站，出版论坛论文集，加强信息交流；设立中德企业咨询委员会，加强校企合作。中德论坛的举办，不仅使学校成为中德论坛办公室所在地，成为经教育部确认的中德论坛基地建设单位，更开启了国内应用型高校"抱团"与德国应用型高校进行合作交流的新局面，扩大了中德合作的影响力。

（四）促交流：师生的交流频次显著提升

代表团互访是推动校际交流和合作的前提。这一阶段，浙江科技学院先后派出 205 人次的管理干部赴国外考察访问，同时接待了包括德国总统在内的众多国外代表团来访，总计达到 792 人次。教师交流和学生交流是校际交流的主要形式。这期间，学校先后选送 314 名优秀教师赴国外学习、进修、讲学、合作研究，聘请了外籍专家及语言教师 523 人次，这些教师涉及机械、电子、信息、设计、建筑、土木、生化、经济、管理、数学、物理以及德语、英语等专业领域，承担了包括专业教学、语言教学、学术讲座、专业和学科建设以及实验室建设、培训青年教师、科研项目等工作；同时期，浙江科技学院派出学生 752 名，其中中德联合培养本科生项目学生 468 名、出国实习项目学生 117 名、出国短期交流及游学项目学生 118 名、赴境外攻读硕士学位或第二学位项目学生 49 名；同时接收了国外校际交流学生 391 名，其中一学期及以上的长期专业进修生 154 名，短期交流及游学项目学生 237 名。

二、应用型科研合作：中德合作层次的提升

事实上，在这一阶段，学校与德国高校方面的交流与合作，并非仅仅停留在合作培养应用型人才和开展师生交流互访等，学校之间多形式的科研合作成为这一时期学校国际化办学的新标志。

（一）中德高校教师联合申报科研项目

这一时期，学校部分学科的教师与德方教师之间以联合申报国际性科研项目和国家级科研项目的形式，进行了紧密的科研合作。学校机械与汽车工程学院与德国弗劳恩霍夫物流研究院（Fraunhofer IML）、杜伊斯堡－艾森大学（University Duisburg-Essen）等德国高校、科研院所联合申报了欧盟科技框架计划国际合作专项、德国联邦教育与科研部国际合作专项、国家国际科技合作专项等重大科技攻关项目。

（二）中德高校联合成立研究机构

2005 年，学校和德国汉诺威应用科技大学联合成立中德媒体与设计研究所。研究所依托两校在艺术设计领域拥有的强大设计资源与实力，以国际化设计视野、高质量设计品位，向中德企业提供设计策划服务，帮助企业提升自身形象和国际竞争力。成立以来，该研究所承担了德国博士公司、杭州纺织机械有限公司等 20 余项设计项目。

2008 年，学校与德国埃姆登-里尔应用科学大学、汉诺威应用科学大学、纽伦堡应用科学大学共同成立了中德农产品加工工业研究院，共同开展在农产品加工领域的合作。研究院以农产品初级原料、加工副产物和农林废弃物等生物源原料通过化学转化、生物转化、过程工程技术等手段，获取高附加值的生物源医药、生物功能保健食品、生物源高分子、生物源食品添加剂、绿色生物源化学品等研发工作，服务生态高值农业和绿色智能制造业。

2009 年，学校与德国奥登堡应用科技大学合作成立了中德绿色建筑研究所。研究所立足于中德两国绿色建筑的相关科研开发和应用，汇集两校具有丰富工程实践经验的师资力量，为两国绿色建筑、建筑节能等事业的发展提供科技培训、技术服务与咨询。研究所成立后，先后主持和参与了省内建筑节能示范小区的节能设计、公共建筑绿色生态设计、公共建筑绿色评星咨询等工程项目。

（三）中德合作建设实验室和研究基地

学校充分利用与德国弗劳恩霍夫国家物流研究院合作的契机，建立了浙江中德现代物流研究院，联合申报了浙江省食品物流装备技术研究重点实验室和国家国际科技合作专项——肉品供应链全程质量安全溯源监管智能平台，共建了食品安全控制及其物流配送装备制造技术实验室；与通用电气公司（GE）共建GE智能平台校企合作实验室，与德国奥斯法利亚应用科学大学共建国际合作汽车机电一体化实验室，与德国杜伊斯堡-艾森大学共建ZUST－UDE国际合作研究基地并合作培养研究生等。

三、中澳班的设立：面向世界的应用型办学借鉴初探

2003年12月，经国务院学位办批准，浙江科技学院和澳大利亚南昆士兰大学合作实施计算机科学与技术专业学士学位教育项目，2004年首次招生70名，列本科第三批招生。通过这一项目的实施，学校在该专业引进了12门专业主干课程的教学内容、教学方法及考评体系、教材、课程大纲、试卷、网络教学资源等，获得了在教学组织、教学管理、质量考评体系及教学质量控制等方面的先进经验。同时，通过派遣专业教师赴澳洲培训，开展项目专业课程教学以及双方专业教师之间的交流合作，逐步培养了一支具有国际交流经验和英语授课能力的优秀教师队伍。这一项目的设立是学校在这一时期面向世界进行国际化办学的典型，标志着学校的国际合作已从单一的德国应用科技大学向多地区的高校转变。

事实上，从2000开始学校以全球视野来思考如何吸取和借鉴除德国以外国家和地区的高校在应用型办学方面的先进经验，如澳大利亚的科技大学、法国的工程教育、美国的州立大学等。到2009年，浙江科技学院的国际合作对象已扩展到欧洲、北美、澳洲、亚洲等9个国家及香港地区的32所高校，开展了教师交流、学生交流、联合培养、开设国际化专业、合作办学、合作科研、共同举办学术活动等多形式的国际合作。据统计，在32所高校中，非德国高校有15所，占46.88％；其中，澳大利亚和美国各3所，英国、日本各2所，法国、韩国、意大利、罗马尼亚和香港地区各1所（见表6-1）。各个合作院校的项目侧重点也各不相同，除了与澳大利亚南昆士兰大学合建专业之外，与英国西苏格兰大学进行了"4＋1"硕士生联合培养项目，与英国赫特福德大学开展了"3＋1＋1"本硕连读项目，与美国休斯敦大学维多利亚分校开展了国际工商管理硕士项目，积累了硕士

培养的国际经验；与日本佐贺大学、韩国东新大学、香港专业教育学院（青衣分校）等共同实施了学生交流计划等；与澳大利亚巴拉瑞特大学实施了学分互认的课程学习项目。

表6-1　浙江科技学院校际合作院校一览表（非德国国家和地区，2000—2009年）

序号	合　作　院　校	签约时间
1	香港专业教育学院（青衣分校，香港地区）	2000年9月
2	南昆士兰大学（澳大利亚）	2003年3月
3	巴黎圣·简尼凡高等艺术设计学院（法国）	2003年12月
4	西苏格兰大学（英国）	2004年10月
5	佛罗伦萨大学（意大利）	2005年5月
6	赫特德福大学（英国）	2006年12月
7	布里奇波特大学（美国）	2007年4月
8	休斯敦大学维多利亚分校（美国）	2007年4月
9	佐贺大学（日本）	2007年10月
10	静冈理工科大学（日本）	2008年10月
11	斯文本科技大学（澳大利亚）	2009年3月
12	巴拉瑞特大学（澳大利亚）	2009年3月
13	克鲁日巴比什—波雅依大学（罗马尼亚）	2009年7月
14	旧金山州立大学（美国）	2009年10月
15	东新大学（韩国）	2009年12月

四、孔子学院：应用型高校教育与文化推广的重要路径

孔子学院是中国向世界教授中国语言、传播中国文化、开展公共外交、进行文明对话的重要平台。对于应用型高校而言，孔子学院不仅为学校的国际化程度的提升提供了契机，在拓宽师资国际化的渠道、提高国际化管理的能力、加快课程国际化的进程、提升学生国际化水平等方面具有重要意义。更为重要的是，它成为学校履行向世界输出教育与文化的重要路径，是应用型高校参与国家战

略的重要切入口。浙江科技学院紧紧抓住国家在全球进行孔子学院设点布局的机遇，依托原有合作院校的基础，进行孔子学院的建设，并成为浙江省仅有两所孔子学院的高校之一。

在国家汉办、孔子学院总部的支持下，学校在 2009 年、2011 年先后与罗马尼亚克鲁日巴比什—波雅依大学和德国埃尔福特应用科学大学合作创建了孔子学院。2011 年 12 月，第六届孔子学院大会在北京举行，学校与罗马尼亚克鲁日巴比什—波雅依大学共建的孔子学院被评为 2011 年全球先进孔子学院。2014 年，克鲁日巴比什-波雅依大学孔子学院下设的两个教学点获批升格为孔子课堂。我校孔子学院的发展与建设显示了学校在推广汉语和中国文化方面的积极努力，同时对加强中罗以及中德在文化领域的交流与合作也有着积极的意义。

在海外孔子学院建设过程中，学校始终坚持中外共建、友好合作，坚持以文化传播带动语言教学，文化与语言有机结合，高度重视中方院长的选拔和汉语师资队伍的建设，重视教材建设，努力提高国际汉语教育水平，取得了显著成效：汉语教学规模迅速增长，教学质量明显提高，文化交流活动丰富多彩，教材编号取得新进展，中文自主学习中心和中国文化体验中心建设不断完善，人员交流往来日益频繁。海外孔子学院建设有效地提升了学校在国内外的知名度和美誉度，拓宽了办学空间，推动了学校国际交流合作工作及留学生教育工作的开展，促进了学校对外汉语教学水平的提高。

第三节　战略工具：
国际化办学的"诱致性"实施阶段（2010 年至今）

"诱致性变迁指的是现行制度安排的变更或替代，或者是新制度安排的创造，它由个人或一群（个）人，在响应获利机会时自发倡导、组织和实行。"[①]2010 年以后，我国高等教育从规模扩张转向内涵提升，提高办学质量成为高等教育事业改革发展的核心任务。各高校围绕着"办出特色、办出水平、出名师、育英才"

---

① ［美］R. 科斯，A. 阿尔钦，D. 诺斯. 财产权利与制度变迁［M］. 刘守英，译. 上海：上海人民出版社，1991：384.

的目标,采取各种措施,力图在日益激烈的竞争中保持自身独特优势。在这场以办学实力为主要标志的高校竞争中,一些高校将办学国际化作为一项重要的战略工具,推动学校实现跨越式发展。在这一阶段,对于浙江科技学院而言,国际化办学既是充分利用和发挥近30年国际化办学的基础、特色和优势的需要,更是因为国际化办学可以实现改善学校办学空间、突破办学资金和政策瓶颈、保障人才培养质量等的战略工具,这种工具性的价值成为学校国际化办学的重要"诱因",因此,"诱致性实施"成为这一时期浙江科技学院国际化办学的主要特点。

一、中德工程师学院项目：应用型办学空间改善的新平台

2000年以来,在我国高等教育大众化的浪潮中,与其他众多地方高校一样,浙江科技学院也实现了办学规模的迅速扩张。招生从2000年的1 719人增加到2009年的3 838人,增长了223.27%;专业数从16个增加到43个,其中,仅2000年就增加9个新专业。招生人数和专业的迅速扩张必然需要更大的办学空间,更多的教学设施设备、图书资料,更为齐备的后勤保障设施,等等。

2004年前后,浙江科技学院在校地合作项目的支持下,以土地置换的形式,新建了小和山校区,完成了学校的搬迁,入驻小和山高教园区,从而使学校办学空间、教学实施设备等都得到了较大的改善。学校占地面积从117.24亩增加到1 063.89亩,建筑面积从73 460平方米增加到415 499平方米,仪器设备总值从2000年的7 509.21万元增加到2009年的14 230.24万元,馆藏纸质图书从2000年的11.98万册增加到2009年的94.5万册,电子图书也从无到有,到2009年达到94.37万册。条件的改善虽然有效支撑了学校办学规模的扩张,一定程度上缓解了因办学资源稀释造成的办学质量下降等问题,但同时也使学校承担了巨大的财务负担。据统计,为了建设小和山校区,2009年,学校负债达到5.56亿元。尽管如此,学校的学生平均占地面积、建筑面积以及仪器设备、图书资料等仍不能完全支撑学校的发展,一些指标距离"大学"的要求还有很大差距。

2010年前后,随着各地土地价格的不断攀升以及搬迁成本的上涨,地方高校独立开发名下土地,进行办学空间开发的难度急剧增加。虽然浙江科技学院在小和山校区仍有500余亩规划土地可以开发,但限于沉重负债,短时间内难有经济实力对这些土地进行开发。学校必须寻找新的突破口,从根本上改善学校的办学空间。

2012年,浙江科技学院与德国吕贝克应用科技大学和德国西海岸应用科技大学签订合作协议,决定共同举办中德工程师学院。2013年,这一中外合作办学项目获得教育部批准,成为浙江省第一所非独立设置的中外合作办学机构。同年,学校与安吉县政府达成协议,并经省政府批准,决定在安吉建立浙江科技学院新校区,作为中德工程师学院办学所在地。2014年,由安吉县政府投资建设的浙江科技学院安吉校区投入使用,校区占地500亩,投资8亿元,建有18个单体建筑,总建筑面积16.5万平方米,可供5 000人在校生就读,同年,首批近4 000名学生到安吉校区报到并开始就读。

安吉校区的建设是浙江科技学院充分挖掘和利用国际化办学资源,以校地合作的形式,拓展办学空间,引入办学资源的创新举措,从整体了缓解了学校办学空间紧张的局面。同时,以中德工程师学院为主体的安吉校区投入使用,也为学校开展教学改革、推进社会服务等提供了空间。

二、留学生教育规模的扩张：应用型高校办学资金瓶颈突破的新路径

高等教育是一项需要大量资金投入的社会公益性事业。当前,应用型高校的办学资金除了政府财政拨款之外,学生的学费、杂费等仍是其中的重要部分,但无论是政府财政拨款,还是学生学杂费总收入,在校生规模是其中的关键变量。

2000年以后,在浙江省高等教育大众化的进程中,全省普通本科高等学校都通过扩张办学规模,实现了政府对学校财政拨款和学生学杂费收入的双增长,其中,一些高校通过创办独立学院,更是实现了在校生规模的迅速增长。浙江科技学院在1999年曾通过引进社会力量,筹集社会基金,组建了民办二级学院,规划的全日制在校生规模为6 000人。但到2003年,由于产权不清等问题,学校与民营资本产生了法律纠纷,在社会上产生了不良影响,后经法院判决,学校与民营资本解除合作办学的合同。2005年。这所民办学院停止招生,并于同年被撤销机构设置。浙江科技学院也成为全省唯一一所没有民办二级学院的全日制普通高校,也使学校缺少了一个办学资金的重要来源。2010年前后,浙江省高等教育扩招基本结束,学校招生规模也基本趋于稳定,学校的学费收入增加基本停滞,这些因素导致了学校的发展因资金缺乏而长期受到制约,学校急需通过寻找新的资金收入来源,解决这一制约学校发展的瓶颈问题。

大力发展留学生教育，既是国际教育服务领域激烈竞争对高校的挑战，也是高校主动开拓海外市场、参与国际教育服务贸易、培养具有国际视野的创新人才、提升学科建设水平的难得机会[①]。浙江科技学院在 1994 年就取得了外国留学生招生资格，但在 2009 年之前，留学生教育并未得到充分重视，加之师资、专业、管理等多方面因素，这一教育形式发展缓慢。截至 2009 年，在 16 年的办学时间内，学校仅招收各类长、短期留学生 614 名，在地域上以招收德国校际交流学生为主，在学习形式上以短期留学为主。

2010 年前后，随着学校对留学生教育工作的不断重视，有关留学生教育的体制机制和专业建设等得到了显著增强，为了加强留学生的归口管理和教学建设，学校成立了专门负责留学生招生及日常管理、对外汉语教师引进和对外汉语教学的国际教育交流中心；先后建立了全英文授课的国际经济与贸易专业、汉语言文学（商务汉语方向）、土木工程、市场营销、计算机科学与技术、信息与计算科学、食品科学与工程、通信工程、应用物理、数字媒体技术、测控技术与仪器等 11 个本科专业（方向），以及土木工程、化学工程与技术、机械制造等 3 个全英文授课的一级学科硕士专业，学校成为全省开设全英文授课国际化专业较多的高校之一，其中，土木工程和计算机科学与技术两个专业为省级国际化专业建设项目；学校还建立了较为完善的留学生奖学金体系，学校先后成为国家汉办孔子学院奖学金、中国政府奖学金和浙江省政府奖学金的接受高校，同时还设立学校留学生新生奖学金等奖学金。每年资助金额达到 300 余万元；学校有关留学生的管理制度也逐步完善，先后制定了《浙江科技学院外国留学生管理规定（试行）》《浙江科技学院关于进一步加强外国留学生教育教学与管理的意见》《浙江科技学院关于进一步加强外国留学生管理工作的实施意见》和《浙江科技学院来华留学生管理规定》等，从制度上保障了留学生教育工作的顺利开展；除此之外，学校建立了丰富多彩的留学生校园文化活动体系，改善了教学及生活设施。

在多方面的努力下，浙江科技学院留学生的生源结构进一步得到改善，类型结构、专业结构和国别结构不断优化，形成了以本科学历生为主，高级进修生、普通进修生、汉语进修生为重要组成部分，硕士留学生为突破点、长期生，学历生总数和比例不断提高的结构体系。留学生规模也得到了迅速扩大，2015 年，学校

---

① 邓国清. 我国国际教育服务贸易发展现状与对策[J]. 中外教育研究，2008(11)：41-44.

留学生总数达到 1 768 人,其中长期生 1 618 人(含学历生 1 004 人、专业进修生 81 人、汉语进修生 533 人),研究生 29 人。长期生人数从 2011 年的 543 人提高到了 2015 年的 1 618 人,占比达到 91.52%;学历生人数从 2011 年的 217 人提高到 2015 年的 1 004 人,占比达到 56.79%。留学生实际招生专业数达到 24 个,留学生来源也从以往的以德国为主转向了非洲、欧洲、亚洲等地,国别数达到 104 个,实现了全球化的布局。

留学生规模的迅速扩张也使留学生教育成为学校办学资金新的重要来源。根据 2011 年和 2013 年浙江省先后批复的教育收费标准,学校普通进修生(全英文授课类)学费为 10 500 元/生/学期,理工管文科本科学生(全英文授课类)学费为 21 000 元/生/学年,艺术类本科学生(全英文授课类)学费为 24 000 元/生/学年,硕士研究生、高级进修生学费按学科在 25 000 元/生/学年—34 000 元/生/学年不等,根据这一学费标准,仅 2015 年,留学生教育就为学校创收了近千万元。这笔经费用于学校的事业发展,极大地缓解了学校的办学经费压力。

三、国际专业认证：应用型人才培养质量提升的新保障

从 20 世纪 80 年代开始,质量已成为世界高等教育发展的主题。这其中既有高等教育大众化进程中人们对于高等教育质量下降的现实担忧的因素,又有全球化背景下跨国家、跨地区乃至全球性人才流动导致跨地区人才市场的形成,进而产生对人才质量标准需求的原因。为了保障高等教育质量,除了对各类国际性高校的排名、院校认证、评估等举措以外,专业认证是重要途径之一。

专业认证制度是由行业协会设置的能力标准体系指导高校的课程设置,并由行业协会提供组织保障体系对其影响性进行检验[1],在英国和美国发展较早,也较为完善。以美国为例,从 20 世纪初在全美启动实施牙科教育专业认证以来,目前,专业认证已发展到工程教育、法律教育、药学教育以及林学、园林建筑、图书馆科学、音乐、护理、验光配镜、师范等专业,全美有专业认证机构 40 余家,一些机构更是突破国别限制,开发了国际性的专业认证,以服务于国际性人才的培养和质量甄别与控制。

---

① Clark，B. etal，The Encyclopedia of Higher Education [M]. Oxford：Pergamon Press，1992.

从专业认证的实践证明来看，这项工作对公众、学校和学生来说都有重要意义：一是用可接受的最低标准对专业的教育质量进行评估，使公众、学校和学生的利益得到基本保障；二是力图通过制定评估教学效果的准则以及持续的自评、专家评审、咨询和服务等，鼓励和促进相关专业改进工作，提高质量[①]。因此，这项工作也日益受到各国包括发展中国家教育领域的重视和青睐。

在我国，高等教育质量评价影响最大最广泛的是于 2003 年启动的、由教育部组织实施的全国性高等院校本科教学工作水平评估。这项评估虽对我国本科教学工作质量的保障和提升发挥了重要作用，但从其评估对象的性质而言，是一项院校评估。而事实上，我国在 20 世纪 90 年代开始，便开始了专业评估的探索，其中，由建设部领导的土木建筑工程专业评估成为"我国工程学士学位专业中按照国际通行的专门职业性专业鉴定制度进行合格评估的首例"[②]。1998 年，我国建设部与英国土木工程师学会签订土木工程学士学位专业评估互认协议，我国专业认证开始与国际接轨，也使我国工程类人才走出国门、走向世界有了受国际认可的"金钥匙"。2006 年，教育部启动工程教育专业认证工作，先后在机械工程与自动化、电气工程及其自动化、化学工程与工艺和计算机科学与技术四个专业进行全国范围内的专业认证。之后，认证的专业领域进一步扩大。2016年，在马来西亚举行的国际工程联盟大会上，我国工程教育正式加入国际最具影响力的工程教育学位互认协议——《华盛顿协议》。

浙江科技学院是一所以工科为主的应用型高校，工程教育在学校各学科教育中占据主导地位，如何保障和不断提高工程教育质量一直是学校抓好人才培养质量的重要问题。但由于各种因素，学校的工程教育相关专业的社会认可度一直都十分有限，2017 年这些专业还面临因浙江省招生制度改革而引发的"史上最激烈的"专业竞争和压力。为此，学校需要通过一种由社会主导、受社会认可的形式对学校专业进行论证和评估，从而查找差距，提高质量，增强专业的竞争力和社会认可度。

2010 年 6 月，学校顺利通过教育部评审，被批准为首批"卓越工程师教育培养计划"试点高校，其中有 6 个专业参与试点计划。2015 年，学校积极启动组织

---

① 夏天阳. 各国高等教育评估　美国的高等教育评估[M]. 上海：科学技术文献出版社，1997：74.
② 毕家驹. 关于土木工程专业评估的评述和建议[J]. 中国高等教育评估，1999(1)：11 - 12.

6个试点专业参加由中国工程教育认证协会组织的工程教育专业论证，其中计算机科学与工程、化学工程与工艺、电气工程与自动化等三个专业顺利通过了论证。由于我国工程教育为《华盛顿协议》成员，因此这三个专业也理所当然地得到了《华盛顿协议》18个正式成员国的承认。

2016年5月，学校中德工程师学院土木工程、电气工程及其自动化参加并顺利通过了德国"ACQUIN"认证机构的专业认证。德国"ACQUIN"认证机构是为了适应欧盟各国教育领域一体化进程，由德国巴伐利亚州大学校长联席会设立的"认证、证明、质量保障机构"，浙江科技学院的两个专业通过论证，获得"ACQUIN"的会员，包括德国、瑞士、奥地利、黎巴嫩、保加利亚等国的160多所高校以及其他职业、专业机构的承认。

通过组织专业参与国际专业认证，使学校相关专业特别是工程教育专业的人才培养质量有来自行业组织的外部监督，通过论证和评估，专业找到了存在的问题和不足，明确了改进的方向，从而有效保障了专业的质量，提高了专业的行业认可度和社会信任度。同时，国际化专业认证实施以后，进一步推动了学校应用型人才培养的国际化，有利于学校培养的人才走出国门，直接参与国际人才市场的竞争。

第四节　审视与反思

当前，国际化办学正对我国高等教育产生着越来越深刻的影响，高等教育国际合作呈现出多层次、宽领域和全方位的特点。长期以来，应用型大学由于办学实力整体上低于研究型大学，办学定位和人才培养模式也有所不同，国际化并被没有为一些地方应用型大学所广泛重视，有关国际化的一些基本问题仍困扰着应用型大学，如：国际化对地方应用型大学究竟意味着什么，在国际化办学中，地方应用型大学应该怎样规划和管理应用型大学，等等。作为一所地方高校，浙江科技学院具备较长的国际化办学历程（见图6-1），其在国际化办学方面的探索、实践和取得的成果较好地回答了上述问题，为地方应用型大学加强国际化办学提供了借鉴。

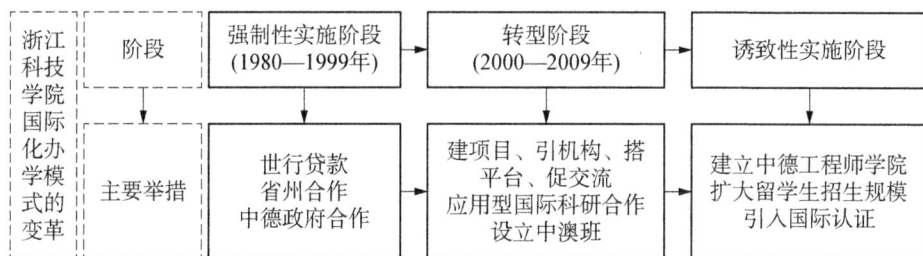

图6-1　浙江科技学院国际化办学模式变革图

一、应用型大学国际化办学的价值：提升核心竞争力的战略工具

高校之间的竞争关键是核心竞争力的竞争，包括通过实现学校内外部人、财、物、制度、土地、信息等要素的最优组合，在学科建设、人才培养、科学研究或社会服务等方面产生持续发展的竞争优势，因此，高校的核心竞争力取决于各种要素和资源的投入程度。全球化和互联网时代的大背景下，高等教育国际化一方面加剧了高校之间的竞争，另一方面也为高校全球范围内寻找资源和发展要素提供了可能。长期以来，我国地方应用型大学存在办学模式单一、学科专业缺乏特色、师资队伍不强、学术地位不高、核心竞争力不强等问题。国际化办学不仅是高等教育发展的重要趋势之一，也为地方应用型大学寻求办学资源、构建发展空间、培育核心竞争力提供了另一种战略工具。

借鉴浙江科技学院经验，地方应用型大学可以通过将国际化办学纳入学校发展的顶层设计之中，明确国际化办学的定位，凸显学校的办学特色；通过国际合作与交流，提升学科专业竞争优势；通过加强国际学术交流、科研合作和跨文化研究，拓展科学研究领域和空间；通过引入国际性专业和课程，完善应用型人才培养模式，提高应用型人才培养质量。

二、应用型大学国际化办学的目标定位：基于自身优势、政府导向和区域发展需要

教育国际化为我国地方高校向应用型转型提供了一种对不确定做出标准反应的模仿性同构的路径，或者基于职业化相连的规范性同构的路径。与发达国

家相比，我国的高等教育总体上仍处于后发状态，学习和借鉴他国经验仍是一段时期内我国应用型大学对于国际合作持有的积极观念。但对于国际化办学，特别是开展国际交流与合作，需要有准确的目标定位，根据自身实际、政府导向和区域发展对合作高校与合作项目进行筛选。

首先，虽然我国大部分地方应用型大学办学时间较短，但其设置的一些学科专业具有很强的行业或者区域特色，应用型大学开展国际化办学、进行国际合作与交流首先，应从强化这些学科专业的国际化入手。其次，在我国，政府在推动高等教育国际化方面发挥着主导作用，应用型大学在国际化办学推进过程中，要始终把握好政府所主导的方向，从中遴选适合学校实施的项目。再次，考虑到应用型大学肩负着为区域经济发展服务的使命，在确定国际合作与交流的高校与项目时，应从地区和大学两个层次进行综合分析。地区层次要考虑国外的区位特点和外资来源国特点，从而选择国际化办学的目标国家。院校层次要考虑自身的学科专业优势、发展重点和双方关注领域的合作基础和共同目标，从而确定能建立持续合作共赢关系的高校和项目。

浙江科技学院在国际化办学过程中，较好地运用了中德省州合作项目和国家级合作项目产生的制度"红利"，在区域和院校层次将国际合作与交流的高校主要定位在以德国为主、覆盖多个国家和地区的应用型高校，合作领域主要集中在机、电、土、化、艺等与浙江区域经济发展紧密联系的优势学科和专业上，形成了国际化办学的特色和优势，这一经验值得借鉴。

三、应用型大学国际化办学的路径选择：从人员流动到办学理念

"大学国际化可分为人员流动、教学与科研学术活动、大学制度、办学理念四个层阶"[①]，包括应用型大学在内的高校在推进国际化办学过程中一般需要经历这四个层阶。

人员流动是应用型大学国际化办学的初级阶段，具体体现为教师国际化和学生国际化。应用型大学不仅要善于输送本国学生赴国外应用型大学深造和交流，也要有能力吸收外国留学生来我国进行应用型人才的培养，还要面向全球进行应用型教师招聘、邀请国外教师来校讲座、派出本校教师赴国外应用型大学进

---

① 徐小洲.走向国际化：浙江大学的经验与策略[J].高等工程教育研究，2008(4)：53-57.

修访学等。

　　教学与科研学术活动是人员流动进入学术层面的高级阶段。在这一层阶，来自不同国家和地区的应用型大学教师就共同关心的问题开展广泛而深入的科研项目申报与研究、共同撰写高层次论文、出版学术著作与刊物、举行学术论坛、共同开设专业课程进行教学等。虽然研究生访学也是一种形式，但由于应用型大学研究生数量整体偏少，因此这种现象在应用型大学并非主流。

　　在制度国际化层阶，大学的国际化进入了更高层阶。这一层阶包括两层含义：一是应用型大学为推进国际化办学，将一些国际化办学的项目用制度的形式予以保障；二是应用型大学运用国际通用的标准和人才来培养应用型人才，并以此为切入点，实现学生管理、师资队伍、教学管理等的国际化。

　　办学理念的国际化是大学国际化的最高层次，理念的国际化为应用型大学的国际化办学注入了灵魂。在这一层阶，应用型大学的文化、目标、制度、管理、服务、保障等都体现了国际化视野和要求，成为其重要的办学特色。

　　对比以上四个层阶，浙江科技学院整体上正处于国际化办学从浅层向深层发展的阶段，学生与教师国际交流活动较为频繁，体现出浅层活跃状态。在不断引进中外合作项目后，国际化的办学理念和制度建设也不断推进，部分专业的课程设置、培养模式、学位制度和管理模式等正日益与国际接轨，但要在实现学校办学的整体国际化，进入国际化办学的深层次，还需要一个较长的发展过程。

　　同时需要指出的是，地方应用型大学在推进国际化办学过程中，可以突破四个层阶由低到高逐步推进的顺序，结合学校实际，在不同层阶同步实施，从而实现国际化办学的整体推进。

第七章

浙江科技学院应用型办学影响因素的实证研究：扎根理论的分析

"制度变迁在发展过程中是不可避免的"[①]。当前，地方高校正处于向应用型转型的关键时期，深入分析浙江科技学院近 40 年来应用型办学的动力、机制、路径和影响因素，对于指引当下地方高校的转型实践具有积极意义。本章将在前四章系统梳理浙江科技学院在人才培养、科研型社会服务、管理体制和国际化办学等四个维度变革过程的基础上，以扎根理论的研究方法，深入分析浙江科技学院应用型办学的初始动力和影响浙江科技学院应用型办学的相关变量。

第一节　研究设计

一、研究的主要问题

浙江科技学院近 40 年坚持应用型办学过程中受到了哪些因素的影响？这些因素分别发挥了怎样的作用？

二、选择扎根理论研究的原因

扎根理论(grounded theory)是一种质的研究方法，主要目的是在检验资料的基础上建立理论。扎根理论的方法起源于格拉斯(Barney Glaser)和斯特劳斯(Anselm Strauss)两人在 1967 年共同撰写的著作《扎根理论的发展》(The

---

① ［美］科斯，等.财产权利与制度变迁［M］.刘守英，译.上海：上海人民出版社，2014：262.

Discovery of Grounded Theory)，之后在发展过程中形成三大流派，其中斯特劳斯和科滨(Corbin)的程序化流派是使用最为广泛的一支。本章也采用了程序化扎根理论进行研究。

本章选择扎根理论的研究方法进行研究，主要基于以下考虑：本研究的目的是通过对浙江科技学院近40年应用型办学的梳理和研究，寻找制约或促进其发展的内部因素，分析应用型办学背后的原因。通过挖掘校内各类教师对于学校应用型办学的感知和体验，探讨影响浙江科技学院应用型办学的相关变量，使本研究更为生动和立体。而扎根理论正是一种强调从行动者的角度理解社会互动、社会过程和社会变化的研究方法，使用实地观察和深度访谈来收集资料，能满足本研究对资料获取和理论生成的诉求。

三、研究过程

扎根理论的操作程序一般包括：①从资料中产生概念，对资料就行逐级登录；②不断地对资料和概念就行比较，系统地询问与概念有关的生成性理论问题；③发展理论性概念，建立概念和概念之间的联系；④理论性抽样，系统地对资料进行编码；⑤建构理论，力求获得理论概念的密度、变异度和高度的整合性[①]。本章的研究在参考以上程序的基础上，结合研究的具体实际，将整体过程分为以下几个部分：

一是文献梳理。使用有关的文献资料可以开阔研究者视野，增强研究者的敏感度，为研究分析提供新的概念和理论框架，对研究和探讨影响浙江科技学院应用型办学的相关变量等问题奠定理论基础。在具体研究中，将文献资料与原始资料和研究者个人的理论进行三角互动，以形成新的理解和理论建构。有关地方高校向应用型转型影响因素的文献，本研究在第一章绪论中已作较为具体的综述，在本章中将不再重述。

二是教师访谈和分析。在进行访谈过程中，采用理论抽样的方法进行，依据分析框架和概念发展的需要确定访谈对象。本章研究的主要目的是通过了解校内各类教师对于学校应用型办学的感知和体验，探讨影响浙江科技学院应用型办学的相关变量。为了最大限度地获取相关一手资料，本章选取了对浙江科技学院38年应用型办学较为了解的教师，综合考虑访谈对象的学科背景、岗位背

① 陈向明.扎根理论的思路和方法[J].教育研究与实验,1999(4): 58 - 63.

景和工作年限等。在学科背景方面，尽可能涉及浙江科技学院的主要学科门类；在岗位背景方面，既有现任校领导，有退休校领导，包括重要管理部门负责人和二级学院院长，还有来自一线的教师；在工作年限方面，尽可能考虑不同的年限。需要指出的是，访谈对象的选择并没有一次确定，根据分析过程的需要，对访谈对象进行了逐步的抽取。

三是建立三级编码和理论构建。对资料进行逐级编码是扎根理论中最重要的一环。根据斯特劳斯的编码方式，可以分为三级，即一级编码（开放式编码）、二级编码（轴心式编码）、三级编码（选择性编码），在逐级编码过程中，研究者在资料和概念、概念与概念之间进行多次比较，从中抽象出核心概念，并建立起联系，最终形成实质理论。

在研究过程中，会形成大量的文本资料，特别是由深度访谈产生的资料。为了更为清晰地梳理文本，以帮助进行逐级编码，研究者在分析过程中使用了Mindmaster 思维导图软件进行资料整理、分析和编码，提高了研究效率。

四、研究资料采集

在具体实施过程中，本研究主要采用了半结构化的访谈方法，围绕制度变迁的相关内涵编制访谈提纲，提出了以下 8 个问题。

表 7-1　浙江科技学院应用型办学影响因素深度访谈提纲

一、被访谈人基本情况

姓名：　　性别：　　职称：　　学历：　　所在学科：
来校工作时间：
岗位性质：
有无企业工作或挂职经历：

二、访谈问题

(1) 浙江科技学院最初提出应用型办学的定位是出于什么原因？
(2) 浙江科技学院在不同阶段（中德合作时期）和（本科阶段）分别进行了怎样的应用型建设尝试？这种尝试的动力来自哪里？
(3) 浙江科技学院的应用型建设受到哪些因素的影响（积极因素和消极因素/内部因素和外部因素）？
(4) 浙江科技学院的组织模式与其他高校有何不同？
(5) 浙江科技学院在实施应用型科研方面有什么样的实践？
(6) 学校 20 世纪 90 年代的应用型办学试点对学校办学产生了怎样的影响？
(7) 学校 38 年来应用型办学有什么样的经验？
(8) 对地方高校加强应用型建设有哪些建议？

采用半结构式的深度访谈法的原因在于本章研究的主要内容。组织变迁最终都将影响组织内的行动者,行动者对影响组织变迁因素的认知虽然不是影响组织变迁的全部客观因素,但由于应对组织变迁的主体最终是组织内的行动者,因此行动者对影响组织变迁的认知显得更为重要。同时,与问卷调查等其他调查方式相比,半结构化的深度访谈不仅为受访的教师提供了更多的自由表达机会,也能在调查过程中更灵活地根据访谈的目的和内容以及访谈者的具体情况及时调整或增加访谈,使调查更为深入。

从 2017 年 11 月—2018 年 1 月,通过提前与受访教师电话沟通,将访谈目的告知对方,在征得受访教师同意后,提前将访谈提纲发送至对方邮箱,同时约定时间和地点对其进行一对一的访谈。共访谈教师 10 名,受访教师的主要信息见表 7-1。每次访谈时间 50—130 分钟。在访谈过程中,围绕访谈目的和访谈提纲,进行互动式的交流,尽可能掌握每位教师所表达的信息。在这过程中,经受访人同意,访谈全程录音。访谈结束后,对访谈内容进行归纳和总结,并将访谈录音整理成对应的文字,最终形成了近 13 万字的访谈录音和备忘录。

表 7-2　受访教师背景资料

编号	性别	职称	学历	所在学科	来校工作年限	职位	是否有企业工作或挂职经历
A1	男	副高	博士研究生	教育学	2002 年至今	某处处长	无
A2	男	正高	硕士研究生	电气与自动化	1998 年至今	某处处长	无
A3	男	正高	硕士研究生	物理学	1992—1999 年	校领导	无
A4	男	正高	硕士研究生	化学	1994 年至今	某院教师	有
A5	男	中级	硕士研究生	电气	1998 年至今	某院教师	有
A6	女	正高	硕士研究生	艺术学	2002 年至今	某处处长	无
A7	男	副高	硕士研究生	机械	1988 年至今	某处处长	无
A8	男	正高	博士研究生	物理学	2013 年至今	校领导	无
A9	男	正高	博士研究生	数学	2009 年至今	某院院长	无
A10	女	副高	硕士研究生	管理学	1992 年至今	某院教师	无

第二节　基于深度访谈的扎根理论分析

一、开放式编码

开放式编码是研究者凭借理论感性开放地挑选资料并进行逐字逐句登录的过程。在这个过程中，研究者需将收集的资料打散，赋予概念，然后以新的方式重新组合起来进行操作。登录的目的是从资料中发现概念类属，对类属加以命名，确定类属的属性和维度，然后对研究的现象加以命名及类属化[①]。本章研究以深度访谈为基础，围绕浙江科技学院应用型办学影响因素的研究目标共收集了 102 条原始词句，通过对这些原始词句重新整理、检视、比较和概念化，最后形成 15 个范畴和初始概念，见表 7 - 3。

表 7 - 3　开放编码的概念化和范畴化

范畴	访谈对象	原 始 词 句	概念
观念	A1	之后，学校来了新校长。L 校长来自国内著名学府 Z 校。在 L 校长的观念中，同样是应用型，也应该是 Z 校那样的应用型。再后来的一任校长 S 校长也是这样，特别强调科研	中德合作；校长的办学理念；教师对办学特色的认知；技术人才的社会地位；教育思想大讨论；政府重视；政策支持；企业对应用型大学的认同感；教师对应用型人才培养的认知；学生对培养目标的认知
	A4	20 世纪 90 年代我们跟中德合作有很多成果，其中一个比较重要的就是送了一大批教师去德国，这些教师对德国应用科技大学有比较理性深入地认识，在教师中形成了一种观念，就是我们学校要走应用型办学，认为这是我们的特色	
	A3	当时 20 世纪 80 年代刚改革开放，社会上对科学很重视的，崇尚科学，政府也大力宣传，比如陈景润和他的数论研究。但对做技术的人，没有这样的宣传，当然也很难做。大家都很希望做科学家，学物理、数学很吃香，学技术社会上就不是很推崇。这也导致了我们学校起步时就比较困难	

[①] 陈向明.扎根理论的思路和方法[J].教育研究与实验,1999(4)：58-63.

（续表）

范畴	访谈对象	原 始 词 句	概念
观念	A7	思想观念我认为很重要,2007 年本科教学评估前,学校内部有一种思想,认为我们如果再继续沿着应用型定位走下去,就要沦为高职了,提出要向教学研究型甚至研究型大学看齐。对此,学校举行教育思想大讨论,大家的讨论很深刻、比较激烈。最后,当时的 D 校长提出,要学科专业一体化,培养高层次、高素质的应用型人才,即坚持了应用型大学的定位,又在层次上有所提升,所以这个应用型大学的办学与领导的办学理念有一定的关系	
	A6	做科研服务,环境还是很重要的,主要是政府的观念。浙江的政府重视高校科研,支持科研转化,就有政策,而且政策还是比较好的,对民营企业在税收方面很支持,这样企业就有动力找我们,科研服务就做得起来。别的地方我也做过,但是环境不是很好,政府观念太旧,政策就不好,做科研是没动力的	
	A5	一些企业就喜欢找大学校合作,像浙大什么的,从开始就不会想到我们学校。其实很多科技开发我们是能做的,而且我们的成本低,浙大这样的大学他们反而不愿意做,因为他们接收的往往是大企业。但企业的观念就是这样	
	A7	那些新教师都是从研究型大学来的,国内的、海外的,层次很高,但是没有在企业待过,对应用型人才培养根本就没概念,他们来了以后怎么适应我们的教学要求?	
	A8	在政府观念中,我们学校就是做应用型的,跟德国合作是我们的特色,所以来自德国的教育合作一般都会想到我们。搞应用型试点,第一个想到的学校也是我们学校	
	A9	比如我们的专业是引入德国应用科技大学的,都是工程类专业,其中既有工程类课程,也有管理类课程。很多学生就不理解了,工程的专业为什么要学统计学、管理学等的课程?这种观念下怎么培养高素质的应用型人才	

范畴	访谈对象	原 始 词 句	概念
外部管理制度	A1	当时我们有校务委员会，这里的人员都是省里市里的领导，他们很重视，一些项目都是他们定下来的，这样政府一些管理部门像教育厅啊，对我们学校就比较支持	管理体制；结构设置；人事政策支持；学制管理；校长选拔和任期限；做好公共服务；客观评价、分类管理、分类支持；赋权于地方高校
	A3	从企业引进的教师组成了教师队伍比较好地支撑了我们的应用型办学模式。但国家的具体政策措施跟我们这个定位就有些矛盾。比如教师职称评审，当时的评审权还是在省里的，他的标准是全省统一的，而且偏向学术的，我们的老师是偏向应用的、实践的，就很吃亏，所以校领导只能多呼吁、多宣传，但也有个别不如意的，导致了一些教师的流失	
	A10	当时我们学校根据德国应用科技大学的人才培养模式和既有扎实理论基础又有实践技术能力的人才培养目标，要将三年制调整为四年制，培养本科层次应用型人才。但当时我们还是专科学校。如果我们不是中德合作示范高校，教育部和省里就不可能突破这个限制，因为那是整体上还是管得很严的	
	A3	现在校长是上级任命的，跟干部一样，任期最多两届，有时一届甚至一届不到就调走了，我觉得校领导特别是校长要相对稳定些	
	A4	科研方面的财务报销太有问题了。国外的高校国家的项目也好，企业的项目也好，没有发票报销的问题，他们是任务导向制的，完成了任务，解决了问题，经费怎么使用它们不管，这样就有积极性。当然，我们国内的诚信体系还是有些问题，但总的来说，受到的约束太多	
	A2	我比较建议政府成立大学生企业实践的协调机构，让我们的学生能真正到企业定岗实习，用好实践环节，现在学生下不到企业，甚至一些专硕都下不去，是个问题	
	A6	应用型大学定位事实上也不会得到来自政府或者社会的特别对待，因为政府是面向所有高校的，他只看你水平的高低，你能服务经济社会，解决行业需求，你就是好学校。社会也一样，它遵循的是市场化原则，绝对不会对应用型办学特殊对待	
	A10	现在政府对人才很重视，也开始重视工匠精神了，对应用型人才，像工程师这一类的，国家和地方政府也有一些人才项目，奖励力度也很大	

（续表）

范畴	访谈对象	原　始　词　句	概念
	A3	政府总体上都是支持的,但如果能根据各个学校的办学定位,给更多的自主权,关系就更容易理顺。经费支持如果更多些,学校发展会更好些	
	A2	本科教学评估时,教育部用一根尺子把全国各类高校量到底,清华、北大是这个尺度,我们也是,这个评价不利于学校办出特色。现在评估方式改了,就有利于我们应用型办学的特色,就更合理了	
	A2	现在双师型教师培养主要是通过到企业挂职来解决的,其实教师去企业,企业还是欢迎的,因为他不用负担什么,还可以请我们的老师对他们的技术啊、流程啊进行改造	
	A7	我们是不一样,国家有专业目录规定每个专业的主干课程,学校自由发挥的余地不多	
	A8	我们的专业调整主要受到国家体制影响,它是有目录的,目录以外很难批准,目录以内程序很复杂,受到限制,导致我们的专业调整慢,专业设置滞后。反过来呢,也有一定道理,因为你不这么做,就会失控,会随意设置专业,因为高校的自律还不够	
	A6	合作最好是一种自然形成的状态,双方基于共同的人才培养、技术研发等慢慢形成比较紧密的联系。政府从中发挥些助推作用,在法律政策上提供保障。而不是政府硬性主导下强制性形成的合作,这样的合作会有一些后遗症。双方的合作一定要双赢才能持续	
	A7	国家刚推出转型的时候,政策不是很清晰,标准也不清晰,资源投入也不清晰,所以学校就想等等看,有些观望	
	A3	三年制转四年制本科这件事,教育部研究了,是同意的。但研究时只同意转,对毕业后学生什么身份、授予什么学位没有明确。到学生毕业时,矛盾就比较突出了。家长们写信反映,学校只能再不断向上汇报,克服了很多困难,最后还是同意了。如果一开始就研究明确这个事,就更好些	
内部管理制度	A6	教师科研实际上受政策引导,而不是受口号引导。比如我们的横向项目就是做应用型科研服务的。前两年我们的横向项目上升到五六千万元,学校工作量计算也比较客观,教师对经费的使用也有很大的自主权,所以教师的积极性就很高。后来政策变了,支持少了,横向总量就少了。纵向经费也是,原来学校有配套,这两年配套少了,老师就不动了。所以政策是导向	科研管理制度;教师管理制度;学院考核制度;社会合作制度

（续表）

范畴	访谈对象	原 始 词 句	概念
	A8	校内我们的管理、改革，比如中德工程师学院，他的人才培养改革是比较成功	
	A8	总体来说，改革并不令人满意。原因是老师们、干部们的积极性还没调动起来，大家的认识还不一致，对应用型该什么走还不一致，奖罚措施还没跟上，教职工的改革承受能力还比较弱。当然资金投入不够，办学历史短也是一个原因	
	A6	学校对教师如果能分三类考核，而且不同的类型的老师如果能有同等的对待就比较好，比如分为教学型教师、纵向科研型教师、横向科研型教师就比较合适，对教师的发展就比较合适	
	A5	学院领导是鼓励我们去做科研合作，因为学校对学院有考核的，一直以来都是支持的	
	A6	科技园的作用发挥目前还是受到人员短缺、管理模式、管理体制不顺等影响	
话语权	A1	问题是做一些决策时，往往是将部分人的利益或者话语权排除在外的。这个在我们学校探索应用型建设时也是这样的，一些人比如双师型教师没有在决策层发言的可能	双师型教师在学校决策中缺乏话语权；德方专家拥有话语权；学校拥有对政府较好的话语能力；学生对教师选择权和评价权不足；一线教师对人才培养的话语权缺乏
	A3	当时我们根据德方的要求，建立了学校与德方专家的周例会制度。在这个会上我们还是决定了很多事，德国专家会提出很多建议、意见和要求来推进合作项目的落地，我们也在会上解决一些事	
	A3	当时因为有中德合作的政府项目在，是国家的示范性建设学校，我们就有经常性向省里、教育部汇报的机会，一些问题就解决得好	
	A5	我们现在有些课程是很脱离实际的，这些课程为什么不换，很大程度上是因为我们的学生没有话语权、选择权，上什么课，上哪个老师的课，都是安排好的。在德国，如果有这种情况，学生就不会选这个老师，老师也早就下岗了	
	A6	课程设置、课程规划、培养方案等，普通老师的权力是不大的，没有发言权的，往往是学院领导、系主任他们确定的，而且学校对他们也有很多规定	
	A4	国内学校对教师的管理还是过多，教师的自主权不够。比如，我小孩在美国上学的时候，他的导师发现他的一个同学在完成课程作业的时候存在诚信问题，就签个了意见，这个学生就不能在这个专业学习了，我们这里就不行	

（续表）

范畴	访谈对象	原 始 词 句	概念
组织形态	A2	原来我们在20世纪90年代引进了一批企业来的教师,都是高工,人数也不少,在学校还是很有发言权的,他们的一些意见也能在学校的一些政策中体现。后来这些人陆陆续续退休了,新来的老师大都是从名校毕业的博士生,这部分群体在学校的话语权也弱了,这对我们后来的应用型办学也是有影响的	内设机构形态相似性与职能不同性;产学研合作内设机构;课程与专业特色鲜明
	A2	我们学校的机构虽然与其他高校大同小异,比如以学科或专业为基础建立二级学院,行政管理机构也差不多。但实际上,同样名称的处室,工作重心是有些不一样的。比如我们的教务处,他们很大的工作重心在实践教学	
	A3	那时候,学校在省里的支持下,争取成立了中德科技促进中心,是个独立的法人机构。希望以中德合作项目扩大影响,加强科研方面的中德合作,是我们加强科技成果转化的一种尝试	
	A6	作为一所应用型大学,肯定是要积极对外开展社会合作,进行社会服务的,学校领导也一再强调,但一直都没有社会合作处或者地方服务处,这是比较遗憾的	
	A6	建立大学科技园,学校是希望能做一个校内科技成果的转化平台,也能引进一些校外的创新型的企业,这样学校的功能就会有一些延伸,社会服务的能力就能做强一些,但现在我们还处在起步阶段	
	A2	我们学校人才培养方案很有特色,课程体系与其他兄弟高校也有区别,比如实践课比例更高,这跟学校应用型人才培养的目标是一致的	
	A7	德国高校校企合作委员会在发挥作用,企业老总在校企合作委员会担任理事,对人才培养方案提出意见。以前我们学校有这个机构,还定期开会,后来慢慢少了,这个跟学校的思路是有关系的	
企业	A5	我们学校的专业学生太多了,比德国应用科技大学多多了,确实很难安排,企业也有压力,别说不可能有这么多的项目请你参与研究,连一般的实习岗位都有压力	社会责任感;生产与接收实习的矛盾;收益;沟通
	A2	我认为要强调企业的社会责任感,一所优秀的企业是一定要社会责任感的,接收大学生实习也应该成为企业对社会的责任。国家对高新企业等认定时要有这方面的考核	
	A8	企业也要有社会责任感,要考虑到高校是在为你们企业培养人才啊!	

范畴	访谈对象	原 始 词 句	概念
	A6	企业也是务实的,学生二年级去企业实习,实际上企业是不欢迎的,四年级去实习,很多学生也是不能顶岗的,有能顶上去的最后也不一定能在企业就业,国家也没有鼓励政策,所以企业就不是很欢迎他们	
	A9	企业现在主动来找你或者愿意接收实习的还是比较少的,大部分意识不强,特别是中小企业。这个要政府来引导的,企业毕竟是要生产的,利润是首位的	
	A5	这些企业往往是高起步的企业,我们的产品能解决问题,费用也比较低。等你给他做好了,他又犹豫了,或者出现一些失信现象。还有具体合作中,往往不能相互信任,导致沟通成本很大。所以现在一般不可靠的企业项目我就不做了	
学生	A6	实习实践现在有些问题,其中一个问题是现在学生不是很愿意吃苦。很多独生子女到企业去实习,企业的考核管理是很严格的,他们就有些接受不了。我们如果不做好工作,企业自然不愿意接收学生去实习了	实习态度、基础与能力;专业认知与认同感
	A5	我们这个专业是一本专业,所以很多考生在不了解专业的情况下选择了我们,或者统一调剂到我们学院来了。但他们到了以后对专业的认同度又不是很高,学习积极性有点问题。2018 年,高考改革了,选我们专业的学生倒是第一志愿进来了,但分数降低很多,生源就不理想了,学生学起来很累,我们对学生的创新能力培养和综合素质培养等就有困难了	
	A9	德国有项目化教学,我们也在做,但有些变味。因为这个项目对教师的要求也高,要提前设计,要选择跟社会经济行业发展紧密相连的。这必然要求你教师对这个领域的生产一线情况是了解的。我们有些老师做不到。有些老师设计了一些项目,但学生的配合和能力也是个问题。在具体实施中,不是每一个团队成员都会努力去做,一些学生往往做不了或者不去做	
	A8	我们学生与德国学生的知识结构是不一样的,我们的学生知识比较扎实但是动手能力比较弱,我们就要特别强调实践环节	
教师	A4	一个好的老师教学要好,科研也要好。教学是根本,科研是能力的体现。你如果在教学上要把知识点讲得好,一定要做科研,科研做了,对知识点的讲解才会深才会尖。比如我们几个国家课题、省级课题做下来以后,整个人的操作能力、思维、写作能力会有很大提高。横向项目做了以后,对教学也是种反哺。比如有些教材中举例的解题方式是不对的,我就提出我的解决方式,而不是照本宣科。有的老师上课,就是基本讲解,知识点反复讲来讲去,讲不深,学生也不爱听	对科研与教学的认识;授课方式的转变;师德师风;科研服务能力;教师发展

范畴	访谈对象	原 始 词 句	概念
	A4	我以前是 N 大学的(省内一所老牌教学研究型高校)，后来到科技学院来。科技学院的应用型办学对我影响还是蛮大的。比如，同样我教的这门课，在 N 大学，我主要教这个知识点、理论问题。在这里，我不仅要讲这些，更多地加了把知识点在生活中、生产中的实际应用。对学生考核时也如此，考核学生解决实际问题能力。这种教学模式增加了我很多的工作量。所以我在生活中都有意识地寻找相关案例跟我的教学相结合，备课要下点功夫，强调应用型这一块	
	A4	做科研服务，有一个作用就是可以反哺教学。比如我在跟企业搞合作的时候，我就会特别留意哪些技术成果、案例可以用到课堂教学中去，让我的教学更生动一些。有时甚至会根据实际情况对教材中的内容做些颠覆性的指导，这个对学生还是很有好处的	
	A5	对我们学校的大多数教师而言，整体的学术水平不是很高。如果按照学术型的标准，要你出论文、拿国家项目，我们就没有优势，教师的收入啊、职称啊，都会很困难。现在我们定位应用型，通过政策倾斜，教师也有发展	
	A9	企业合作过程中，我们的目标和企业目标有些出入。我们的老师的积极性是一个因素。他们会考虑，我合作和不合作对我个人有什么好处？企业要有利润，他也会提出他的要求。但我们的老师、学生对他们企业生产推动作用还不够鲜明，企业也比较急功近利，所以合作就比较困难	
	A8	教师要讲师德师风，不能太计较，要为了学生的未来多付出	
	A9	我们的老师有多少在跟企业开展合作，企业中有多少的专利和技术革新是我们老师的成果，决定了我们学生的创新能力和未来在企业中的地位和发展潜力	
	A8	教师必须跑企业，要跟企业有紧密的联系，最好是在行业中发挥技术领军作用，或者有较大的发言权。但老师还没到这个水平，也没有这个责任心，认识上也有差距	
校长	A1	校长们也是没办法的，他总得考虑教师和学生的利益吧。以前学校搞应用型试点，各种政策还是有些优惠。现在试点结束了，优惠政策自然就没有了。老师们要评职称、学生要用文凭以便能找到好的工作，你就得跟其他大学一样去办学	思路；身份；办学理念；师生利益
	A6	学校的办学跟领导的思路、与学校不同阶段的发展是有关系的。校领导只是一种呈现，他不仅有个人的认识和观念，也代表着上级的意见，他需要从中寻找平衡，给学校寻找一种路径	

（续表）

范畴	访谈对象	原　始　词　句	概念
	A3	校领导,特别是校长对一所学校的影响还是比较大的,校长的办学理念会影响学校办学的重点,也会影响学校的办学特色,对于应用型大学而言就更加如此了	
	A8	同时我们必须承认,不同的校长是有不同的办学理念的,因为他的学历、学科、工作经历决定了这些	
学校	A4	学校刚创办的时候,还是很困难的。刚开办头几年还一度停止招生过。跟德国合作,当时就是为了让学校生存下去,因为德国人是无偿援助的,有办学经费,还给设备,组织教师来指导你的教学。后来到合作结束,学校的情况就好多了,那些德国来的教学设备、实验设备还真的是很先进的,还有一批很好的既懂应用型人才培养又懂德语的教师,面貌就不一样了	生存、发展;获取资源;获得声誉、财政支持;投入的成本;资源短缺;改善办学条件
	A2	由于我们一直在坚持应用型办学,后来才有机会拿下国家首批卓越工程师试点院校。这个试点虽然没有直接的财政拨款,但那时国家首批卓越工程师试点院校有很多是清华大学这样的名校,我们拿下了,学校的声誉就不一样了。这个试点还间接为我们带来了很多机遇和项目,那些项目是有财政支持的,包括2018年拿下的国家产教融合项目,都与这个试点是有关系的	
	A1	学校为什么要鼓励教师去企业实践、挂职、合作,搞些技术开发,是想让教师把企业的资源带到学校来,同时提高教师的技能素养,掌握行业、企业最新的需求和趋势	
	A6	两个实践学期我认为还是有潜力可挖的,因为这种实践模式是需要大量的投入来配套的。教师要能全程跟踪学生,教师与企业的合作关系也要制度化。但目前往往是靠教师个人,学校给教师的工作量也没有太大的激励意义,投入成本比较大,主要是学校办学经费紧张,政府也没额外投入,所以没办法做	
	A6	像我们这样的学校,还处于起步阶段,教师做科研无论是纵向还是横向,还是需要学校投入一些的,比如配套啊、奖励啊,但学校经费紧张,投入少了,这起步就比较慢了	
	A3	中德合作项目结束后,我们的实验设备得到了根本性的改善,一些设备是省内高校最先进的,这是我们很自豪的	
	A9	我们没有别的办法,只有不断加强应用型建设,提高应用型建设的水平和质量,才能解决我们办学资源不足的问题。所以我们搞了紧密型的校企合作,向社会要资源	

（续表）

范畴	访谈对象	原始词句	概念
政府官员	A7	教育部林部长是财政系统出身的,来到教育部后,就对高等教育对社会经济发展的作用特别关注,所以他们开始关心地方高校的应用性问题,开始推动这方面的转型	重视;关心;肯定;要求
	A3	我们这个项目,当时都是省领导、市领导亲自抓的,他们经常到我们学校来开会,听汇报	
	A7	当时分管的省领导来学校后对我们是比较肯定的,后来教育厅的领导还专门来学校给全校干部老师做报告,要我们坚持这个办学定位	
理论研究	A7	刚开始,学校对应用型大学是没有概念的。到了1998年,省州合作进行了几年,学校开始考虑这个问题了,当时的校领导安排我们老师写了一本书,叫《关于德国应用科技大学的12问》,包括学制、教师队伍等内容,编了一个小册子,开始比较深入地了解德国应用科技大学了,相关内容还在《杭高专学报》上报道,让全校师生都了解德国的这类学校。学校领导层开始重视了	学校主动开展理论研究和理论创新;当前理论研究不足
	A2	1992年的时候,我们教务处有个副处长,结合学校办学实践,在一次全国层面的学术会议上提出了"应用型本科"的概念。我们是可能全国最早提出这个概念的	
	A3	国内的理论界没有关于应用型大学理论上的研究,高等教育界也不了解这种模式,所以大家也不重视应用型大学,我们学校的发展大环境是不好的	
	A8	这种大学被他们称为是德国经济腾飞的秘密武器,但对这种大学的了解刚开始是不多的,相对来说我们对他们的了解还比较早一些,因为我们很早就开始把这种大学的办学模式引进到我们学校了,自然研究了解的也多	
	A7	社会发展提出要办应用型大学,现在高等教育设置办法里也提出了三类高校:研究型、应用型、技术技能型,但具体操作标准还没出来,说明学术界对这方面的理论解释还不够成熟	
中德政府合作	A1	中德合作我们做了30多年了,特别是最初的省州合作项目和后来的两国政府间合作项目,对我们学校的办学影响是很大的。我们的人才培养、办学都离不开德国模式了	政府推动中德合作;合作产生效益;促成应用型实践;形成应用型的文化;缓解学校生存问题
	A3	德国政府与我国政府合作,提出可以在我国的环境保护、消灭贫困和职业教育三大领域提出项目,给予无偿援助。据说选择执行单位时,有很多学校都参与了,但最后确定了我们学校,这对我们来说是一个意外惊喜	

（续表）

范畴	访谈对象	原 始 词 句	概念
	A7	当时学校还没想到应用型的事，就是为了招生、满足人们接受高等教育的需求，主要是想通过中德合作项目拿到援助经费。我的理解，政府其实一开始也没太多考虑，因为当时中德关系也比较好，有援助经费来，认为也是好事，就有推动了。其实都是大环境下的一种被动接受	
	A5	我们学校搞应用型，首先是外在的推动，是政府选择我们学校进行中德合作建设示范学校项目的	
	A9	那是中德政府合作项目结束后，在省教育厅的支持下，我们学校又跟德国的一些高校签订了合作协议，如"3＋1""2＋3"等	
社会经济发展	A6	学校办学实际上是需求导向，特别是我们学校，它的定位是经济社会需求导向的	经济社会发展影响学校应用型定位、应用型人才培养、应用型科研服务
	A2	中德合作结束后，社会对我们学校的评价还是比较高的，在省内很有影响力，学生的就业率很高，薪资水平也不错，在吸引考生方面也很有效果。我觉得社会需求成为我们学校应用型办学的最重要原因，这是个大环境	
	A7	2000年以后，扩招加上经济发展，产业结构、产业形式的变化成为主要原因，自然而然地推动了我们学校的应用型发展	
	A5	在现在的经济结构下，企业的创新研发投入还比较少，与发达国家相比还不够，也造成了校企合作的不够深入	
办学定位、特色与历史	A7	之前我们讲应用型是我们的特色，现在地方高校都向应用型转型了，那我们的应用型还是我们的特色吗？这个成为我们的新问题	特色的形成；特色的消减；中德合作推动；发展的需求导向；办学的价值；错位发展；办学历史
	A7	应用型高校本来应该多搞这些应用型研究，但国家的指挥棒是国家级项目、奖项，产生了矛盾，浪费了学校有限的办学资源，所以有些老师也有怨言，认为这样做会把原有的应用型特色淡化了	
	A8	大家都讲自己是应用型了，就连浙江师范大学也说自己是应用型。它是老牌师范大学了，有些职业学校刚升本，也是应用型大学。谁是真的应用型学校，社会上就弄不清楚了	
	A8	在30多年中德合作的推动下，我们的应用型比较符合国际标准。比如我们的实验室，虽是实验室，同时也是一条流水线，特点是非常鲜明的，就是面向应用型。在我们学校有很多这样的影子，已经形成了一种文化	

（续表）

范畴	访谈对象	原　始　词　句	概念
	A6	我们学校定位为应用型，一是基于学校现实的考虑，各个学科专业的定位、教学现象的表现，学术型我们肯定不算，我们要找到自身的特色和出路。二是因为我们有跟的德国合作。三是我们在浙江，这里区域经济比较活跃，学校定位于应用型也是合适的	
	A2	我们这样的大学，办学历史短，基础弱，走高精尖的路子肯定会有问题，至少难度会更大，走应用型大学的路子更合适些。况且我们通过深入了解应用型后，对这种办学模式整体上是认同的，认为是适合我们学校的，所以还是坚持下来了	
	A4	办学历史比较短的地方高校，要更精准化地培养应用型人才，不同的应用型高校有不同的面向。从国家人才培养的角度看，我们拥有的虽然不是最高层次的生源，但我们通过我们的特有培养模式，把这些学生培养成了地方社会发展所需的人才，这就是我们学校的价值	
	A3	国际化应用型大块牌子，使我们在杭州的高校当中是比较有特色的。当时我们的办学历史很短，基础也比较弱，所以也很难与其他学校相比较，但我们的考虑就是办出特色	
	A2	有段时间学校虽然比较强调学科、科研，但因为我们毕竟这么多年的应用型人才培养坚持下来了，所以人才培养的定位一直没有变化	
	A9	我们的应用型定位和中德合作的特色，你要做强。要有比较优势，就要更加满足服务产业结构的需要，与产业对接，所以我们搞了这个校企合作的学院，我们是跟着行业大数据来办的	
	A6	我们有中德合作的历史沿袭，决定了我们必然要走应用型的道路。现在的问题是我们要把德国应用科技大学最新的办学经验学过来，为我所用	

二、轴心式编码

轴心式编码的主要任务是在开放式编码的基础上，发展和检验各个范畴之间的关系后进一步类聚、整合，最终形成主范畴。本章在研究中，对开放式编码所形成的 15 个类分别进行深度分析，寻找范畴之间的相互关系，对 15 个范畴进行重新归类，最终形成 6 个主范畴。在此过程中，努力参照斯特劳斯提出的编码范式模式（coding paradigm model），同时结合本研究实际，对主范畴进行确定，具体为(A)因果关系——(B)现象——(C)情境——(D)中介条件——(E)行动/互动策略——(F)结果①。

表7-4　轴心编码形成的主范畴

主范畴	范畴	内　涵
制度同构	经济社会发展	经济社会发展对地方高校人才培养和科研服务的方向、定位、目标、层次等提出需求，对浙江科技学院的应用型办学形成一种强制性同构
	中德政府合作	长达16年的中德政府合作对学校办学而言是一项强大的外部制度介入，对学校的办学定位、目标和模式等形成进一步的强制性同构。同时，中德政府的合作使浙江科技学院认识到了德国应用科技大学这种模式，德国应用科技大学的实践和变革便对浙江科技学院产生模仿性同构的作用
制度网络	外部管理制度	政府在与浙江科技学院的关系中处于强势地位，政府的管理模式直接影响浙江科技学院的应用型办学
	内部管理制度	内部管理制度以浙江科技学院办学自主权为前提，以激发二级学院、教师的积极性，强化应用型办学为主要目标
	组织形态	应用型的办学目标需要学校体现出应用型组织形态
制度文化	观念	观念具有先导作用，社会观念、企业观念、校长办学理念、教师观念、学生观念等都对浙江科技学院的应用型办学的不同阶段产生了深刻影响，需要不断强化应用型办学的观念
	历史、特色与定位	近40年的应用型大学办学历史，使浙江科技学院形成了应用型办学的制度惯性，有利于应用型办学特色与定位的长期坚持
理性认识	理论研究	理论研究是科学理性认识应用型大学的前提，有助于浙江科技学院提升办学自信
行为主体	话语权	学校对政府和市场的话语权，教师在学校中的话语权，学生对专业和课程的话语权体现了利益相关者对应用型办学的话语能力
	企业	企业是应用型大学人才培养的共同参与者和使用者、科研服务的对象
	学生	学生是应用型人才培养的对象
	教师	教师是应用型人才培养和应用型社会服务的主要实施者
	校长	校长是应用型办学的主要组织者

---

① Strauss，A & Corbin，J. Basics of Qualitative Research：Grounded Theory Procedures and Techniques. Newbury Park：Sage，1990：99.

（续表）

主范畴	范畴	内　　涵
	学校	学校是与企业代表的市场、政府官员代表的政府相对应的行为主体，是应用型办学的主体
	政府官员	政府官员代表政府制定和实施应用型大学的相关政策

三、选择性编码

选择性编码是在轴心式编码的基础上，系统分析和处理各范畴之间的关系，最终通过一个典型关系结构将各种范畴整合起来。

表 7-5　选择性编码形成的典型结构关系

典型关系结构	内　　涵	由原始语句提炼的关系结构
制度同构→理性认识	社会经济发展、应用型大学在德国的成功实践、中德政府合作项目在浙江科技学院的实施，决定了浙江科技学院需要走应用型办学道路，而为了办好应用型大学，浙江科技学院进行了理论研究，以增加对应用型大学的理性认识	中德政府合作项目的实施，促使学校开展对德国应用科技大学的理性研究（A7） 学校借鉴德国应用科技大学的成功经验，需要对其开展理论研究（A2、A8） 经济发展对应用型大学的需求增加了我们对应用型大学的理性研究的需求（A3、A7）
制度同构→制度网络	经济发展、应用型大学在德国的成功实践、中德政府合作项目在浙江科技学院的实施，决定了浙江科技学院需要走应用型办学道路，而为了办好应用型大学，需要为浙江科技学院构建良好的内外部管理制度体系，使学校组织形态导向应用型	中德政府合作项目实施的同时为浙江科技学院的办学建立了较好的内外部管理制度和组织形态（A1、A2、A3、A8、A10） 学校在借鉴德国应用科技大学办学模式的过程中，引入了对方的人才培养模式等，使学校组织形态发生变化（A2、A8） 社会发展促进了学校良好外部制度的形成（A2、A3、A5、A6） 制度同构对学校内外部制度建设和学校组织形态提出要求（A2、A3、A4、A6、A7、A8）
理性认识→制度文化	对应用型大学的理论研究和科学认识转变了人们的观念，对学校长期坚持应用型办学定位，形成特色产生影响，促进了应用型文化在学校的形成	校长对应用型大学的理性认识对学校应用型办学的具体路径产生影响，形成不同的文化（A1、A8） 教师、学生对应用型大学的理性认识对学校办学产生影响（A4、A7、A9） 学校对应用型的理性认识对其定位产生影响（A2）

（续表）

典型关系结构	内　　涵	由原始语句提炼的关系结构
制度网络→ 制度文化	浙江科技学院的内外部管理体制和组织形态是学校应用型文化的重要影响因素	外部管理体制对应用型文化产生影响（A2、A7、A8） 内部管理体制对应用型文化形成产生影响（A2、A6） 组织形态对应用型文化产生影响（A4、A7、A9）
制度文化→ 行为主体	应用型文化对政府官员、企业、学校、校长、教师、学生的行为、话语权产生影响	制度文化对校长的行为和观念产生影响（A6、A3、A8） 制度文化对企业的行为和观念产生影响（A5、A2、A8） 制度文化对学校的办学行为产生影响（A2） 制度文化对学生的行为和观念产生影响（A5、A8、A9） 制度文化对教师的行为和观念产生影响（A4、A8） 制度文化对政府官员的行为和观念产生影响（A3、A7）
制度网络→ 行为主体	制度网络是行为主体理性算计的结果	学校、教师、企业、校长等利益相关群体基于理性算计的结果推动或参与应用型大学办学（A1、A2、A3、A4、A5、A6）
制度文化→ 制度同构	定位、特色与观念影响制度同构的再发生。	学校的定位和特色推动学校与经济社会融合和与德国模式的同构（A6、A8、A9）
行为主体→ 制度同构	行为主体的话语权和理性算计影响制度同构的再发生。	政府和学校的行为结果又推动了中德政府合作的进行（A1、A2、A5、A7、A9） 企业、学校的行为结果又加大了经济社会应用型人才培养的需求。（A2） 学校对解决资源短缺的强烈需求又推动了我们的应用型办学（A9）

　　如表7-5所示，较为清晰地整理出一条围绕制度同构这一核心范畴的故事线。具体可以概括为：社会经济发展、应用型大学在德国的成功实践、中德政府合作项目在浙江科技学院的实施等形成的强制性制度同构和模仿性制度同构是浙江科技学院应用型办学的初始动力，这种初始动力推动了学校对应用型大学的理性认识，构建了浙江科技学院办学的制度网络，而理性认识和制度网络又影

响了应用型大学制度文化的构建。这种应用型制度文化与理性认识、制度网络一起又同时影响着与浙江科技学院相关的行为主体，他们基于理性算计和拥有的话语权做出行动。这种行动在应用型制度文化中又进一步推动了学校对德国应用科技大学的模仿性制度同构。基于以上故事线，可以构建出一个浙江科技学院应用型办学的影响机制模型，见图7-1。

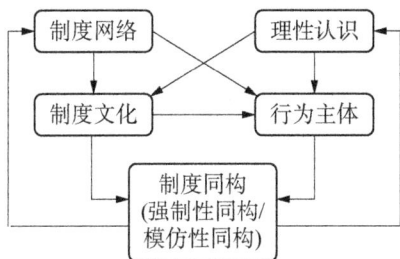

图7-1　浙江科技学院应用型办学影响机制模型

四、理论模型饱和度检验

本章在实施深度访谈时，发现当访谈到第9名教师时，已基本无法再收集到能够形成新概念、新范畴的信息。为确保研究的可靠性，根据理论饱和度的检验要求，又选取了1名教师进行深度访谈，同样没有发现新的重要信息。因此，可以确认以上结论符合理论饱和度原则。

第三节　扎根理论研究的主要结论

通过对浙江科技学院10名教师的深度访谈，运用扎根理论研究方法，借助mindmaster思维导图分析软件对10名教师关于浙江科技学院应用型办学影响因素进行质性研究，发现应用型办学的主要影响因素和各因素之间的关系，为本研究的进一步深入打下基础。研究主要有以下发现。

一、浙江科技学院应用型办学的初始动力

新制度主义同构性理论强调环境对组织变革的影响，阿尔德里奇就曾强调

"组织所必须要考虑到的一个重要因素就是其他组织的存在"①，组织必须找到方法遵从这些环境的压力。分析浙江科技学院办学的影响因素，制度的同构是浙江科技学院应用型办学的初始动力，在影响浙江科技学院办学的各因素中处于主要地位。

新制度主义同构理论将制度性同构区分为强制性同构、模仿性同构和规范性同构三种变迁机制。借用这个理论可以发现，浙江科技学院应用型办学的初始动力，主要是强制性同构和模仿性同构两种机制。强制性同构主要源于所面临的正式的或非正式压力。这些压力要么由这个组织所依赖的其他组织（如政府）施加，要么由组织运作所处的社会环境的文化期望所施加②。对于浙江科技学院而言，其强制性制度同构一是来源于改革开放初期国家经济建设对专业性技术人才的需求量激增，需要通过新建一所专门培养应用技术人才的地方高校来满足这一需求；二是来源于在浙江省和国家外部制度的强势介入下，浙江科技学院先后成为省州合作项目高校和中德政府合作项目高校，学校在输入由项目引入的大量办学资源的同时，也承担了建设全国示范性高等工程专科学校的任务，对学校的办学理念、办学定位、办学目标、办学模式师资队伍乃至学校文化都等产生了深刻影响，形成了另一种制度的强制性同构。

模仿性同构往往出现在"当组织技术难以理解，当目标较为模糊，或者当环境创造出象征性的不确定性时"，"某一组织就可能模仿其他组织的形态"②。作为新成立不久的地方高校，浙江科技学院虽然承担了为本地区培养高素质应用技术人才的任务，但对于应用型人才培养的模式和路径仍是模糊和不确定的，借助于中德合作项目的特殊制度环境，德国应用科技大学成为学校可以借鉴和模仿的对象。从之后30多年学校不断引入德国应用科技大学最新的人才培养模式的实践来看，德国应用科技大学的实践和变革对学校发挥着制度模仿性同构的作用。

强制性同构和模仿性同构为主要机制的制度同构发生在学校办学之初，成为学校38年坚持应用型办学的初始动力。

---

① ［美］保罗·J.迪马奇奥，沃尔特·W.鲍威尔.重温铁笼理论：制度的同构性与组织场域中的集体理论［M］//新制度主义政治学译文精选.何志俊，任军锋，朱德米，编译.天津：天津人民出版社，2007：262，263.265.
② 周光礼.公共政策与高等教育——高等教育政治学引论［M］.武汉：华中科技大学出版社，2010：49.

二、浙江科技学院应用型办学的主要制约因素

浙江科技学院的应用型办学是多重因素共同作用的结果。制度同构产生的初始动力对浙江科技学院应用型办学的制度网络和制度文化、对理性认识应用型大学、对学校利益相关者的行为和观念等产生着直接或间接的影响，并最终形成浙江科技学院坚持应用型办学的共同推动力。

制度网络是学校办学所处的直接制度环境。浙江科技学院在省州合作项目和中德合作期项目时期，作为全国示范性高等专科学校试点建设单位，构建了一个相对有利于学校应用型办学的制度网络，不仅源于政府的外部管理体制和机制都给予积极回应，学校与一些重要企业之间的合作也相对通畅，使"四年学制""本科待遇""两个实践学期""双师型师资"等应用型人才培养改革得以实施，提升了应用型人才培养的质量。就学校自身而言，从教师、学生、管理干部到校领导都长期受到应用型办学理念的影响，特别在中德合作时期，内部管理体制也呈现出多主体治理的特点，组织特性也有利于应用型大学的建设。相比之下，当前我国地方应用型大学在建设过程中，还存在着外部制度网络特别是分类评价、分类管理和分类拨款制度的缺失，学校自主办学政策不落地等问题仍不利于推进应用型办学。学校内部制度也存在导向不明，组织形态也存在应用性不强等问题，制约了地方高校的应用型建设。

关于应用型大学理论研究深化了学校对应用型大学的认同。理论指导实践。浙江科技学院在学习借鉴德国应用科技大学办学模式和人才培养模式的同时，通过选派教师赴德进修，组织教师撰写德国应用科技大学的研究论文和专著等，强化了人们对这类大学的系统性认识，加深了认同感，促进了学校应用型大学文化的形成，并对校内各群体特别是广大教师的教学思想、教学方法和教学能力产生了积极影响。同样，相对于当前我国地方高校向应用型大学转型的实践热度，相关理论研究的相对不足不但制约了转型实践，还成为地方应用型大学明确其合法性地位的重要阻碍，影响了政府、社会和相关群体对此类地方高校的认识和评价，并间接导致了政府和社会对学校的办学资源等投入存在不足。

大学制度文化是指学校以体制、机制、政策、规章等确定的制度环境，对师生

的思维、言行方式及生活行为习惯等具有引领、约束和定型的作用①。浙江科技学院经过 38 年的应用型办学实践，无论是在较为中观的办学理念、办学定位、办学模式和学校文化，还是在微观的管理制度、组织机构，乃至校长办学理念、教师和学生的观念等，都体现较强的应用型制度文化特质，形成了一种基于应用型办学的制度惯性，有利于长期坚持学校应用型特色与定位。同时，来自学校外部的制度文化，特别是社会观念、企业观念和大学举办方的地方政府对于应用型大学的观念，正成为影响学校办学越来越重要的因素，需要不断强化这部分群体有关地方应用型大学的价值观念。

影响大学办学的行为主体包括既有校内主体，也有校外主体。校内主体包括校长、教师、学生，校外主体有企业、政府官员；一些时候，相对于企业和政府，学校也可以视为一个行为主体。在浙江科技学院应用型办学历程中，这些行为主体均对学校产生了深刻影响，例如政府官员代表地方政府制定地方应用型大学的相关政策，其价值观念等自然对地方应用型大学产生影响。企业是地方应用型大学人才培养的输送对象，也是应用型人才培养的参与者，企业自身的发展状况以及企业对于应用型人才的认识程度等也对应用型人才培养产生影响。校长作为学校应用型办学的主要组织者，其工作经历、学历、价值观念等也对学校办学产生影响。教师是应用型人才培养和应用型社会服务的主要实施者，"教师的教育教学活动不转型，高校转型就是一句空话"②。因此，教师是否认同应用型大学，对应用型人才培养的教学方式、教授模式等运用能力都直接影响应用型人才培养的质量。学生也是如此，学生的生源质量、综合素质、创新能力和实践能力自然会对应用型人才培养产生影响。

三、浙江科技学院提升应用型办学水平的路径

了解了学校过去发展的初始动力，掌握当前发展存在的困境和制约因素，也就找到了浙江科技学院未来发展的路径。一是将外生动力与内生动力相结合，既强调政府在推动应用型大学建设中的主导作用，加强对浙江科技学院的资源输入和制度构建，又充分发挥学校自主办学的能力，强化应用型办学的特色，提

---

① 范跃进. 论制度文化与大学制度文化建设[J]. 山东理工大学学报：社会科学版,2004(3)：5.
② 邹奇,孙鹤娟. 困惑与超越：地方本科高校向应用型转型发展的路径选择[J]. 东北师范大学学报：哲学社会科学版,2017(3)：167-171.

升办学水平。二是加大理论研究力度，提升应用型大学的合法性，增强学校应用型办学的道路自信。要善于借用当前政府引导地方高校向应用型转型、理论界对于应用型大学研究的重视和相关研究成果不断出现等重要机遇，鼓励广大教师开展应用型教学、科研、服务和管理等理论学习和研究，深化对应用型大学的理性认识。三是进一步建立强化学校的应用型办学的特色和定位，引导相关行为主体建立应用型办学的理念和观念，特别是广大教师要加强双师双能型师资队伍建设，鼓励教师特别是新引进的青年教师走出校园，走入企业，既服务企业的科技开发和成果转化，又搭建企业与学校合作开展人才培养的桥梁。四是完善学校应用性组织形态的构建，使学校的组织结构更加具有开放拓展的特征，使人才培养和科学研究更加结合经济发展需求，使学校内部组织系统更加具有权力适度分离的特征，使学校建立一个能够灵活处理各类事物的管理机制，并最终使学校更加符合以知识应用为使命的组织目标。

第八章
制度创新：我国地方高校向应用型转型的有效策略

新制度主义理论认为,制度创新过程是调整组织内不同利益主体之间以及组织与外部环境之间相互关系的过程。制度创新是制度变迁的重要形式,浙江科技学院应用型办学的历程表明,无论是人才培养的外部嫁接模式向自主探索模式转变、科研型社会服务的灵活型模式向稳定型模式转变、管理体制的官僚组织模式向多元共治模式转变,还是国际化办学的实施,都是制度创新的结果。制度创新具有人为设计性,是制度创新主体根据一定目标主动实施的过程,但同时还要受这些行为者所共同享有的规则、规范体系的影响,需要遵循效率机制和合法性机制的制约。

效率机制和合法性机制是现代社会各种组织生存与发展必须遵循的两种基本机制,大学作为现代社会重要的开放性组织,处于社会中心地位,同样需要考虑效率机制和合法性机制对组织的创立、发展和变革的重要意义。地方高校向应用型大学转型,是当前我国"教育场域"制度变迁过程中的一项重要的制度安排,在推动高等教育结构进一步完善、提高高等教育办学效率方面发挥了重要作用,但也带来了应用型大学在现有制度环境下的合法性建构等问题。通过前文论述,无论是肇始于 20 世纪 80 年代的浙江科技学院在应用型大学办学上的探索,还是当下地方高校向应用型大学的大规模转型,地方高校办学转型作为一种制度变迁,其变迁的初始动力都主要来自外部制度,是典型的外生变迁;其制度变迁的运作机制则体现为以人为设计为主要形式的强制性制度变迁。而将变迁动力转化为具体运作机制,并在一定的路径上得以有效实施的,是实施转型的相关行动主体,即政府(包括地方政府和中央政府)、大学和市场。按照新制度主义理论,制度创新的过程需要关注不同行动主体承担的角色,并因此关注促使行动者履行其角色的机制,关注为确保新的制度安排的合法性而实施的深化或理性化,以及系统再生产其自身的方法①。因此,本章将在前面章节内容分析的基础上,探讨如何通过制度创新,从政府、市场和大学三类制度变迁的实施主体入手,结合各自的角色,提出推动地方高校应用型大学转型的策略和建议。

第一节　加大供给，创新政府的规制性制度

制度作为调控人或组织行为的一整套社会机制,首先体现在用以规范组织及其成员行为的规则或规范体系,即具有强制力的法律体系规章条文和社会群体约定俗成的行为准则,他们分别为组织或人的行为提供一种明确行为界限的刚性规约和相应的价值标准及社会期待②。在我国高等教育场域,政府不仅在制度变迁占据主导地位,是推动高等教育制度变迁的重要力量,也是高等教育各类制度的主要供给主体,决定着高等教育制度变迁的速度、形式、路径乃至方向等。因此,在推进地方高校向应用型大学转型的过程中,政府不仅应当发挥主导作用,更应该成为有关转型的关键性制度的主要供给者。

一、完善管理体制,创新体制性制度供给

社会学制度主义认为,任何制度都存在于一个高密度的制度环境中,制度之间的相互拱卫形成了制度网络,成为影响制度变迁路径选择的重要变量。高等教育管理体制是我国政府管理高等教育事业的根本制度,是全局性和根本性的组织管理制度,是统筹我国高等教育发展的重要制度③,是地方高校所处制度环境中最为核心的制度。高等教育管理体制和机制的调整,对于地方高校而言,是外部制度环境的重要改变,科学合理地调整地方高校的管理体制机制,政府对地方高校的创业规则,对地方高校向应用型大学转变、实现地方高校的制度变迁具

---

① [美]沃尔特·W.鲍威尔,保罗·J.迪马吉奥.组织分析的新制度主义[M].姚伟,译.上海:上海人民出版社,2008:316.
② 陈金圣.从蔡元培北大改革看大学学术权力的构建[J].复旦教育论坛,2012(1):67.
③ 朱艳.制度视角下中国高等教育结构研究[D].大连:大连理工大学,2012:88.

有重要意义。

自民族国家产生之后，国家干预和控制大学便成为一种普遍现象，"大学越来越多地生活在一个对它们抱有企图的民族国家的世界"①。我国高等教育一系列重大变迁中，政府主导的制度安排成为主要推动力，政府作为高等教育举办者和实际管理者，已经形成了运用行政命令、政策法规和财政拨款等措施自上而下实施变革的模式。当下我国地方高校向应用性大学转型，同样是一项由中央政府发起—地方政府附议—地方高校参与的系统工程，体现了自上而下、层层加压、分级治理的"运动式""强制性"治理逻辑。事实上，这种变革模式也确实有利于调动起地方高校广泛而迅速地参与转型的实践和探索中，"三年完成600所地方高校转型"这一口号或目标就很好地证明了这种模式下的内在逻辑。

在这种模式下，要实现转型目标，关键在于政府的强制力能否有效传导，特别是中央政府与地方政府之间的传导。一般而言，由于我国的政治体制，回应和落实中央政府关于地方高校向应用性大学转型这一政策要求是地方政府的本职工作。我国在教育领域实行省级统筹的管理模式，加之地方政府是地方高校的举办者和管理者，地方政府便成为推动地方高校向应用型大学转型的关键环节，因此有必要进一步加强地方政府统筹高等教育的权力，加强地方政府制度供给。

第一，要通过正式的制度安排，以法律规范的形式进一步界定地方政府特别是省级政府统筹高等教育的范围和内容，明确地方政府在引导地方高校向应用型大学转型的职责和权力，确保地方政府在推动地方高校转型过程中，既有较大的自主权，能够根据区域地方经济发展需求、产业结构特点、高等教育发展现状等合理规划和实施地方高校转型；又能在法律法规的框架内来行使权力，避免制度安排的盲目性带来的各种弊端。除了用法律规范进行明确规定之外，设立相关的协调机构也是一种选择。在此方面，德国的相关经验值得我们借鉴。德国政府为了协调联邦政府与州政府之间的相关政策，成立了若干个政府间的协调机构，包括文化部部长联席会（KMK）、联邦—州教育规划与研究促进委员会（BLK）、高校建设规划委员会（PH）等。其中，文化部部长联席会是一个由16个联邦州文化教育部长组成的联合机构，代表着各州的共同利益，致力于在跨地区问题上保持对教育、科学和文化的一致性。而联邦—州教育规划与研究促进委

---

① ［美］克拉克·克尔. 高等教育不能回避历史［M］. 王承绪，译. 杭州：浙江教育出版社，2001：5.

员会则是联邦和州政府在教育和研究领域进行对话的常设机构,委员会主要职能在于为联邦政府和州政府提供教育规划和研究促进方面的建议。高校建设规划委员会主要承担着高校扩建和新建工作的规划、组织和实施,因为根据德国有关法律的规定,高校的扩建和新建是联邦和州的共同任务。

第二,要建立对地方政府在引导地方高校向应用型大学转型的监督和考核机制。转型是一项系统工程,更是一项长期工程。对于地方政府而言,尽管产业结构的调整和经济的发展需要地方高校担负起培养大量的"大国工匠"的重任,但由于人才培养具有周期性长的特点,转型并不是一件可以立竿见影的事,加之地方高校在数量上较为庞大,在办学周期上又具有较强的路径依赖性,转型还会带来较大的阻碍。以浙江科技学院为例,其经历了十余年的探索,才建立了相对稳定的应用型人才培养模式。因此,从地方政府的理性视角出发,根据变革的成本—收益分析,地方高校转型在短期来看并不是一件理想的事,因此为了提高地方政府特别是主要领导对此项工作的重视程度,确保地方高校转型的效率,避免一些地方政府对转型战略的"阳奉阴违",需要中央政府建立约束机制,督促地方政府推动转型。

第三,要建立鼓励地方政府大胆探索的制度环境。应用型大学,尽管国外已有多种模式,但对于我国来说,地方高校如何向应用型大学转型,最终形成何种模式的应用型大学,是一项新事物。为此,要建立相对宽松的制度环境,鼓励地方政府在法律框架下大胆探索,主动创新各种体制机制,完善应用型大学建设的外部制度,促进各种模式的应用型大学在各地蓬勃发展。浙江科技学院在20世纪90年代探索引进德国应用科技大学人才培养模式时,如果没有良好的外部制度环境,便不可能以专科院校的身份进行四年制本科应用型人才的培养,便不可能使德国应用科技大学"两个实践学期"的人才培养模式在中国高校落地生根,并产生广泛影响。

二、落实高校办学自主权,创新权力性制度供给

我国地方高校向应用型大学转型,根植于我国特有的高等教育治理体系,具有鲜明的行政管控特点。对于转型要不要统一管理和统一规划的问题上,学界也已经形成共识,即必须立足于中国实际,从中国国情出发,使政治体制与文化传统相协调。但政府的统一管理和统一规划并不否定地方高校在转型过程中的

主体地位；相反，转型的实施需要政府发挥制度主要供给者的职能，推动办学自主权在地方高校的落实，发挥地方高校在转型中的主体作用。

高校办学自主权问题是一个历久弥新的话题。长期以来，我国高等教育管理已落入"一放就乱，一收就死"的怪圈，政府偏好行政管控，重视管理的效率而忽视决策的科学性，行政权力逾越边界，大学发展也千校一面，严重禁锢了高校办学的自主性、积极性和创造性，缺乏社会关切和市场意识。

因此，落实地方高校办学自主权，对于地方高校向应用型大学转型的重要性不言而喻。阿特巴赫认为："大学如果想名副其实地成为世界级的大学，它们就必须具备相当程度的自治和自由，即使付出偶尔为当局带来困窘的代价。"①大学自治是大学区别于其他社会组织，并使大学这一组织千百年来留存至今的最为珍贵的传统。地方高校向应用型大学转型，尽管更强调需求导向而非基于对知识的追求，然而也只有赋予其完善的自主办学权，地方高校才能作为相对独立的实体，根据市场变化和社会需求，及时调整办学定位和人才培养目标、类型及要求，灵活地适应外界变化，并从外界吸收到足够的资源、信息、政策和经费，从而真正实现转型；反之，如果地方高校始终仅仅是政府的附庸，在人事、经费的分配与使用、招生指标、学科专业设置等方面均受政府约束和控制，那么，即使没有出现"政府失灵"的困境，地方高校在向应用型大学转型过程中进行的双师双能型师资队伍建设、应用型人才培养模式、学科专业调整、科学研究导向、科研成果转化等也会面临重重阻碍，更无法及时调整与产业界的关系，转型也自然会无疾而终。

要构建有利于地方高校向应用型大学转型的高等教育制度体系，当务之急，是作为地方高校举办者和管理者的地方政府要落实《高等教育法》《中国教育改革和发展纲要》等制度性文件中有关高等学校享有的权力，真正从事无巨细的"家长式"管理中抽身出来，"将属于高等学校内部管理的权力下放给高等学校自己管理，如高等学校各专业的招生数、专业设置、证书发放、机构设置、干部任命、人员聘用及辞退、经费使用等方面的自主权"②，同时，按照"法无禁止即可为"的原则，积极探索地方高校宽松的自主办学制度环境，构建充满活力、公平合理的

---

① ［美］阿特巴赫.比较高等教育：知识、大学与发展［M］.人民教育出版社教育室，译.北京：人民教育出版社，2000：259.
② 陈厚丰.中国高等学校分类与定位问题研究［M］.长沙：湖南大学出版社，2004：80－81.

竞争环境,让地方高校自主根据区域经济社会发展调整自身的发展战略、办学定位和资源配置,真正实现应用型大学"有物可用","可自主使用"。

三、完善分类管理体系,创新评价性制度供给

新制度主义的组织同形理论认为,单一的制度供给是导致组织同形的重要因素。我国高等学校长期以来"千校一面"的格局,与我国高等教育"一刀切"的管理模式不无关联。《国家中长期教育改革和发展规划纲要(2010—2020 年)》指出,要"建立高校分类体系,实行分类管理,发挥政策指导和资源配置的作用,引导高校合理定位,克服同质化倾向,形成各自的办学理念和风格,在不同层次、不同领域办出特色,争创一流"。高校分类管理和分类评价机制是推动我国高等教育事业持续、健康发展的重要规范和实现我国高等教育结构多样化的重要制度安排,也是推动我国地方高校向应用型大学转型的制度性前提。

应用型大学作为一种高等教育类型早已被发达国家和相关国际机构所认可。联合国教科文组织早在 1997 年修订的《国际教育分类法》中就已经明确将其中的 5A2 列为应用型教育,定位为培养高科技专门人才(见图 8-1),以区别于处于第五级教育体系的 5A1 研究性教育和 5B 实用技术性教育,前者主要定位在培养研究性、学术性人才;后者主要定位在开展职业技术教育。这种基于人才培养类型和目标的分类方法有利于包括应用型教育在内的各种教育类型共同发展。这种分类法不仅被世界许多国家的高等教育分类所参照,各国还以此为依据建立了各具特色的高等教育分类管理和评价体系。

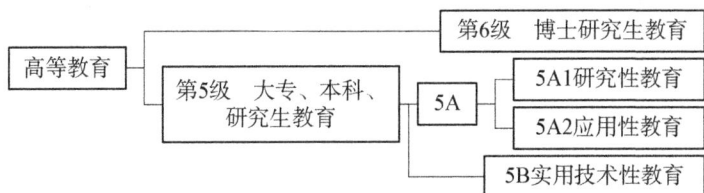

图 8-1 联合国教科文《国际教育分类法》关于高等教育的分类

德国二元制高等教育管理体制在国际上独树一帜。在德国,应用科技大学作为区别于综合性大学的一种高等教育类型,有自身的办学定位、办学目标和发展路径,是德国经济发展的重要动力,在德国社会享有良好的声誉。根据联邦政

府 1998 年修订的《高等教育结构法》，德国应用科技大学实行国际通用的学士、硕士和博士三级学位，可以授予学士、硕士学位，部分州更是在近年来批准同意授予博士学位；而根据 1999 年德国文化部长联席会议决议，应用科技大学的 Diplom 学位相当于 4 年制的学士学位，实现了德国应用科技大学制度与国际标准的衔接。在评估方面，德国各州建有由各州的文化部部长常设委员会和大学校长联席会议共同成立的认证委员会，专门负责对各大学教学工作的质量认证和学士学位、硕士学位的审批工作。在对应用科技大学的具体评估中，德国各州一般极少对大学整体进行评估和横向排名，而是对各大学的专业和学科进行评估，系是评估的单位。正是这种科学的分类评估办法，促进了德国应用科技大学办学水平的不断提升，并使其在国际高等教育领域产生广泛影响。

评估是政府对高等教育实施宏观管理的重要形式，是政府职能转变后介入高校办学，对高校办学质量进行监控的主要手段之一，也是高等教育发达的国家政府的通行做法。在德国，根据《高等教育结构法》，从 2002 年开始各州认证委员会对应用科技大学的教学、科研和人才培养工作进行定期评估。在我国，政府是高等教育评价体制的主体。按照高校管理体制，地方高校主要由地方政府进行定位的评估，推动地方高校向应用型大学转型所需的分类管理和评价机制的主要制度供给者应为地方政府。但由于中央政府掌握着本科以上普通高校设置的审批权，因此应用型大学的分类管理和评价机制的设立需要中央政府和地方政府的协同推动。

第一，中央政府需要出台应用型大学的设置标准。2017 年，教育部出台了《"十三五"期间高等学校设置工作意见》，以人才培养定位为基础提出了我国高等教育的分类体系，首次将应用型高校作为与研究型和职业技能型并列的三大类型高等学校之一，应用型高等学校主要从事服务经济发展的本科以上层次应用型人才培养，并从事社会发展和科技应用等方面的研究。这是我国高等教育分类体系在实践中的一大突破，有利于地方高校向应用型大学转型。下一步关键是要在此基础上根据应用型大学特有的办学定位、层次定位、学科专业定位和服务面向定位等，从国家层面进一步明确应用型大学的设置标准。

第二，地方政府要进一步细化地方高校分类管理和评价体系，构建应用型大学特有的管理制度网络。地方政府要结合国家高等教育分类体系框架和基本原则，根据本地区高等教育事业发展实际，将地方高校"阶梯式"的分类模式转为突出人才培养功能和科学研究差异等的分类模式。此类分类模式已经在浙江、上海、安徽、河南、黑龙江等地区进行初步实践和探索，受到了地方高校和社会的欢迎。其中，上海明确将高校分为学术研究型、应用研究型、应用技术型和应用技能型四类，突出了地方高校的应用导向。在此基础上，地方政府需要加强对应用型大学具体特点的分析，在出台相关政策举措时，支持地方高校加强应用型学科建设、应用型专业建设、应用型师资队伍建设等。要在充分调研的基础上，以与区域经济文化发展的融合度、应用型人才培养质量的高低等为主要考量，科学合理地建立应用型大学办学质量评价体系，引导地方高校通过调整学科和专业发展方向，重新确立学校发展定位，凝练学校办学特色，融入和服务地方经济社会发展。

四、完善政策保障，创新资源性制度供给

任何组织框架内规范系统的调整或变革都会引起组织内群体间的利益重新分配，而不同群体之间的利益博弈也会对组织规范系统的生产和变革产生重要影响①。利益的博弈，首先体现为对资源的争夺。高等学校是一个非营利性的资源依赖型组织，资源是其是实现人才培养、科学研究和社会服务乃至文化传承与创新等职能及目标的重要条件，更是其实现自身变革的保障和目的。

资源特别是优质资源的显著特征是有限性和稀缺性，资源的稀缺性导致人们在资源的获取和利用上具有较强的排他性。政府是高等教育办学资源投入的主体，这种趋势在近现代以来更是日趋明显。政府为特定组织提供资源的主要目的，是谋求可供自己使用的资源以实现自己的目标。在加强高等教育内涵建设、提升高等教育质量的大背景下，不仅处于我国高等教育金字塔顶端的"双一流"高校应成为政府资源投入的重要领域，对创新型国家战略、中国制造2025战略以及区域产业发展具有重大影响，对高等教育质量提升更具普遍意义的应用型大学更应成为政府资源投入的重点。为此，政府需要主动打破现有利益分配格局，克服现有观念的束缚和相关利益团体形成的各种阻碍，改变"现行的资源配置体制基本上是根据行政级别、办学规模和层次来安排的"②现状，按照培养

---

① 罗燕，叶赋桂. 2003年北大人事制度改革：新制度主义社会学分析[J]. 教育学报，2005(6)：15.
② 赵宏强. 高等教育分类管理与多样化发展[J]. 江苏高教，2011(4)：42-43.

不同类型人才的需要，重新配置高等教育资源，将更多的资源投入应用型大学这一新的高等教育类型中。

资源是对用以满足人类生存与发展需要的一切对象的总称。高等学校的办学资源主要包括财力资源、人力资源、学科专业资源和生源资源等①。其中，财力资源和人才资源最为关键。财力资源是高校生存发展和组织变革的主要资源。当前，各地对于应用型大学建设的财力资源投入还明显不足。从纵向分析看，浙江科技学院在20世纪八九十年代进行的应用型大学建设探索，如果没有国家、浙江省和来自德国充足的外部资金的支持，相关的试点工作便很难推进；从横向比较看，2017年以来，继"985""211"工程之后，针对"双一流"大学建设，中央和各地再次不惜重金投入，据粗略统计，未来五年，全国已出台"双一流"计划的省份总投入资金将超过500亿元，其中山东、广东、北京等省市的投入规模都超过50亿元②。但相比之下，地方政府对应用型大学的投入就显得捉襟见肘了。据了解，目前，仅有山东省和广东省提出落实财政资金支持应用型大学建设，其中山东省计划在"十三五"期间投入20亿元支持建设10所应用型大学和40个应用型专业，广东省计划投入100亿元支持14所地方高校建设应用型大学，而更多的省份对于地方高校向应用型大学转型只有文件，没有拿出真金白银。地方政府对不同类型高校财力资源的制度性配置，对地方高校具有鲜明的导向作用。由于各地对应用型大学在财力资源投入的普遍不足，不利于地方高校向应用型大学转型，也不利于地方高校安心定位于应用型、开展长期的应用型大学实践，最终不利于地方政府完善高等教育结构、提升高等教育整体办学质量、推动地方经济发展目标的真正实现。

除了地方政府之外，中央政府也需要在财政上加强对地方高校转型的投入力度，这也是一些国家在高校财政管理体制上的新趋势。以德国为例，近年来，德国联邦政府已根据《联邦教育促进法》，每年向全德国25%的大学生（包括应用科技大学学生）提供100—1 144马克/月的助学金，资助金额与学生父母或配偶的收入有关；联邦政府教育与研究部每年还与16个州召开一次会议，研究新校区建设或老校扩建方案，联邦政府和州政府各出50%的建设经费。在我国，

---

① 赵庆年,祁晓.高等学校分类管理：内涵与具体内容[J].教育研究,2013(8)：52.
② 盘点各省双一流建设大手笔,看看你们省打算砸多少钱！[EB/OL].[2018-02-01].http://www.sohu.com/a/169241850_583552.

尽管教育部设立了中央财政专项经费，以项目制的形式支持地方高校的建设和发展，但相较于数千所地方高校而言，当前的中央财政专项经费总量明显是九牛一毛。因此，需要中央和各地政府转变观念，提高对应用型大学建设的重视度，多种渠道增加对地方高校向应用型大学转型的财力资源配置力度。

"大学者，非大楼之谓也，大师之谓也"。高校是知识高密度组织，人力资源是高校的首要资源。高校的师资队伍水平决定了高校的人才培养质量和办学质量，决定了高校的社会服务能力。应用型大学需要有一支高水平的应用型师资队伍。在应用型大学的人才资源制度供给方面，政府同样大有可为。一是要进一步下放给高校有关教师的录用、评审、考核等权力。尽管《高等教育法》等相关法律明确了高校在师资队伍建设等方面的自主权，但有关教师的职称评审权还掌握在地方政府手中，不利于地方高校对教师队伍总体设计，不利于地方高校通过政策引导来推动师资队伍的转型。二是要做好应用型教师队伍的整体规划。目前，各地均有教师队伍建设的整体规划，但有关应用型师资队伍的建设，无论是国家还是地方，都没有做深入研究，更没有明确的规划，不利于地方应用型教师队伍的长远发展。三是要设立面向应用型教师队伍的人才专项。当前国家和各地出台的各类高水平人才项目，如千人计划、万人项目、长江学者、国家杰出青年等，往往有利于研究型大学的师资队伍建设，而与应用型大学擦肩而过。设立应用型教师队伍专项是我国教师队伍分类建设的一个重要标志，不但可以使应用型大学的教师感受到来自政府和社会的重视和尊重，更有利于凝聚一批高水平的双师双能型教师长期坚持应用型人才培养和应用型科研开发，鼓励各地方高校建设应用型教师队伍的人才高地。四是要改革高校教师绩效工资制度，建立面向市场的、灵活的、以业绩为导向的人事聘用体系和工资体系，使教师工资制度与教学、科研和管理工作的业绩相挂钩，使应用型大学的教师工资体系与研究型大学的工资体系相一致。

高等教育资源配置方式的变迁，"不仅仅有赖于制度支持者所控制的资源，也有赖于权力的性质和提供、分配、控制资源的具体制度规则"[①]，"好的制度可以激励和约束人的行为，使人尽可能生产并利用手中的资源，实现组织目标的最

---

① ［美］沃尔特·W.鲍威尔，保罗·J.迪马吉奥.组织分析的新制度主义［M］.姚伟，译.上海：上海人民出版社，2008：72.

大化"①。以上的制度安排旨在增加政府对应用型大学资源性制度的投入，扩大资源总量。在此基础上，还需要政府完善资源配置方式，以提高有限资源的使用效率。在高等教育发展中，政府赋予大学组织的地位，并以此为主要依据对大学进行资源配置，这种方式"用计划安排代替了市场竞争"，造成了资源配置的低效率。为了引导和鼓励地方高校向应用型大学转型，地方政府需要引入市场化的理念，采取竞争性的资源分配机制，在拨款机制、人事激励机制、评估机制等方面突出绩效管理，重点激励对转型积极主动、对应用型大学建设大胆探索并取得成效的地方高校，对受支持的地方高校进行基于成本收益的绩效性评价，以实现资源配置效益的最大化。

第二节　发挥作用，创新市场的规范性制度

随着市场经济体制在我国的不断完善，市场在我国高等教育改革和发展的作用不断显现，并成为一种影响我国高等教育制度变迁的重要外部制度环境。在传统的高等教育领域，市场主要通过运用供求机制、价格机制和市场机制等来协调高等教育相关主体间的观念、资源等矛盾和冲突，通过竞争机制来影响高等教育改革和发展的形式、手段及内容。地方高校向应用型大学转型，作为当前我国高等教育制度变迁的重要内容，同样离不开市场的作用。

一、推进产教融合，发挥市场作用

产业是市场的主体，也是市场的主要资源。推动产教融合，是市场参与高等教育建设、实现高等教育与产业共同发展的重要途径。应用型大学以服务区域经济发展为主要使命，需要引入市场力量，主动开展产教融合，这也是应用型大学区别于传统本科教育的"关键要素"②。

产教融合下，产业要推动高校人才培养理念的创新。传统的产教融合和国

① 张学敏，陈星. 资源与目标：现代大学制度建设的矛盾及其化解[J]. 高等教育研究，2015(9)：38.
② 张大良. 把握"学校主体，地方主责"工作定位，积极引导部分地方本科高校转型发展[J]. 中国高等教育，2015(10)：27

外经验都体现在校企合作共建实践基地、共同培养人才等形式上。浙江科技学院在 20 世纪八九十年代引入德国的两个实践学期制度，其中有一个学期就是以校企合作共建实践基地的形式开展，对于应用型人才的培养取得了积极效果。但随着高等教育的发展和产业的进步，传统的校企合作形式已不能满足产业对人才培养的要求，故形成了产教融合、协同育人的模式。在这种模式下，产业不再是高校人才培养的被动接收者，而成为高校的"产业伙伴"。产业伙伴作为产业一种面向地方高校新的角色定位和价值追求，最初产生于我国台湾地区。台湾的科技类高校在 20 世纪 90 年代和 21 世纪初提出了"亲产业的优质大学"和"企业伙伴型大学"的办学理念[①]，有效推动了此类大学与产业的融合。在"产业伙伴"理念的框架下，产业与学校共同制定人才培养标准，共同建立专业课程体系，共同建设师资队伍，共同担负实践教学任务，共同促进毕业生就业，不断提升人才的社会适应性和就业竞争力；双方还可以共同建设科研创新平台和技术中心，促进应用型大学的办学直接融入区域发展、产业振兴和技术进步，推动产业先进技术的应用和创新。

产教融合下，产业要推动高校人才培养模式的创新。产业要主动选择优质的行业前瞻性项目进入高校，建立校内基地、实验室或工作坊（工作室），要将企业的优秀工程技术案例引入高校课堂，要将企业的产学研研究成果和工作实务等引入高校教材，要将企业的优秀员工引入高校师资队伍中，改变传统高校学科至上、课堂为本、教师为中心、书本为中心的培养模式，转向以能力为中心、应用导向的培养模式。

产教融合下，产业要推动高校基层学术组织的创新。传统高校的基层学术组织是以学科为基础而建立的。产教融合的框架下，产业通过向地方高校输送企业资源和管理要素，建立一种基于产业的非独立法人学院，催生地方高校新的基层学术组织。这种新的产业性学院一般由校企共同举办，由校企共同申办专业，使用企业开发的部分课程和教材，企业还选派专员参与日常管理，并选派有生产和管理经验的高级技术人员承担一定的实践教学、学生职业生涯教育和实习实训指导。2014 年 12 月，我国通信产业领头企业——中兴公司在教育部的

---

① 黄红武，周水庭，黄小芳.亲产业重应用：地方本科高校特色发展的探索[J].中国高等教育，2011(20)：48 - 50.

支持下，在国内 30 余所高校建立了"教育部—中兴通讯 ICT 产教融合创新基地"，成立了相关产业学院。在这种产业学院内，企业的四大职能体系全面"补养"高校人才培养——研发体系、市场体系、人事行政体系及企业大学，从产、教、学、研四个维度，全面覆盖高校的专业建设、课程建设、职业素质培养、师资培养、学生实习就业、科研成果推广中。又如，曙光信息产业股份有限公司为推进国家大数据产业建设，与全国 41 所高校联合成立了"曙光大数据应用创新中心"和"曙光大数据学院"，促进了我国大数据领域的人才培养、科研研究和技术开发等。

二、转变社会观念，塑造规范的用人制度

　　一种市场不仅仅是一种配置机制，也是一种具体的制度文化体系①。市场的制度文化体系影响并支配着人们的价值和观念，并在无形之中支配着人们的行为。长期以来，"学而优则仕""重学轻术"等传统思想一直深深地影响和支配着人们的观念与价值选择，也影响着人们对高等教育质量的评价，影响着高等学校举办者的办学方向，影响着高等教育求学者的基本心态。应用型大学作为一种高等教育类型，是高等教育体系的重要组成部分，以培养应用型人才、开展应用型科研为基本职能。成熟的市场经济国家对此类大学有科学的认识，如德国、瑞士、法国等，应用型大学的毕业生不仅就业机会广泛，就业薪酬还比综合性大学培养的学术型人才更具优势。而在我国，在传统观念的影响下，社会还不能客观看待应用型大学，把应用型大学等同于高等职业技术学校，家长不愿意看到孩子未来的就业方向是一线工程师，甚至一些地方高校也不愿意放弃"高大上"的"研究型""教学研究型"大学或综合性大学而将学校定位为应用型大学。

　　观念的调整需要制度的重新塑造来构建。其中社会用人制度的构建是市场发挥作用、促进应用型大学建设的重要举措。受就业市场发育不完善、不健全等因素的影响，我国大学生就业市场在用人标准上存在学历本位论、高校出身论等制度性偏差。一些企业用人"不考察能力和素质"，唯文凭是举，非"985""211"高校的毕业生不录用，非高学历的毕业生不录用，甚至岗位待遇与职业发展都与此

---

① ［美］沃尔特・W. 鲍威尔，保罗・J. 迪马吉奥. 组织分析的新制度主义［M］. 姚伟，译. 上海：上海人民出版社，2008：254.

相关联,极大地造成了高校毕业生人才市场的畸形发展。学历和高校身份成为市场用人标签的结果是,一些地方高校,包括一些毫无基础的地方高校将办学重心从扎实的人才培养转移到争硕士点、博士点,转移到办研究型大学等。因此,我们必须摒弃就业市场中带有歧视性的观念和用人标准,重构一种"能力为本,唯才是举,人尽其才"的用人机制,使各种类型的人才都能在不同的岗位上发挥出应有的作用,体现出相应的价值,为应用型大学的建设创造良好的市场环境。

三、完善社会评价标准,建立多样化的社会评价

在高等教育不断发展的今天,市场正以一种特有的逻辑参与高等教育建设过程中,参与的程度不断提高,参与的形式也不断多样化,其中,针对高校办学质量的大学排名成为市场发挥第三方力量对大学进行质量评估的重要形式,也是大学向社会展示学校办学实力、办学特色的重要平台,同时也是社会了解大学的一个窗口。近年来,我国社会对大学排名关注度日益提高,不断涌现出各种排名机构,各种高校排行榜如雨后春笋般不断出现。但是,人们在关注排行榜的同时,也发现了当前各种排行榜的一些弊端和不足,如一些排行榜开始成为左右考生高考志愿选择的指南,一些排行榜成为地方政府默认的用于考核高校办学质量的依据,导致一些高校的办学行为被这些排行榜"绑架",陷入发展的误区。

科学的社会评价应是多元化的,只有多元化的社会评价才能引导高等教育多样化的发展,才能引导各种类型的高校在现有办学层次和类型中安心办学,办出特色。大学排名也同样如此,一些国家的大学排行榜为我们提供了经验和借鉴。《美国新闻与世界报道周刊》是美国一家最早推出大学排行榜的机构,已有40多年历史,已成为全美大学评价中较为权威的排行榜,其评价方法和结果已被美国社会所接受,其中的奥秘在于其排名首先建立在对大学进行分类的基础上。排行榜以美国卡耐基教育促进会颁布的大学分类标准为主要依据,将全美4 000多所高校分为六类,并在此基础上综合考虑了学生的学术水平、考试成绩、同行信誉调查、招生情况、校友捐赠等因素产生最终排名。排行榜还会将美国高校按地理位置分为中西南北四个区,列出高校的分区排名,以综合考虑美国不同地区高等教育发展水平的差异。这种按类、综合的排名方式值得我们借鉴。我国相关机构在进行大学排名时,也应建立一套基于高等院校分类,对大学进行分层次、分类型的多样化排名,甚至可以针对地方高校向应用型大学转型的现实需要,建立一套面向应用型大学的排行榜,引导应用型大学办出特色、实现个性化发展,同时形成动态的绩效评价机制,定期向社会公布,供政府和社会、大学相互监督。

第三节　积极探索，创新大学组织的主体性制度

池田大作认为,20 世纪着重于外在的改革,社会变革被当作解决各种矛盾的首选;进入 21 世纪,首要课题应是重新把目光转向内容,即自身的内部革命,把从外向内的意志流向改为从内向外①。在我国地方高校向应用性大学转型的制度变迁过程中,我国高等教育的特殊国情,决定了政府、市场特别是政府是推动转型的强大外因,是转型的主要推动者和制度供给者。但地方高校作为转型的真正主体,才是决定转型能否成功的主要内因。在我国高等学校办学自主权不断落实的今天,对于是否参与转型、如何转型、转向哪种形式的应用型等这些涉及转型的根本性问题,只有地方高校才能做出符合时代特点和自身要求的科学决策和长远规划,其他任何组织机构,包括政府和教育主管部门都无法代替高校。这也正是国家在引导地方高校向应用型大学转型时鼓励"一批有条件、有意愿的试点高校率先探索应用型(含应用技术大学、学院)发展模式"的重要原因。为此,地方高校要发挥主观能动作用,从提高认识、转变观念、创新模式等方面入手,积极探索,回应向应用性大学转型的议题。

一、转变办学理念,提高转型认识

大学的办学理念是大学举办方必须首先考虑的问题,是对大学办学方向和办学路径等观念性问题的深层次思考与梳理,决定了大学发展模式和内在结构布局,决定了大学在高等教育体系中的定位,决定了办学者的行动选择和实践路径,是一所大学办学的灵魂。办学理念的变化是大学制度变迁的内在根本原因。"今天的大学转型的真正困难不在于制度创新或组织的改造,而在于精神的革命

---

① ［日］池田大作.时代精神的潮流[M].香港：商务印书馆,2005：27.

和理念的复兴"①。引导地方高校向应用型大学转型,作为地方高校向应用型大学制度变迁的外部制度主体——政府和社会对转型有较为良好的认知,有关引导转型的一系列文件的出台更表明了政府已从理念转向制度构建。目前,最为核心的要义是引导地方高校建构起与应用型人才培养和应用型大学相契合的办学理念,并以此来指导具体的转型实践。

思想认知是人们对事物本质的认识程度,思想认知的水平决定了人们实践活动的能力。正如伯顿·克拉克所言:"大学的转型,在极大程度上不是偶然的,也不是附带的。大学发生转型,并非因为在大学内部设置了若干个新的专业;一些新的方法很容易被封锁起来作为小小的飞地。大学发生转型不会因为单个创业者夺得了权力,从上而下办一切事情;这种情况是例外。相反地,大学的转型,总是先从大学基层单位和整个大学的若干人开始,他们志同道合在一起,通过有组织的创新,改革大学的结构和方向,经过若干年的努力才能发生。"②因此,大学的转型,从某种程度上,必须是一种群体性的行为。这一群体中有教师,也有行政人员,甚至还有学生、校友;有大学的主办者,也有大学的合作方,这些群体在一种特定的价值引导下,围绕构建一个新的大学形式、层次或结构的目标,运用各种资源,推动大学转型的实施。这些群体如果不能对转型有相对深刻的思想认知,不能转变传统的办学理念,不能抛弃大学的精英情结,从而建立起基于应用型大学的办学理念、发展思路和质量信仰,地方高校就不可能真正实现转型,即使有所谓的转型,也只能是外在形式上或者名称上的转型。从内在逻辑上看,地方高校转型是其适应社会发展、维护其存在的合法性的内在要求,是其回应社会需要、提高自身办学满意度的现实需要,是其寻找发展优势、实现错位发展的必由之路,因此,地方高校必须转变办学理念,实现学术型的办学理念向应用型的办学理念过渡,并据此深层次、全方位、系统性地调整办学实践。总之,地方高校转型必须首先完成大学办学理念的转型,毕竟"对于大学,不是制度的存在决定理念的存在,而是理念的存在决定制度的运行。不是一旦我们建立了某种新大学制度,新制度下的人们就自然有了相应的理念;相反只有人的思想和意

---

① 王建华.大学的三种概念[J].高等教育研究,2011(8):8-15.
② [美]伯顿·克拉克.建立创业型大学:组织上转型的途径[M].王承绪,译.北京:人民教育出版社,2003:2-3.

识发生了根本改变，形成了新的大学理念；大学制度的转型才有可能成功"。①

二、创新办学模式，增强转型实效

正如雅斯贝尔斯所言："大学改革的任务是双重的：一是大学组织和机构的外部改造；二是为赢得大学理念形态的思维方式的内在改变。单纯的机构改革将失去它的本真意义，而单纯的理念更新将造成乌托邦式的狂热。怎样处理这二者关系，决定着大学的命运。"②地方高校向应用型大学转型，需要理念转变与机构再造共同推进。对于地方高校而言，机构再造，关键是实现以学科、专业、师资队伍等为基础的办学模式的创新。"高等教育办学模式是指一定的历史条件下，以一定的办学思想为指导，在办学时间中逐步形成的规范化的结构形态和运行机制"③，在现实层面，政府、市场会与不同类型、层次的高校形成不同的关系，不同类型、层次的高校内部也会在高等教育生态体系中寻找到自身的食物链节点，形成独特的办学模式。但长期以来，我国高等教育组织同形化倾向严重，尤其是地方高校，不断被研究型大学、综合性大学、学术型大学"同化"，丧失了自身的学科特点和办学特色，浪费了本就十分有限的办学资源，导致办学质量和社会声誉不升反降。

此次向应用型大学转型，地方高校应该把握良好的外部制度环境，不再满足于通过对现有办学模式的小修小补或多签几份社会合作协议、多建几个工程中心来装点门面，以此获得政府的资源投入，而是应该立意高远，围绕向应用型转变的战略目标，"从办学定位及发展思路、服务面向及战略规划、人才培养方法及质量评价标准、科研目标及考核制度、学科专业设置及教学方式、师资队伍建设及管理、行政管理体制机制及校园文化营造等各方面系统调整"④。具体而言，是要深入分析和准确把握所在区域经济产业结构变化的整体趋势及人才需求结构变化的特点，结合学校实际，调整和新建一批应用型学科专业，搭建应用型人才的平台，要改变传统的"以教学为中心、以教师为中心、以课堂为中心"的教学

① 王建华.时代精神与大学变革[J].高等教育研究,2011(12):1-9.
② 梦海.大学的理念与使命——卡尔·雅斯贝尔斯《高校革新提纲》与马丁·海德格尔《校长就职演讲》比较[J].自然辩证法通讯,2006(3):98.
③ 潘懋元,邬大光.世纪之交中国高等教育办学模式的变化与走向[J].教育研究,2001(3):3-7.
④ 李国仓.地方本科高校转型发展热潮下的冷思考[J].高校教育管理,2016(4):72-78.

模式和以灌输为主要形式的教学方式，积极引导教师采用"探究式、启发式、参与式、讨论式"和"基于问题、项目与案例"的教学方法，注重推进"工学结合、校企合作和顶岗实习"，加大实践教学的比重，加强对学生实习实践环节的质量把控，探索多种形式的应用型人才培养模式。要积极搭建地方高校服务社会的平台，做好研究成果的孵化和转化工作；与科研院所、行业企业和其他高校联合，建立协同创新中心，联合多方力量，共同解决本区域行业企业的关键问题和技术难题，推动行业发展；要从应用型大学的办学定位出发，合理规划应用型师资队伍建设，在人才引进、培养、职称评审、人事考核与聘用，强调教师服务社会的经历和能力等。地方高校通过这种合理规划的、全局式的、持续性的变革，经过数十年的努力和坚持，从根本上改变学校固有的办学定位，是使地方高校走出一条特色鲜明的应用型大学的发展之路。

第九章
结　语

随着经济的发展和高等教育结构的战略调整,引导地方高校加强应用型转型已被政府提上议事日程,有关地方应用型大学建设也成为近年来高等教育界研究的一个热点问题。在经济发展需求和国家政策的双重推动下,加强应用型建设已成为当前众多地方高校的共同选择,但无论是在理论上还是实践中,应用型大学对于大多数地方高校而言,还是一个新的概念。研究地方应用型大学建设的影响因素和具体路径,既有理论价值也有实践意义。本研究以浙江科技学院这所借鉴德国应用科技大学办学经验,进行了近 40 年应用型办学探索的地方高校为例,对地方高校应用型办学的影响因素和具体路径进行了一定的探索,有了一些发现,现总结如下:

第一节　研究的主要结论

本书聚焦地方应用型大学建设的动力、影响因素和路径等问题,按照“从宏观到微观再到宏观”的思路,在对应用型大学的缘起、发展和在我国的实践探索与现状等进行梳理和分析的基础上,重点在微观层面对浙江科技学院近 40 年的应用型办学历程进行深入研究,从人才培养模式、应用型科研服务模式、管理体制和国际化办学四个维度,对其应用型办学的路径进行了深入挖掘,对其应用型办学的影响因素进行了实证分析,并提出我国地方高校向应用型转型的策略和建议。通过以上分析,本研究主要形成以下七个方面的结论:

第一,通过对应用型大学的缘起、发展和在我国的实践探索与现状的梳理,发现应用型大学在不同国家、不同时期形成了形态多样的类型,其中德国应用科技大学具有典型性。在我国,有关应用型大学的建设,前期已有初步的实践探索。而当前,地方应用型大学建设整体上呈现出省域分布不均衡、转型模式多样化、转型途径多形式、人才培养层次不同等特点,取得了明确应用为本的办学定位、构建应用型人才培养的规模和学科结构基础等初步成效,同时也面临着逾越价值、路径、组织、制度和技术等方面困境的任务。

第二,通过运用文献分析的方法,对浙江科技学院人才培养模式变革的梳理,发现浙江科技学院的人才培养模式经历了从外部嫁接到自主探索的变革,这种变革是培养目标、培养内涵、培养层次、培养规模、培养方案和培养模式的全方位的变革。启示是当前地方应用型大学要通过外部嫁接和自主探索相结合,实现人才培养模式深度转型。

第三,通过对浙江科技学院应用型科研服务模式变革的分析,发现浙江科技学院在长期办学实践中已确立了科学研究的应用性定位,在夯实应用型科研服务基础的过程中,学校应用型科研服务模式经历了从灵活型服务模式(科研合作服务模式、成果转化服务模式和科技攻关服务模式)向半稳定型服务模式转变的过程(共建研发中心模式、2011 协同创新中心模式和高校智库模式),但在稳定型服务模式构建上仍处于空白。启示是当前地方应用型大学需要推动科研服务模式从灵活型向稳定型变革,提升学校科研服务水平。

第四,通过对浙江科技学院管理体制机制变革过程的研究,发现根据学校不同办学时期的组织使命,浙江科技学院的内外部管理体制机制在学校初创期、中德合作期和自主探索期呈现出不同的时代特点,并整体上呈现出从"管理"向"治理"变革的过程。启示是当前地方应用型大学建设需要构建一种多元治理的管理体制,以实现学校应用型办学的使命。

第五,通过对浙江科技学院国际化办学模式变革的梳理,发现国际化办学这一办学特色在浙江科技学院的经历了强制性实施、转型阶段和诱致性实施三个阶段,已成为学校应用型大学建设的战略工具。在强制性实施阶段,国际化办学发挥了缓解办学经费短缺、输入德国应用科技大学人才培养模式等功能;在诱致性阶段,发挥了改善学校办学空间、突破办学资金瓶颈、提升应用型人才培养质量等作用。启示是当前地方应用型大学需要重视国际化办学的作用,推动自身建设。

第六，运用扎根理论的研究方法，对浙江科技学院应用型办学影响因素进行实证研究，发现浙江科技学院应用型办学受到制度同构、制度网络、制度文化、行为主体、理性认识等因素的影响，同时这些因素又相互影响和推动，其中制度同构是浙江科技学院应用型办学的动力来源，指出当前地方应用型大学要善于综合运用以上因素的作用，促进自身发展。

第七，在前文对地方高校加强应用型建设存在困境、浙江科技学院应用型办学路径和影响因素研究的基础上，提出了制度创新是地方应用型大学建设有效策略的观点，具体包括加大供给，创新政府规制性制度；发挥市场作用，创新市场规范性制度；积极探索，创新地方高校主体性制度等。

第二节　研究的主要贡献

从多个维度分析和阐释浙江科技学院应用型办学变革历程，积极构建变革的框架和内在逻辑，深入挖掘浙江科技学院应用型办学的影响因素，为我国地方应用型大学建设提供借鉴。具体贡献主要体现在以下三个方面：

第一，进行了地方高校应用型办学的理论探索，具有较好的理论价值和意义。本研究以新制度主义有关制度变革理论为指导，从人才培养模式、科研服务模式、管理体制模式和国际化办学模式四个维度对浙江科技学院应用型办学变革历程及其内在逻辑进行了积极构建，对浙江科技学院应用型办学的影响因素进行了深入挖掘。这不仅丰富了我国地方高校变革史的理论研究，还丰富了以地方高校应用型建设为专题的院校研究，具有一定的理论价值。

第二，为地方应用型大学建设的实践提供了有益参考，具有现实价值和意义。一是通过对浙江科技学院近 40 年应用型办学历程的研究，回应了地方应用型大学办学的合理性和合法性问题，有助于提升地方应用型大学的办学自信。二是通过对浙江科技学院应用型办学模式的研究，为地方应用型大学提供了可以参考的现实样本。三是通过浙江科技学院应用型办学的微观史学研究和问题史学研究，回答了地方应用型大学的具体维度、内在逻辑、主要动力和影响因素等问题，为地方高校向应用型转型提供了可以参考的有效路径。

第三，本书采取院校研究方法、文献研究方法、问题史学研究方法、微观史学研究方法和扎根理论研究方法等,从人才培养模式、科研服务模式、管理体制模式和国际化办学模式四个维度以及办学的影响因素等对地方应用型大学的办学路径进行了深入分析,使研究更为翔实、生动和有说服力。

第三节 研究的不足和展望

由于笔者的时间、精力和能力所限,本研究还存在很多不足,有待今后的进一步补充,修正和深化。

第一,研究不足。一是本研究在实施过程中以浙江科技学院为研究案例,提出了需要通过制度创新,从政府、市场和大学三类制度变迁的实施主体入手,结合各自角色,推动地方高校向应用型大学转型的策略和建议,这是研究的亮点所在。但由于这些策略和建议主要来自浙江科技学院具体的历史背景和社会现实,并不能完全适合当下所有地区的高校转型,因此,以上策略和建议存在一定局限性。二是在对浙江科技学院应用型办学变革进行分析的过程中,运用微观史学和问题史学的研究方法不够娴熟,导致研究不够深入,一些深层次的理论问题还未解答。在分析浙江科技学院应用型办学的影响因素时,由于分析的数据具有历史性,深度访谈对象应尽可能兼顾不同历史时期的人物,但由于条件的限制,使扎根理论研究方法的效果难免存在一些不足。三是新制度主义作为一种流派众多、内涵极为丰富的理论,本书以此作为理论依据进行研究,存在理论依据过于宽泛的不足。

第二,研究展望。相较于其他国家的应用型大学,如英国的"新大学"、德国的应用科技大学和美国的赠地学院等,作为一种高等教育类型,应用型大学在我国还是一个较新的概念。特别是我国的应用型大学建设是一个"自上而下"的拉动过程,是政府宏观政策驱动的结果,在具体实践过程中,我国的地方应用型大学建设还面临着很多困难,有很多问题亟待研究。比如,我国幅员广阔,区域差异较大,不同地区的应用型大学存在明显区域差异,相应地需要采用怎样的策略? 作为一种新的高等教育类型,我国应用型大学与研究型大学有什么区别? 其特质有哪些? 应用型大学的设置标准和评价标准是什么? 再比如,地方应用型大学作为一种高等教育走出象牙塔、服务区域经济发展的标志性"产品",其与高等教育系统内部的关系、与政府的关系、与科学技术系统和产业系统的关系应该如何构建？本书有所涉及，但只是浅尝辄止，未对此展开深入研究，需要进一步深化。

参考文献

一、专著

[1] [英]阿什比.科技发达时代的大学教育[M].滕大春,腾大生,译.北京:人民教育出版社,1983.

[2] [德]奥尔格·皮希特.德国教育的危难[M]//瞿葆奎.联邦德国教育改革(教育学文集第21卷).北京:人民教育出版社,1991.

[3] [美]伯顿·克拉克.高等教育新论——多学科的研究[M].王承绪,徐辉,等,译.杭州:浙江教育出版社,2001.

[4] [美]戴维斯·诺思.制度创新的理论[M]//[美]R.科斯.财产权利与制度变迁——产权学派与新制度学派译文集.刘守英,译.上海:上海三联书店,1994.

[5] [美]道格拉斯.C.诺思.制度、制度变迁与经济绩效[M].杭行,译.上海:上海三联书店,1994.

[6] [荷]弗兰斯·F·范富格特.国际高等教育政策比较研究[M].王承绪,等,译.杭州:浙江教育出版社,2001.

[7] 龚怡祖.论大学人才培养模式[M].南京:江苏教育出版,1999.

[8] 季桂起,宋伯宁.地方本科院校创新性应用型人才培养模式研究[M].济南:山东大学出版社,2013.

[9] 李克军.在服务地方中凸显特色:新建本科院校发展战略研究[M].北京:清华大学出版社,2015.

[10] 刘良华.教育研究方法:专题与案例[M].上海:华东师范大学出版社,2007.

[11] 刘书瀚,白玲.校企合作应用型人才培养模式理论与实践[M].天津:南开大学出版社,2014.

[12] 刘献君.院校研究[M].北京:高等教育出版社,2008.

[13] 刘晓亮.地方高校教育国际化[M].北京:中国石化出版社,2016.

[14] 潘懋元.新编高等教育学[M].北京:北京师大学出版社,1996.

[15] 唐世平.制度变迁的广义理论[M].沈文松,译.北京:北京大学出版社,2016.

[16] 苑大勇.终身学习视角下英国高等教育扩大参与政策研究[M].北京:高等教育出版社,2013.

[17] 王立人,顾建民. 国际视野中的本科应用型人才培养[M]. 杭州：浙江大学出版社,2008.

[18] 徐小洲,等. 高等教育论——跨学科的观点[M]. 北京：人民教育出版社,2002.

[19] [美]约翰·布鲁贝克. 高等教育哲学[M]. 王承绪,等,译. 杭州：浙江教育出版社,2002.

[20] 张建新,高等教育体制变迁研究：英国高等教育从二元制向一元制转变探析[M]. 北京：教育科学出版社,2006..

[21] [美]朱丽叶·M. 科宾,安塞尔姆·L. 施特劳斯. 质性研究的基础：形成扎根理论的程序与方法[M]. 3 版. 朱光明,译. 重庆：重庆大学出版社,2015.

[22] Burton. R. Clark, The Higher Education System [M]. Oakland：University of California Press，1983.

[23] Clark，B. etal，The Encyclopedia of Higher Education [M]. Oxford：Pergamon Press，1992.

[24] Giovanni Levi. On Micro-history：New Perspectives on Historical Writing [M]. PA：The Pennsylvania State University Press，2001.

[25] Martin Trow. Problems in the Transition from Elite to Mass Higher Education [M]. Pairs：Conference on Futures Structures of Post-secondary Education，1973.

二、期刊论文

[1] 蔡国春,郗霏. 英国院校研究发展与演变的逻辑：从"平等"到"质量"[J]. 华东师范大学学报：教育科学版,2014(02)：44-52.

[2] 曹正汉. 无形的观念如何塑造有形的组织：对组织社会新制度学派的一个回顾[J]. 社会,2005(3)：207-216.

[3] 陈家刚. 全球化时代的新制度主义[J]. 马克思主义与现实,2003(6)：16.

[4] 陈学军. 新制度主义组织社会学视野下的教育组织研究[J]. 比较教育研究,2008(7)：22-26.

[5] 陈时见,甄丽娜. 美国高校社会服务的历史发展、主要形式与基本特征[J]. 比较教育研究,2006(12)：7-11.

[6] 陈涛. 个案研究"代表性"的方法论考辨[J]. 江南大学学报：人文社会科学版,2011(3)：65.

[7] 陈向明. 扎根理论在中国教育研究中的运用探索[J]. 北京大学教育评论,2015(1)：2-16.

[8] 陈裕先. 德国应用科技大学实践教学模式及其对我国应用型本科教育的启示[J]. 国家教育行政学院学报,2015(5)：84-89.

[9] 戴如月,张杰. 美国经济社会发展转型期的大学变革[J]. 大学：学术版,2014(2)：59-64.

[10] 邓云清. 新大学运动与英国高等教育的近代化[J]. 高等教育研究,2008(1)：85-91.

[11] 董大奎,刘钢. 德国应用科技大学办学模式及其启示[J]. 教育发展研究,2007(7-8A)：41-44.

[12] [美]菲利普·G. 阿尔特贝奇. 高等教育发展的模式[J]. 艾琳,译. 教育评论,1995(2)：

55 - 60.

[13] 龚震伟.应用型本科应重视创造性的培养[J].江南论坛,1998(3)：41.

[14] 郭锋.论赠地学院发展模式对我国高等教育发展的启示[J].国家教育行政学院学报,
2010(3)：84 - 90.

[15] 韩伏彬,董建梅.德国应用科技大学教师队伍的特点及启示[J].当代教育科学,2015
(11)：49 - 51.

[16] 贺艳芳,徐国庆.德国应用科技大学的兴起、特征及其启示[J].外国教育研究,2016(2)：
17 - 26.

[17] 胡天佑.建设"应用型大学"的逻辑与问题[J].中国高教研究,2013(5)：26 - 31.

[18] 黄东升.新建本科高校转型发展的路径依赖和破解之道[J].教育评论,2017(1)：21 - 25.

[19] 李国仓.地方本科高校转型发展热潮下的冷思考[J].高校教育管理,2016(4)：72 - 78.

[20] 李志华,陈正伟,朱建华.德国"双元制"模式在工程实践教学中的应用研究[J].实验技
术与管理(9)：172 - 174.

[21] 刘海兰.校地相互作用及其制度逻辑——以美国加州州立大学为例[J].比较教育研究,
2015(12)：42 - 47.

[22] 刘献君.建设教学服务型大学——兼论高等学校分类[J].教育研究,2007(7)：31 - 35.

[23] 刘献君.努力将中国院校研究推向一个新阶段[J].高等教育研究,2007(9)：25 - 28.

[24] 刘献君,赵炬明,陈敏.加强院校研究：高等学校改革和发展的必然要求[J].高等教育
研究,2002(02)：54 - 58.

[25] 刘晓光,张松,刘国瑜.国内高校院校研究机构建设路径分析——基于组织分析新制度
主义的视角[J].高教探索,2014(1)：14 - 17.

[26] 刘晓光,董维春.赠地学院在美国农业服务体系发展中的作用及启示[J].南京农业大学
学报(社会科学版),2012(3)：133 - 139.

[27] 罗燕,叶赋桂.2003 年北大人事制度改革：新制度主义社会学分析[J].教育学报,2005
(6)：15.

[28] 马陆亭.大学变迁与组织模式应对[J].教育发展研究,2013(9)：53 - 57.

[29] 潘懋元.什么是应用型本科？[J].高教探索,2010(01)：10 - 11.

[30] 潘懋元,邬大光.世纪之交中国高等教育办学模式的变化与走向[J].教育研究,2001
(3)：3 - 7.

[31] 史静寰.构建解释高等教育变迁的整体框架[J].清华大学教育研究,2006(3)：19 - 25.

[32] 宋懿琛.大学变革的关键：政府权威与市场力量的整合[J].江苏高教,2011(5)：10 - 13.

[33] 苏志刚.应用型高校转型与发展：本质、动力与路径[J].高等工程教育研究,2016
(6)：17.

[34] 韦文联.能力本位教育视阈下的应用型本科人才培养研究[J].江苏高教,2017(2)：45.

[35] 滕祥东,任伟宁,杨冰.应用型大学教师队伍结构模式的构建与优化[J].黑龙江高教研
究,2009(7)：88 - 90.

[36] 天野郁夫.21 世纪的高等教育系统：特罗"理论"的再思考[J].现代大学教育,2007(5)：
1 - 11.

［37］王洪才.院校研究：困境、出路与突围［J］.清华大学教育研究,2007(02)：5.

［38］王瑛.我国院校研究学术化倾向的原因分析［J］.江苏高教,2013(1)：52－54.

［39］王友.院校研究(IR)——现代高等教育研究的新视角［J］.贵州社会科学,2005(3)：94－96.

［40］王应密,张乐平,钟小彬.美国"常春藤联盟"大学院校研究机构建制模式及其启示［J］.比较教育研究,2013(5)：68－73.

［41］王志强,黄兆,俏李菲."创新驱动"战略下大学变革的内涵、维度与路径［J］.全球教育展望,2015(11)：3－15.

［42］胥刚.省属地方高校向应用技术类型高校转型的制约因素及克服［J］.学术探索,2015(4)：144－147.

［43］徐理勤.德国应用科技大学(FH)的人才培养模式及其启示［J］.浙江科技学院学报,2005(4)：309－313.

［44］徐理勤,杜卫,冯军等.借鉴德国经验,培养应用型本科人才［J］.高等教育工程研究,2008(2)：96－99.

［45］荀振芳,吴素华.我国大学院校研究的发展路径及本土化特色［J］.江苏高教,2009(6)：6－89.

［46］杨艳蕾,当代"威斯康星理念"的新发展及其启示——以威斯康星大学为例［J］.外国教育研究,2012(5)：114－119.

［47］Adkisson, Richard V., Peach, James T. Non-Resident Enrollment and Non-Resident Tuition at Land Grant Colleges and Universities［J］. Education Economics, 2008,6(1)：75－88.

［48］Harris, Rosalind P. Worthen, H. Dreamal. Working through the Challenges：Struggle and Resilience within the Historically Black LandGrant Institutions［J］. Education, 2004,124(3)：447.

三、学位论文

［1］陈星.应用型高校产教融合动力研究［D］.重庆：西南大学,2017.

［2］段晶晶.基于企业合作绩效的产学研研究［D］.天津：天津大学,2011.

［3］和飞.地方大学办学理念研究［D］.武汉：华中科技大学,2005.

［4］柳荣友.我国新建应用型本科院校发展研究［D］.南京：南京大学,2011.

［5］刘文华.应用技术本科教育课程模式研究［D］.上海：华东师范大学,2017.

［6］马廷奇.大学组织的变革与制度创新［D］.南京：华中科技大学,2004.

［7］马燕.我国本科层次职业教育发展研究［D］.天津：天津大学,2015.

［8］谭菊华.中国高等教育人才培养模式改革研究——基于大学生就业视角［D］.武汉：武汉大学,2014.

［9］邵波.我国高等教育大众化进程中的应用型本科教育［D］.南京：南京师范大学,2009.

［10］王莹.应用技术大学定位研究［D］.上海：华东师范大学,2016.

［11］王志刚.论发展地方高校科学研究［D］.武汉：华中科技大学,2004.

［12］叶苁.地方高校定位研究［D］.武汉：华中科技大学,2005.

［13］张红峰.大学组织变革中的博弈分析——利益、选择与均衡［D］.武汉：华中师范大学,2010.

［14］张廷.社会资本视角下的地方高校协同创新研究［D］.武汉：华中科技大学,2013.

［15］朱艳.制度视角下中国高等教育结构研究［D］.大连：大连理工大学,2012.

后　记

　　早春三月,乍暖还寒,但在杭州这样的城市,只要有一点点暖暖的春风,就能给大地换上那抹喷薄欲出的新绿。在这样的一个春日夜晚,伴随着春雨敲打窗户的声音,我敲下了这本书的最后一个字。隔壁房间,儿子、女儿在妻子的陪伴下,早已入睡。这本书是在我浙江大学教育学院6年博士学习期间不断完善提升的成果。面对着这份凝结着自己辛劳与汗水、老师们、同学们、同事们和亲友们诸多关爱、支持和帮助的书稿,我心中感慨万千,因为有太多的人需要感谢……

　　感谢我所在的工作单位——浙江科技学院,这绝不仅仅因为她给予了出版的经费资助,提供了大量的研究文献资料,更在于她给予我一种内心的激励。这是一所年轻且生机勃勃、充满希望的大学。如果你到过浙江科技学院,一定对美丽的校园环境赞叹不已;而如果你能更深入地了解一下这所学校,你又一定会为这所学校40年如一日,坚持应用型办学定位、国际化办学特色不动摇,积极探索"德国模式、中国特色"应用型大学办学之路,为浙江乃至全国培养社会发展所需的一流应用型人才所作出的艰苦努力所折服,为其所取得的成就所惊叹。在我国高等教育的大环境下,走应用型办学之路并非易事,40年的筚路蓝缕,是一代代"浙科人"的坚持不懈、奋楫前行,也是我国众多地方高校发展的一个缩影。2020年恰逢浙江科技学院建校40周年,我以此书作为个人的献礼。

　　感谢我的导师徐小洲教授。徐教授博雅、睿智、风度翩翩,在学术上博学笃行,大家风范;在教育领导岗位上,经验丰富,锐意进取。作为徐老师唯一一名教育博士的学生,能追随他求学6年,实在是我人生中的无比幸事。6年来,徐老师已成为我辈楷模,让我敬仰。徐老师的治学、为人和对教育事业的热爱之心,深深感染着我。但在我内心之中最浓厚的感情，是对老师心怀无比的歉意。由于自己的学术基础较低，加之悟性不够、勤勉不足，致撰写进程一再拖延。对此，徐老师总能以他博大的胸怀，给予我最大的关心和厚爱、最大的勉励和支持、最大的信任和包容，并最终指导我完成了本书的撰写。

感谢叶高翔教授。叶教授是我工作单位的老领导。一直以来，我对学术研究都是高山仰止，从不奢求前去攀登。9年前，在叶教授的开导下，我怀着惴惴不安的心情，开始考博的准备。第一次考博失利后，他再次勉励我从头再来。读博期间，每次向他汇报工作，他也都会询问我学业进展情况；在遇到困难时，他又总是不断勉励我不要气馁，要勇敢前行。

感谢我的合作导师童富勇教授、季诚钧教授和浙江大学教育学院全体老师。他们为我传道、授业、解惑，在课堂、在论坛、在报告会、在博士论文开题、预答辩、答辩等各阶段给予精心的指导、无私的帮助，我终生难忘。

感谢我的同窗好友们，当年入学时大家的踌躇满志、意气风发至今记忆犹新。我们一起欢歌笑语、相互切磋，共同分享求学、工作和生活中的点点滴滴和酸甜苦辣。在读博最困难时，我们又相互勉励，携手并进。能与你们同行，是我求学路上的大幸！

感谢我的浙江科技学院的同事们，感谢他们的鼎力支持。感谢那10位接受我访谈的老师，为我提供了宝贵的一手资料。感谢学校校办、规划处、档案馆的老师们不厌其烦地协助我查找相关资料。

感谢我的妻子徐袁女士，在我8年的求学时间里，每次我松懈或者萌发放弃念头时，总会用最大的耐心鼓励我、鞭策我，让我继续前行；8年里，妻子用心呵护、营造着我们的温暖小家，不仅在养教儿子方面投入了大量的精力和时间，更为欣喜的是还为我带来了一个活泼可爱的女儿。感谢我们乖巧体贴的儿子和女儿，他们是我前行道路中最大的动力，也是我生命中最珍贵的希望和寄托……

感谢上海交通大学出版社的各位老师为本书的出版所付出的种种努力。

由于时间和学识，本书中难免有这样那样的欠缺，祈望广大读者给予批评指正。

朱建新

2020年4月于杭州浙江科技学院小和山校区